Helmut Kühnemann
Gemüse

Helmut Kühnemann

Gemüse

95 Gemüsearten und Kräuter aus naturgemäßem Anbau

94 Farbfotos
42 Zeichnungen

VERLAG
EUGEN
ULMER

Umschlagfotos: Mangold, Zwiebeln, Kürbis, Radicchio
Sämtliche Zeichnungen und Fotos von Helmut Kühnemann

Die Deutsche Bibliothek – CIP-Einheitsaufnahme

Kühnemann, Helmut:
Gemüse: 95 Gemüsearten und Kräuter aus naturgemäßem Anbau /
Helmut Kühnemann. – Stuttgart: Ulmer, 1993
   (Kennen & Pflegen)
   ISBN 3-8001-6494-9
NE: HST

© 1993 Eugen Ulmer GmbH & Co.
Wollgrasweg 41, 70599 Stuttgart (Hohenheim)
Einbandgestaltung: A. Krugmann, Freiberg am Neckar
Herstellung: Thomas Eisele
Lektorat: Ingeborg Ulmer
Satz: Steffen Hahn, Kornwestheim
Druck und Bindung: Manfrini R. Arti Grafiche Vallagarina S.p.A.
Printed in Italy

Vorwort

Christian Morgenstern

Gemüse ist ein Lebensmittel, auf das auch der leidenschaftlichste Fleischliebhaber, wenigstens seiner Gesundheit zuliebe, nicht verzichten sollte. Der eigene Anbau für die Versorgung der Familie rund ums Jahr lohnt sich nicht nur in mancher Hinsicht, sondern ist auch oftmals ein willkommenes Alibi für diejenigen, die ohne Garten nicht leben können; die ihren Beruf eigentlich nur nebenbei ausüben, um die Brötchen zu verdienen, die sie womöglich auch noch vom eigenen Getreide backen würden, wenn das Gartengelände nur groß genug wäre.

Aber wo gibt es das noch. Je höher die Grundstückspreise steigen, desto kleiner werden die Gärten, die letztlich nur noch für die Erholung gut genug sind. Wer das Glück hat, sein Gemüse am Haus oder im außerhalb des Ortes liegenden Garten anbauen zu können, sollte die Gelegenheit wahrnehmen, nicht nur Gemüse schlechthin zu produzieren, sondern darauf bedacht sein, Früchte von bester Qualität heranwachsen zu lassen. Dazu bedarf es einer sorgsamen und artgemäßen Pflege, die profunde Kenntnisse über die Bedürfnisse der verschiedenen Gemüsearten und den Umgang mit ihnen, Geduld, oft auch Ausdauer, sowie Hingabe und Zuneigung voraussetzt.

Wir, meine Frau und ich, können auf ein erfülltes Gartenleben zurückblicken, das fast ein Vierteljahrhundert währte. Am Rande einer ländlichen Gemeinde zwischen der Schwäbischen Alb und dem Schwarzwald haben wir ein 25 ar großes Gelände, von dem die Einheimischen behaupteten, daß darauf noch nie etwas gewachsen sei, urbar gemacht und in einen kleinen Garten Eden mit Hühnern, Schafen, Bienen, einer Obstanlage, einem Teich und randvoll mit Blumen verwandelt.

Der Gemüsegarten wurde für die vierköpfige Familie mit 100 m² Nutzfläche angelegt, in der auch ein acht Meter langes Frühbeet enthalten war. Wegen der Höhenlage (600 m über NN), die uns viel Licht und selten Nebel, aber auch späte und frühe Fröste bescherte, konnten „Südländer" nur beschränkt angebaut werden. Immerhin hatten Tomanten, Paprika und Grünspargel ihren Platz in der an einem Südosthang gelegenen Obstanlage

Nach vorausgegangenen „Lehrjahren" auf einem gepachteten 75 ar großen Grundstück in einem Stuttgarter Weinberg, der zum größten Teil als Park angelegt worden war, haben wir unseren eigenen Garten all die Jahre nach der biologisch-dynamischen Anbauweise bewirtschaftet. Ohne diese segensreiche Methode, der wir grundlegende Einsichten über das Pflanzendasein zu verdanken haben, hätten wir den Boden, der aus überaus kalkreichem, verschlossenem, tonigem Lehm bestand, nicht in der Weise verlebendigen können, daß er uns im Laufe der Zeit durch seine hohe Fruchtbarkeit rund um das Jahr so reichlich mit hochwertigem Gemüse und Obst zu versorgen vermochte, daß immer noch etwas übrig blieb für die Geschenke, welche die Freundschaft erhalten.

Der Pflegen-Teil des Buches ist eigentlich ein Erfahrungsbericht dieser langjährigen Gartenarbeit, auf die wir dankbar zurückschauen können.

Dr. Helmut Kühnemann
Eggenstein bei Karlsruhe,
Frühjahr 1993

Inhaltsverzeichnis

Vorwort   5

Was ist naturgemäßer Anbau?   7
Anfänge der Gemüsekultur   7
Gemüse in Hülle und Fülle   7
Gemüse naturgemäß anbauen und pflegen   9
Die biologisch-dynamischen Spritzpräparate   10
Kosmische Einflüsse   11
Vom Sinn des Gärtnerns   13

Kennen

Gemüsearten und Kräuter   17
Blattgemüse   18
Blatt-Stiel- und Dauergemüse   24
Kohlgemüse   26
Wurzelgemüse   30
Fruchtgemüse   36
Hülsenfrüchte   39
Küchen- und Würzkräuter   41
Salatkräuter   51

Pflegen

Von der Aussaat bis zur Ernte   53

**Das Gartenjahr beginnt im
späten Herbst**   54
Das Pflanzendasein zwischen Himmel
und Erde   54
Die Quellen des Pflanzenlebens   54
Das Quartett der Pflanzenglieder   57
Die Fruchtbarkeit der Erde   59
Der lebendige Boden   60
Biologische Aktivität und Humusgewinn   62
Vom Sinn des Düngens   63
Die wichtigsten Nährstoffe und ihre
Eigenschaften   66
Das Vermögen mehren   69
Gründüngung für den Bodenaufbau   69
Investitionen, die sich lohnen   72

„Im Märzen der Bauer…"   74
Ein Frühbeet für zeitige Ernten   74
Kastenbau und Packung   75
Handhabung, Pflege und Betreuung   77
Gemüse rund ums Jahr   78
Der Start im Freiland   78
Säen und Pflanzen   80
Saatbäder aktivieren Lebensprozesse   84
Nützliche Folien   85

Fruchtwechsel und Mischkultur   89
Die Fruchtfolge   90
Die dynamische Fruchtfolge   92
Praxis der Mischkultur   94
Das Hügelbeet   95
Beetfreier Reihenanbau   98
Besondere Hinweise für die Gemüsekultur   98
Die Chicorée-Kultur   98
Porrée lang und weiß   99
Frühkartoffeln wollen vorgetrieben
werden   102
Die Zwiebelsippe   103
Die Kürbisgewächse   107
Tomaten und Auberginen brauchen
Wärme   110
Der Mais, unser Gartengetreide   113
Die Schmetterlingsblütler   113
Ertragreicher Spargel   115
Scharf wie Meerrettich   118
Weitere Kulturhinweise in Kürze   119

Der fruchtbare Sommer   121
Die Pflege des Bodens   121
Hacken und „rühren"   121
Mulchen ist bequemer   122
Vom Gießen und Wässern   125
Unkraut vergeht nicht   127
Das Gedeihen fördern und Schaden
verhindern   128
Kräuterjauchen halten das Wachstum in
Schwung   129
Die Auseinandersetzung mit den Pilzen   131
Biologischer Pflanzenschutz   133
Kampf den Schädlingen   135
Der Gemüsegarten als Lebensraum   139
Das gestaltete Kleinklima   139
Zur Gartenwelt gehört auch Wasser   140
Nützliche Tierwelt   141
Der Kräuter Duft durchzieht den
Gartenraum   146

Wenn der Sommer sich neigt   150
So manches Gemüse läßt uns auch
Samen gewinnen   150
Mit eigenem Gemüse topfit durch den
Winter   152

Empfehlenswerte Gemüsesorten   155

Literaturverzeichnis   159
Bezugsquellen   159
Register   160

Was ist naturgemäßer Anbau?

Irgendwann war man es leid, nach eßbaren Wurzeln, Blattwerk und Früchten zu suchen, die obendrein wenig hergaben. Als man seßhaft wurde, pflanzte man sie um die Behausung und erntete fortan, durch die Pflege begünstigt, größere und schmackhaftere Früchte. Man mag es heute kaum glauben, daß unser prächtiges, blattreiches, dickstengeliges, großkopfetes und reichtragendes Gemüse aus verhältnismäßig unscheinbaren Wildpflanzen hervorgegangen ist. Zu groß sind die Unterschiede, als daß wir noch verwandtschaftliche Züge erkennen könnten.

Anfänge der Gemüsekultur

Wahrscheinlich hat die Gemüsekultur vor etlichen tausend Jahren in Babylonien, dem im Altertum wegen seiner Fruchtbarkeit berühmten Tiefland an den Wassern des Euphrat und Tigris, ihren Anfang genommen. Um 2500 v. Chr. bauten schon die Ägypter mehrere Kohlarten, Bohnen, Zwiebeln, Knoblauch, Kürbisse und Melonen an. Im alten Rom waren Salatgewächse sehr beliebt, und hoch geschätzt war der Spargel von Ravenna. Mit den Römern kamen Rettiche, Lauch, Zwiebeln über die Alpen. In den Klostergärten wurden Gemüse und Kräuter kultiviert, welche die Mönche von ihren Niederlassungen aus dem Mittelmeergebiet mitbrachten. Karl der Große ließ auf seinen Mustergütern verschiedene Gemüsearten anbauen und erließ Verordnungen zum allgemeinen Anbau, der über Jahrhunderte in den Bauerngärten gepflegt wurde. Aus den bürgerlichen Gartenanlagen vor den Toren der Städte entwickelte sich mit dem Wachsen der Bevölkerung der gewerbliche Gemüse-Anbau und -Handel.

Gemüse in Hülle und Fülle

Während wir früher nur eine „Grundausstattung" der gängigsten Gemüsesorten kannten, mit der wir vollauf zufrieden waren, wird uns heute eine verwirrende Vielfalt an Arten und Sorten geboten, die uns oftmals die Wahl eines bestimmten Saatgutes zur Qual werden läßt, wenn wir in einem Samenkatalog z. B. alleine an Weißkohl 35 Sorten finden. Nach jahrhundertelanger Gewöhnung und Beständigkeit ist die Gemüse-Kultur so in Bewegung gekommen, daß wir wohl jedes Jahr aufs neue mit Überraschungen neuartiger Gemüse oder Sorten rechnen können. Es gibt viele Gründe für den zunehmenden Überfluß.

Sortenvielfalt und Sortenverbesserung

Einerseits hat nicht nur der Bedarf an Gemüse und Obst erheblich zugenommen, nachdem es sich herumgesprochen hat, wie wichtig sie für die Gesundheit und zur Bekämpfung der Zivilisationskrankheiten sein können, sondern es sind auch die Ansprüche an den Geschmack, die Ausbildung und Haltbarkeit der Früchte, an den Ertrag und die Anbautauglichkeit der Pflanzen

Aus dem „Stammkohl" („Dies Gewächs ist jedermann bekannt": Kräuterbuch um 1700) haben sich formreiche Kohlarten entwickelt.

und letzten Endes auch das Interesse an neuen Sorten, die man auf weltumspannenden Reisen kennengelernt hat, gestiegen.

Andererseits sind die Züchter von sich aus bemüht, immer mehr Saatgut nach dem neuesten Stand der Pflanzenzüchtung zu erzeugen, das risikolos, ertragreich und widerstandsfähig ist und sich den verschiedensten Klima- und Bodenverhältnissen anzupassen vermag; Eigenschaften, die nicht nur den Erwerbsgärtnern zugute kommen, sondern auch das Interesse und die Aktivität für den Gemüseanbau im Hausgarten wesentlich beflügeln. Die Ergebnisse, oft jahrzehntelanger Züchtungsarbeit, können sich sehen lassen.

Wie vor 5000 Jahren werden immer noch Wildlinge für die Küche nutzbar gemacht. Vor gar nicht langer Zeit waren Tomaten und Rhabarber noch Ziergewächse und die blaublühende Wegwarte (Zichorie), deren Wurzel man bislang zu Kaffee-Ersatz röstete, wurde zur Stamm-Mutter des Chicorée.

Es ist weitgehend gelungen, Gemüsearten aus fernen Ländern an unser Klima anzupassen, wie die chinesischen Kohlarten oder die südländischen Fruchtgemüse, und weiteres ist sicher noch zu erwarten.

Manche Spielarten des heimischen Gemüses vermögen das beherrschende Grün des Gemüsegartens aufzulockern: blauviolette und tiefblaue Bohnen; rotvioletter und grüner Blumenkohl mit dem dekorativen Aussehen des ‚Romanesco‘; gelbe, rote Salate, in vielen Grüntönen und reichem Formenspiel sowie gelbe Tomaten und solche mit neuen Formen und Geschmacksrichtungen.

Wir freuen uns über bitterfreie Gurken; platzfeste Kohl-, Tomaten- und Radieschen-Sorten; fadenlose Bohnen; schoßfeste oder spätschießende Sommer-Salat- und Radieschen-Sorten; raschwüchsigen Feldsalat, der reif ist, ehe ihn der Mehltau erwischt; frostbeständige Endivien- und Spinat-Sorten; selbstbleichenden Stangensellerie und selbstschließenden Bindesalat; Gourmet-Böhnchen und Baby-Möhren für den anspruchsvollen Feinschmecker; Wintergemüse

mit guter Lagerfähigkeit (zumeist aber eine Frage der Pflege und Reife) und nicht zuletzt über Sorten, die gegen Pilzbefall widerstandsfähiger sind.

Innere Qualität

Sicher wären wir noch glücklicher, wenn nicht nur die anbau-, ernte-, markt- und handelsgerechten Gesichtspunkte, sondern mehr noch die Fragen nach der Qualität Berücksichtigung fänden. Wichtig wäre: Fähigkeiten beleben, die den Geschmack ausbilden und wertgebende Inhaltsstoffe anreichern; trotz vieler Neuerungen alte und bewährte Sorten nicht zu vernachlässigen; die natürliche Widerstandsfähigkeit zu verbessern, ohne das Saatgut zu beizen, und die Reproduktionskraft zu stärken, so daß ein naturgemäßer Anbau und eine artgerechte Pflege „voll greifen" können.

Welche Arten anbauen?

Im Kennen-Teil finden wir fast alle Gemüse- und Kräuterarten, die der Markt und eine gut sortierte Samenhandlung bieten. Wir werden nicht den Platz im Garten haben, um sie alle anbauen zu können. Gewöhnlich bestimmen der persönliche Geschmack und die Anbauverhältnisse Auswahl und Priorität bestimmter Gemüsearten. Wir werden auch nicht alle kennen oder mögen, und oft hält uns leider das Beharren auf Altbewährtem von neuen Geschmackserlebnissen ab: „Wat de Bur nich kennt, dat freet hei nich".

Anbaufläche und Bedarf

Die Menge des zu erntenden Gemüses hängt natürlich auch von der Größe des zur Verfügung stehenden Gartengeländes ab. In der Regel sollte für eine vierköpfige Familie eine Nutzfläche von 100 m², also pro Kopf 25 m², ausreichen. Das ergibt eine Anbaufläche von ungefähr 150 m², da teilweise mehrere Kulturen als Vor-, Haupt- und Nachkultur angebaut werden können. Nach eigenen Erfahrungen können auf dieser Fläche, eine gute Fruchtbarkeit vorausgesetzt, 350 kg Gemüse im Jahr geerntet werden. Jedes Familienmitglied kann demnach rund ums Jahr 88 kg oder jeden Tag 240 g Gemüse verzehren. Das deckt sich mit dem Pro-Kopf-Verbrauch in Deutschland nach den statistischen Erhebungen des Jahres 1988.

Da nach den Regeln der Deutschen Gesellschaft für Ernährung Erwachsene und Jugendliche jeden Tag 200 g Gemüse essen sollten, befinden wir uns eher auf der Seite der Gemüse-Liebhaber als auf der der -Muffel.

Die Darstellung der Gemüse- und Kräuterarten in diesem Buch macht auch die Anfänger unter uns mit den Eigenheiten und Bedürfnissen einzelner Arten bekannt und mag zum Versuchen mancher bisher noch nicht in der Küche verwendeter Gemüse anregen. Zunächst auf dem Markt erstanden und gekostet, wird so manchen bislang Verschmähten womöglich dann doch noch ein Platz im Garten eingeräumt. Wir selbst haben beim Aufnehmen der Fotos für dieses Buch so manches Gemüse erst richtig kennengelernt und mit Überraschung feststellen können, wie würzig Pastinaken und Petersilienwurzeln und wie delikat Mairüben schmecken. Portulak und Salatrauke bereichern seither als Neuentdeckungen mit schöner Regelmäßigkeit unseren Speiseplan.

Gemüse naturgemäß anbauen und pflegen

Die besten genetischen Anlagen für hervorragende Eigenschaften nützen nicht viel oder werden vergeudet, wenn Gemüsepflanzen nicht so angebaut und gepflegt werden, daß sie ihre Eigenheiten zu unserem Nutzen und Genuß voll ausleben können.

Es ist ein wesentlicher Vorteil des Gemüseanbaus im eigenen Garten, daß wir Lebensmittel heranziehen können, die durch Vermeidung von mineralischen Düngergaben und chemischen Pflanzenschutzmitteln so wenig wie möglich mit Schad- und Fremdstoffen belastet sind. So können die Lebensprozesse der Pflanze sich, frei von Fremdeinwirkungen, bestens entfalten und hochwertige Früchte gewonnen werden. Auf bis-

Naturgemäß anbauen und pflegen heißt:

- Pflege eines lebendigen, gesunden Bodens, in dem Heerscharen von Kleinstlebewesen die Bodenfruchtbarkeit aufbauen und damit einen entscheidenden Beitrag zur Lösung der Nährstoff-Frage zu leisten;
- ständige Bodenbedeckung (Mulch), welche die Feuchtigkeit und die Bodenatmung erhält;
- sinnvoller Fruchtwechsel und abwechslungsreiche Mischkultur;
- optimale Versorgung mit Kompost oder, hilfweise, mit organischen Düngemitteln: Stoffen, die von der Natur selbst erzeugt werden;
- Gründüngung mit Pflanzen, die den Boden „bearbeiten" und aufbauen;
- vorbeugender Pflanzenschutz mit biologischen Mitteln, wie Kräuterjauchen und Stäuben;
- flächendeckende Duftwirkungen von artenreichen Kräutern, die das Kleinklima, das Wohlbefinden der Kulturen und den Pflanzenschutz begünstigen;
- ökologisches Gleichgewicht, also geeignete Lebensbedingungen und -räume für artenreiche „Nützlinge" zu schaffen, die „Schädlings"-Populationen in Grenzen zu halten vermögen.

her übliche Düngungs- und Pflanzenschutz-Praktiken zu verzichten, heißt jedoch noch nicht naturgemäß gärtnern. Es ist aber die grundsätzliche Bedingung für die Aufzucht eines Gemüses, von dem wir guten Geschmack, Bekömmlichkeit und beste Qualität erwarten.

Was verstehen wir unter „naturgemäß" anbauen und pflegen? Im Grunde genommen nichts anderes als die Vorgänge in der Natur nachzuvollziehen und die natürlichen Kräfte mit lenkender Hand so zu fördern, daß sie in bestmöglicher Weise für ein ersprießliches Gedeihen und Fruchten wirken können.

Die biologisch-dynamischen Spritzpräparate

Sie kommen, wie auch andere Präparate, in der Biologisch-Dynamischen Wirtschaftsweise zur Anwendung, die bereits im Jahre 1924 von Rudolf Steiner ins Leben gerufen wurde. Sie beruht auf einer Intensivierung der natürlichen Kreisläufe und einer Steigerung der biologischen Aktivität. Anstelle mineralischer Stickstoffdüngung und chemischer Bekämpfungsmittel setzt sie naturgemäße Maßnahmen, welche die Lebensgemeinschaft Boden-Pflanze fördern und zu hoher Bodenfruchtbarkeit und Pflanzengesundheit führen.

In besonderer Weise wird den dynamischen Einflüssen – also den Kräften, welche die Lebensprozesse bewirken – Beachtung geschenkt. Durch bestimmte Präparate werden die Wirkungen, die entscheidend das Pflanzengedeihen und die Nahrungsqualität beeinflussen, gesteigert und stabilisiert. Neben Präparaten, die dem Kompost zugesetzt werden, kommen in der Pflanzenpflege die Spitzpräparate „Hornmist" und „Hornkiesel" zur Anwendung.

Das Hornmist-Präparat

Es wirkt im irdischen Lebensbereich der Pflanze: es regt die Bodenlebewesen zu lebhafter Tätigkeit an; die Pflanzen reagieren mit einer intensiveren Durchwurzelung des Bodens; das Zusammenwirken der Pflanzenwurzeln mit den Boden-Organismen wird gesteigert. Das Präparat wird, in Regenwasser gerührt, in den Nachmittagsstunden immer dann in großen Tropfen auf den Boden gespritzt, wenn keimendes und jugendliches Wachstum angeregt und gefördert werden soll. Erstmals kann es über den ganzen Garten ausgebracht werden, wenn das Gras zu sprießen beginnt. Weitere Gelegenheiten sind die Saat- und Pflanzzeiten im Frühjahr und Sommer sowie, abschließend, die Herbstversorgung der Beete, um die Bodenlebewesen noch einmal zu erhöhter Aktivität für das „Einbringen" des Kompostes in die Gareschicht anzuregen.

Das Hornkiesel-Präparat

Es wirkt durch die „Lichtkräfte" des Kiesels auf den Stoffwechsel der Pflanze. Es unterstützt vor allem die Reife, Qualität und Haltbarkeit der Früchte. In feinster Verdünnung wird es am frühen Morgen, wenn mit dem aufsteigenden Saftstrom die Stoffwechselprozesse an Licht und Wärme gebunden sind, immer dann auf das Blatt gespritzt, wenn die Pflanze das Organ anlegt, das wir später ernten wollen. Beispielsweise wenn junge Möhrenwurzeln ihre beginnende Rötung zeigen, Salat und Kohl die Herzblätter zur Andeutung einer Kopfbildung drehen, der Fruchtansatz der Erbsenschoten sichtbar wird und Tomaten die ersten haselnußgroßen Früchte tragen. Auf jeden Fall sollte mit der ersten Kieselgabe gewartet werden, bis die Pflanze gut eingewurzelt ist und sich ausreichend mit der Erde verbunden hat. Eine zu frühe Anwendung löst spontan den Beginn der Reifephase aus.

Das Baldrian-Präparat

Es gehört zwar zu den sechs Dünger-Zusatzpräparaten, die bei der (hier nicht zu behandelnden) Bereitung des Kompostes Verwendung finden, soll aber erwähnt werden, weil es auch für die Pflege der Gemüsepflanzen in mancher Hinsicht förderlich ist. Wir können es sowohl für die Zubereitung von Saatbädern für die Samen bestimmter Gemüsearten verwenden (Seite 85)

Rezept: Blüten stengelfrei sammeln, in ein Glasgefäß (Gurkenglas) füllen, bis zur Oberfläche des zusammengedrückten Sammelgutes Regenwasser zugeben und einige Tage in die Sonne stellen; Masse zerkleinern (Fleischwolf), Saft auspressen (Saftpresse), in braune Flaschen füllen, verschließen, kühl und dunkel stellen.

Anwendung: etwa 8 Tropfen des Extraktes in eine Einliter-Flasche mit Regenwasser geben und ungefähr 15 Minuten schütteln; auf das Blatt spritzen oder (bei Zimmerblumen) gießen; (Saatbad Seite 85).

als auch, da die Baldrian-Pflanze in besonderer Weise mit dem Phosphor umzugehen vermag, durch die Anwendung die Blühfreudigkeit bei Gemüsen steigern, bei denen wir eine reichliche Blüte wünschen (also bei allen Fruchtgemüsen). Mit der letzten Hornmist-Spritzung, bei der herbstlichen Versorgung der Beete ausgebracht, wird die Bodenwärme länger für eine rege Tätigkeit der Bodenlebewesen erhalten (Seite 71). Und schließlich kann es, der Brennesseljauche zugesetzt, deren „lieblichem Duft" eine erträgliche Note verleihen (Seite 130).

Während alle anderen biologisch-dynamischen Präparate nur den Mitgliedern der Arbeitsgemeinschaften zugänglich sind, ist das Baldrianpräparat, das lediglich als verdünnter Blüten-Preßsaft verwendet wird, auch im Garten-Fach-

Der bis zu 1,50 m hohe Baldrian (Katzenkraut) wächst gerne auf nährstoffreichen und feuchten Böden; Blütezeit: Mai bis August.

handel zu erhalten. Wer allerdings größere Mengen braucht (wir denken dabei an Zimmerpflanzen, deren Blühfreudigkeit durch die Anwendung des Präparates angeregt und die Leuchtkraft der Blütenfarben gesteigert wird), für den lohnt sich die relativ einfache Herstellung. Zumal durch die eigene Handhabung der Sinngehalt nachdrücklich erlebt werden kann.

Kosmische Einflüsse

Die Sonne

Die Sonne ist von allen Gestirnen unser vertrautester und zuverlässigster Partner. Ohne sie gäbe es kein Leben auf unserer Erde. Wärmewirkungen lassen den Kreislauf des Wassers entstehen und damit die Wettererscheinungen. Die Jahres- und Tagesrhythmen, die durch die Umdrehung der Erde um die Sonne und die Drehung der Erde um ihre Achse entstehen, bewirken eine rhythmische Ordnung in dem vielfältig verwobenen Naturgeschehen.

Als erfahrene Gärtner vermögen wir mit den uns wohlbekannten Sonneneinwirkungen auf die Pflanzen in artgerechter und sinnvoller Weise umzugehen:

- je nach Art geben wir ihnen einen sonnigen oder halbschattigen Platz oder schützen sie vor zu starker Wärme;
- wir nutzen den gestaltbildenden Einfluß des Sonnenlichtes, das die Pflanze „staucht" und bei Mangel vergeilen läßt, in der Weise, daß wir Gemüsearten, wie Spargel, Römischen Salat, Bleichsellerie, Endivien, Löwenzahn, Chicorée oder Porree zeitweise anhäufeln, einbinden oder dunkelstellen, so daß sie lange, bleiche und zarte Triebe entwickeln (wenn wir nicht selbstbleichende Sorten verwenden);
- wir kultivieren Langtag-Pflanzen, die für die Blütenentwicklung mehr als 12 Stunden tägliche Belichtung benötigen, zu einer Zeit, die ein unerwünschtes Schossen ausschließt. So säen wir z. B. Chinakohl, Endivien, Radicchio oder Zuckerhut, die im Sommer blühen würden,

erst um Johanni, wenn die Tage wieder kürzer werden. Salat und Radies, die ebenfalls an langen Tagen ihren Blühimpuls bekommen, können jedoch auch im Sommer angebaut werden, nachdem Sorten gezüchtet wurden, bei denen das Schießen verzögert eintritt.

Das Wetter

Das Wetter haben wir nicht so ohne weiteres im Griff. Auf sichere Voraussagen des Wetterdienstes können wir uns trotz Wettersatelliten und Datenverarbeitung in Großrechenanlagen immer noch nicht recht verlassen. Gelegentlich hilft einem gestandenen Gärtner das Gespür aus eigener Erfahrung, um vorauszusehen, wann er die Kartoffeln legen oder die Bohnen säen kann, ohne in naßkaltes Wetter zu geraten und wann er seine „Frühchen" rechtzeitig vor Spätfrösten schützen, Vorsorge vor drohendem Unwetter treffen oder vorbeugende Maßnahmen gegen einen möglichen witterungsbedingten Pilzbefall einleiten muß.

Überliefert sind uns die Bauernregeln, die zur Zeit ihrer Entstehung insofern ihre Gültigkeit hatten, als sie auf eingehenden Natur- und Wetterbeobachtungen sowie auf langjährigen Erfahrungen beruhten. Im Laufe der Zeit wurden viele verfälscht oder regional bedingte Regeln wurden verallgemeinert.

Überraschend viele erweisen sich immer noch als aussagekräftig, wenn wir ihren Sinn zu deuten wissen und die Tendenzen zu erkennen vermögen. Einige für unsere Gartenarbeiten erwähnenswerte Regeln sind den Kapiteln dieses Buches vorangestellt, wobei zu beachten ist, daß nicht immer das bestimmte Datum, sondern vielmehr das Wettergeschehen um diese Tage ausschlaggebend ist.

Der Mond

Der Mond hat seine Einflüsse auf das Pflanzenwachstum trotz aller wissenschaftlichen Bemühungen bisher nur wenig erkennen lassen. Immerhin haben Versuchsreihen mit Gemüse- und Getreidearten ergeben, daß bei zunehmendem Mond, und besonders bei Vollmond, Aussaaten besser und schneller keimen (Feuchtigkeit und Wärme in Luft und Boden vorausgesetzt), was sich dann auch auf ein günstigeres Wachstum auswirken kann.

Interessant sind Mitteilungen über Wirkungen des Mondes hinsichtlich des „Obsi- und Nidsi-Ganges", die auf alemannisches Volkswissen zurückgehen. Während des fast vierwöchigen Verlaufes um die Erde zieht er zwei Wochen lang täglich höhere (Obsi-)Bögen über den Himmel. In der Zeit des anschließenden gleichlangen Abwärts-(Nidsi-)Ganges pflegte man die Äcker zu düngen und zu bearbeiten, davon ausgehend, daß dann besonders nachhaltige Wirkungen im Erd-Wurzel-Bereich auftreten. Wollen wir uns diese Anschauung zunutze machen, sollten wir alle Pflanzarbeiten in die Zeiten des absteigenden Mondes legen. Auf die von Maria Thun nach bestimmten Mondkonstellationen erarbeiteten und weit verbreiteten ‚Aussaatage', die für Tag und Stunde den günstigsten Zeitpunkt für die Bodenbearbeitung, das Säen, Pflegen und Ernten angeben, können wir allerdings getrost verzichten. Abgesehen davon, daß solcherart angenommene Wirkungen des Mondes, entgegen landläufiger Meinungen, nicht auf Erkenntnissen beruhen, die im Zusammenhang mit der Biologisch-Dynamischen Wirtschaftsweise stehen, haben sie auch einer wissenschaftlichen Überprüfung durch langjährige Versuchsreihen nicht standhalten können.

Ein Leitfaden für den Umgang mit dem Wirken des gestirnten Himmels auf die Pflanzenwelt ist also noch nicht in Sicht. Gottlob, denn um wieviel mehr kommt es uns zugute, wenn wir durch eigenes Bemühen, durch Anschauung und Erfahrung den Lebensbereich unseres Gartens erobern und uns mit den Lebensprozessen vertraut machen.

Sie stehen immer in Zusammenhang mit einem universalen Kräftespiel. Wachstumsfördernde, ertrags- und qualitätsbildende Faktoren, wie Licht, Luft und Wärme sowie Boden-Durchlüftung, -Wärme und -Feuchtigkeit verändern sich ständig je nach Jahreszeit und meteorologischen Bedingungen. Jeder Gartentag ist anders und es ist die Lust des Gärtners, sich auf das Besondere des Tages einzustimmen und das Rechte für das Gedeihen der Kulturen zu tun.

Vom Sinn des Gärtnerns

Die Motive für das Wirken im Garten, insbesondere für die Selbstversorgung mit Gemüse, sind breit gefächert. Sie reichen von der notwendigen Arbeit um des puren Nutzens willen bis zur völligen Hingabe an ein beglückendes Tun. Im wirklichen Leben wird wohl niemand nur aus dem einen oder anderen Grund den Spaten in die Hand nehmen. Selbst den ärgsten Nutznießer mag der Umgang mit der Natur zusehends mit Befriedigung erfüllen und auch der größte Idealist wird letztlich ernten wollen. Jeder, der sich entschließt, sein Gemüse selbst anzubauen, wird schließlich, je nach seiner persönlichen Einstellung, diesen oder jenen Gewinn erzielen können. Beglückt erleben wir den Morgen, wenn mit der aufgehenden Sonne in der Stille des jungen Tages der Garten erwacht. Hochgestimmt verfolgen wir das Wachstum eines einzigen Tages, das Gedeihen und Fruchten dessen, was wir, säend, der Erde anvertraut haben. Mit uns geht die Freude an stillen Dingen auf Schritt und Tritt durch unser kleines Paradies, wenn eine Eidechse über den Weg flitzt, wir eine Blindschleiche im Häckselgut aufstöbern, eine Kröte beim Pflücken der Buschbohnen entdecken, im Frühbeet unter einem großen Salatblatt die Kinderstube einer Spitzmaus finden oder wenn die Grillen in der Mittagshitze um die Wette zirpen. Und in der Dämmerung eines lauen Sommertages, wenn Fledermäuse und der Waldkauz über uns hinweghuschen, ergötzt uns das leise Knarzen der Unken am Teich und das Schmatzen des Igels.

Wohl sind wir im Garten freie Menschen, aber wir können nur dann selbständig und schöpferisch tätig sein, wenn wir die Natur kennen, mit ihr arbeiten und uns ihren Gesetzen unterzuordnen vermögen. Selbst der erfolgsorientierte Cho-

Das können die Vorteile sein:
- auf jeden Fall wird die Haushaltskasse erheblich geschont, besonders dann, wenn wir auf naturgemäß angebautes Gemüse Wert legen, das auf dem Markt seinen Preis hat;
- vom Beet in die Küche ist Gemüse allemal frischer und geschmackvoller als aus dem Einkaufskorb, wenn man bedenkt, daß nach der Ernte zunehmend Abbauprozesse mit Verlusten an Vitaminen und anderen wertgebenden Inhaltsstoffen in Gang kommen;
- die Nitratbelastung stickstoffliebender Salatgewächse können wir durch eine naturgemäße Pflege verhindern, während z. B. marktgängiger Spinat zur Erzielung eines großen Blattes für die maschinelle Ernte stark gedüngt werden muß;
- wir können Sorten nach bestimmten Qualitätsmerkmalen wählen, während wir beim Händler womöglich mit solchen vorlieb nehmen müssen, die nur nach marktwirtschaftlichen Gesichtspunkten (Ertrag, Transport usw.) angebaut werden;
- die Freizügigkeit des eigenen Gartens läßt auch den Anbau von selteneren Gemüsearten zu, die gewiß nicht auf allen Märkten zu finden sind;
- Kinder lernen durch die sorgsame Pflege eines eigenen Beetes, ganz nebenbei, sinnvoll mit der Natur umzugehen und verantwortungsbewußte Beziehungen zur belebten Umwelt aufzubauen;
- nicht zuletzt gewinnen wir selbst eine Nähe zur Natur, ihren Lebenserscheinungen und dem Wirken der Elemente wie sie kaum anders zu finden ist.

leriker, der voller Ungeduld in der Krume scharrt, ob der Same denn nicht endlich keimt, wird im Laufe der Jahre läuternde Einsichten gewinnen. Auch weiß der kundige Gärtner, daß es im mannigfaltigen Naturgeschehen keine festen Regeln gibt. Überall herrschen andere

1 Arbeitsplatz: Arbeitstisch, Gerätestand, Häcksler (mit Abdeckung), Tonnen für Hilfsdünger (Algenkalk, Holzasche, Steinmehl, Tonmehl – Seite 64 f).

2 Kompostanlage: Großer Haufen (zur guten Durchlüftung 3 Reihen im Basisbereich waagerecht liegende Tonrohre): ca. 3 m³ fertiger Kompost für die Ausbringung im Herbst (S. 72), 4 m² großer Kasten für Sammelgut (dessen Höhe stets gleich bleibt, da die Materialien durch beginnende Rotte laufend zusammengehen). Kleiner Haufen: ca. 1,3 m³ reifer Kompost für Saatrillen (S. 82), Pflanzgut (S. 84) und Nachdüngung. Über die Anlage ist ein Holz-Rahmengestellt errichtet, das mit schattenspendenden Reben frühfruchtender Tafeltrauben-Sorten ('Augusta Luise', 'Roter Burgunder') berankt ist.

3 Kasten mit gewaschenem Sand (ca. 2,5 m³): Erdmischungen und Bodenverbesserung (S. 72).

4 Eingegrabene Tonnen (je 130 Liter): Brennnesseljauche (S. 130), Schachtelhalmjauche (S. 133) und abgestandenes Wasser (S. 126) für das Frühbeet.

5 Frühbeet: acht 1,00 x 1,50 m große Fenster (S. 74 ff).

6 Wasseranschluß.

7 Dreijährige Erdbeeranlage mit 4 Parzellen: 1. Fruchtjahr mit Steckzwiebeln oder Knoblauch (gleichzeitig Pilzabwehr); 2. Fruchtjahr: volle Ernte; 3. Fruchtjahr: nach Ernte und anschließender Rodung spätes Blattgemüse (Spinat, Endividien, Blumenkohl); im folgenden Jahr: Frühkartoffeln, nach deren Ernte Erdbeerpflanzung (der Turnus erlaubt eine Fruchtfolge mit einer jeweils einjährigen Erdbeer-Pause und einem zusätzlichen Anbau von Blatt- und Wurzelgemüse).

8 Windschutzhecke mit „Unterholz" (S. 140 f): Restbestand eines Wildstrauch-Hags, der den oberen Teil des Hanges bedeckte und für die Obstanlage (E) gerodet wurde; Holunder, Hartriegel, Liguster, Rosen, Schlehe, Weiß- und Rotdorn.

9 Brombeerhecke (S. 140): Pflanzabstand 1,00 m und Kappen der Ranken auf Pflückhöhe; auf der Rabatte einjährige und ausdauernde Küchenkräuter.

10 Gemüsebeete: der trapezförmige Zuschnitt ist durch den nach Südosten verlaufenden Hang bedingt (Hangkante: gestrichelte Linie); die ca. 100 m² umfassende Beete werden nach der Dynamischen Fruchtfolge (S. 92 f) bestellt: 3 Parzellen mit je 2 Beeten (Blattgemüse, Blüte, Fruchtgemüse) und (wegen der kleineren Beete) 1 Parzelle mit 3 Beeten (Wurzelgemüse); am gleichen Platz bleiben Rhabarber (letztes Beet) sowie die wärmeliebenden Grünspargel und Tomaten am Hang.

11 Apfelhecke (S. 140): Dichtpflanzung der Sorten 'Melrose' und 'Idared' (1,30 m Pflanzabstand) nach dem Pillar-System (schlanke Spindel) auf schwachwachsender Unterlage (M 27 oder M 9); auf den Baumscheiben frühblühende Zwiebelgewächse (Pollentracht für Bienen) und im Sommer Mulch; zwischen den Baumscheiben einjährige und ausdauernde Küchenkräuter.

12 Steinhaufen: Unterschlupf für Kleintiere (S. 141, 143).

13 „Wildnis" (S. 141): „geordnetes Wuchern" von Brennesseln, robusten Kräutern (Beifuß, Pfefferminze, Meerettich, Dost) und widerstandsfähigen Stauden (gelbe Schafgarbe, Zierdisteln, Kornblumen, Veilchen); sich selbst überlassen, werden im Frühjahr lediglich überständige Stengel geschnitten, die mit dem Laub der Büsche liegenbleiben.

14 Teich: ca. 25 m² groß, 0,70 m tief mit Flachzone und Bepflanzung (S. 140 f).

Benachbarte Bereiche:

A Beerensträucher: ca. 37 laufende Meter Rote und Schwarze Johannisbeeren und Himmbeeren entlang des Gartenzaunes.

B Apfel-Halbstamm 'James Grieve'.

C Staudenpflanzungen um eine Rasenfläche: vornehmlich „bienengerechte" Arten, Nektar- und Pollenspender und einfach blühende Sorten.

D Bienenhaus: 6 Völker in Trogbeuten.

E Obstanlage: 320 m² Hangfläche vornehmlich mit Apfelsorten und Stachelbeer-Sträuchern.

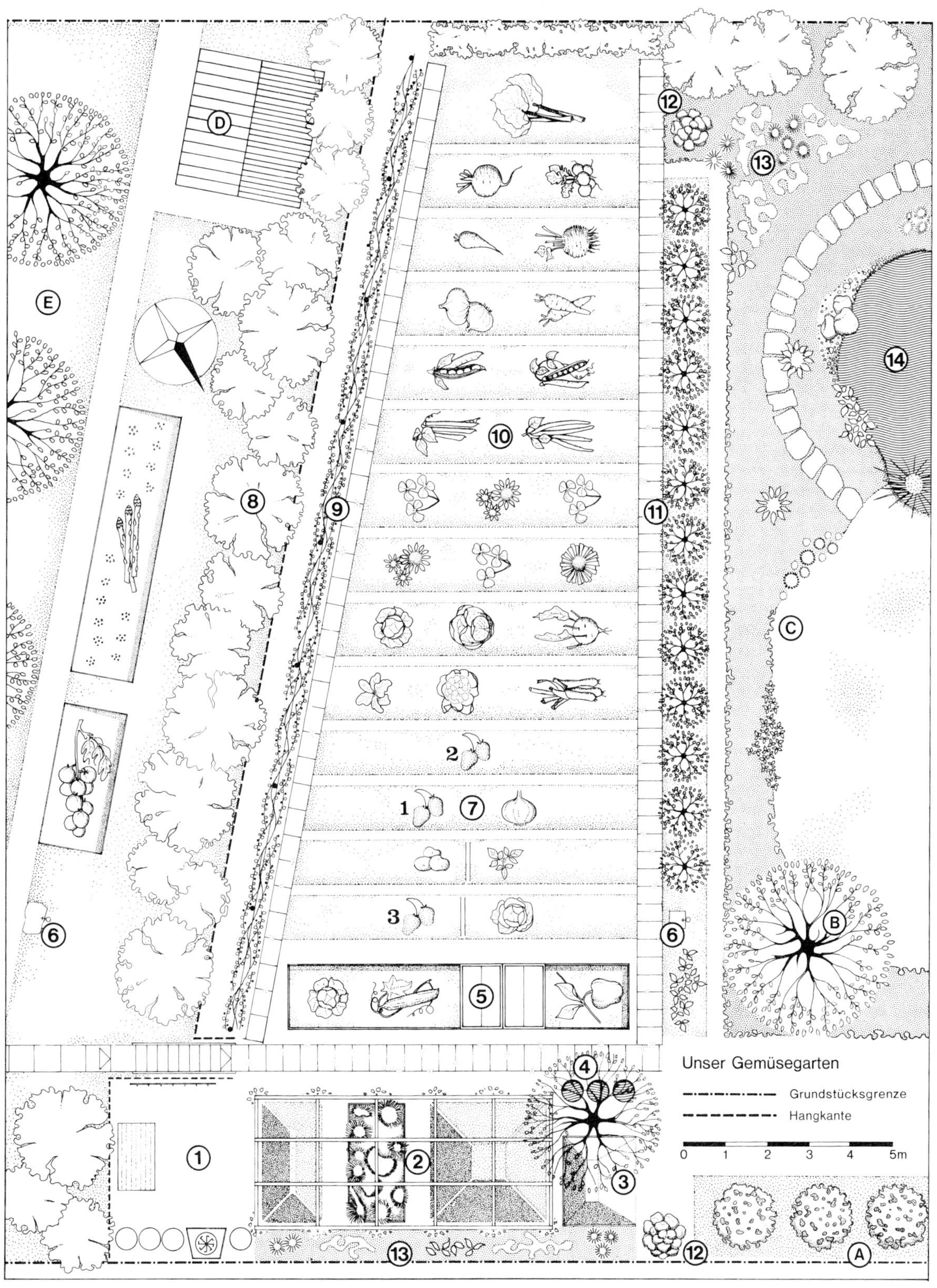

Unser Gemüsegarten
Grundstücksgrenze
Hangkante
0 1 2 3 4 5m

Bedingungen, und kein Jahr gleicht dem anderen. So müssen die allgemeinen Erfahrungen mit den eigenen Beobachtungen am Boden und der Pflanze verknüpft, die Zusammenhänge beachtet und die Wechselbeziehungen zwischen Erde und Kosmos, in deren Spannungsfeld die Pflanze lebt, bewußt gestaltet werden.

Der Erfolg wird nicht lange auf sich warten lassen, wenn der Gärtner sich so weit wie möglich mit dem Pflanzenwesen verbindet: „So wenig der Gärtner sich durch andere Liebhabereien und Neigungen zerstreuen darf, so wenig darf der ruhige Gang unterbrochen werden, den die Pflanze zur dauernden oder zur vorübergehenden Vollendung nimmt. Die Pflanze gleicht den eigensinnigen Menschen, von denen man alles erhalten kann, wenn man sie nach ihrer Art behandelt. Ein ruhiger Blick, eine stille Konsequenz, in jeder Jahreszeit, in jeder Stunde das ganz gehörige zu tun, wird vielleicht von niemand mehr als vom Gärtner verlangt" (Goethe).

Das Institut für Agrarsoziologie, Landwirtschaftliche Beratung und angewandte Psychologie der Universität Hohenheim ist aufgrund einer 1988 durchgeführten Erhebung zu dem Ergebnis gekommen, daß das Wissen der Kleingärtner um die Vorgänge in Pflanzen und Boden, milde gesagt, „unterentwickelt" ist und drei Viertel von ihnen chemische Pflanzenschutzmittel verwendeten (was heute ohnehin von höchstamtlicher Stelle untersagt ist), obwohl sie Hausmittel gegen Schädlinge und Krankheiten kannten.

Es ist uns daher ein besonderes Anliegen, die Lebensbedingungen und Lebensläufe der Pflanzen zu verdeutlichen und auf die Zusammenhänge mit dem Boden und der Umwelt einzugehen. Erst wenn wir die Naturzusammenhänge und die Lebensprozesse in ihrer Gesamtheit durchschauen, können wir die Grundlagen für eine sinnvolle Tätigkeit an der Erde und den Pflanzen sowie das Verständnis für eine angemessene Pflege gewinnen. Wenn wir mehr den Lebenskräften nachspüren als etwa um Düngerezepte bemüht zu sein, können wir Erkenntnisse gewinnen, die es uns im Laufe glücklicher Gärtner- und ertragreicher Erntejahre ermöglichen, auf eigenen Füßen zu stehen und der Ratschläge nicht mehr zu bedürfen. Es wäre außerordentlich erfreulich, wenn wir mit diesem Buch ein wenig dazu beitragen könnten.

Gemüsearten und Kräuter

Blattgemüse

Artischocken sind ein delikates Gemüse (nur) für Feinschmecker. Im Verhältnis zum Platzbedarf ist der Ertrag allerdings spärlich. Die Pflanzen vertragen keinen Frost. Selbst in warmen Lagen ist ein ausdauernder Anbau riskant, wenn wir uns nicht die Mühe machen wollen, größere Wurzelteile auszugraben, um sie im Keller in feuchtem Sand zu überwintern. Einfacher ist die einjährige Kultur, wenn dann auch die Blütenköpfe etwas kleiner sind. Der Samen keimt leicht und sicher, wenn eine Temperatur von 18–20 °C eingehalten wird. Geerntet werden die unteren Stücke der Hüllblätter, der fleischige Boden des Blütenkorbes und das Herz, solange die Schuppenblätter der Blütenknospen noch geschlossen sind.

Chicorée ist ein Feingemüse, das man zwar auch kochen kann, das am besten aber als Salat schmeckt. Wenn Endivien und Feldsalat trotz sorglicher Abdeckung härtere Fröste nicht mehr überstehen, bleibt er das einzige winterliche Frischgemüse, dessen Bitterstoffe überdies Leber- und Gallenprozesse günstig beeinflussen. Die Ernte wird besonders ertragreich, wenn wir Chicorée von Mitte bis Ende Mai aussäen. So gewinnen wir kräftige Wurzeln, die im Winter ansehnliche, fest geschlossene Blattschöpfe austreiben. Eine frühere Aussaat begünstigt eher die Ausbildung von Blütentrieben, und je später wir säen, desto dürftiger entwickeln sich die Wurzeln. Treiberei ab November an einem abgedunkelten Ort (weitere Hinweise Seite 98).

Eissalat (Krachsalat) erfreut sich bei allen, die einen kernigen Salat mit viel Biß lieben, wachsender Beliebtheit. Gegenüber dem weicheren Kopfsalat zeichnet er sich besonders durch eine hervorragende Haltbarkeit aus, sowohl auf dem Beet als auch nach der Ernte. Überdies verspürt er als tagneutrales Gewächs (unabhängig von der Tageslänge) auch bei sommerlicher Hitze wenig Neigung zum Schießen. Er liebt warmes, trockenes Wetter und verträgt weder Nässe noch Frost. Daher Setzlinge nicht zu tief pflanzen, zuviel Feuchtigkeit vermeiden, die sich schließenden Köpfe nicht von oben gießen und ab August auf weitere Aussaaten verzichten, so können wir ihn vor dem Verfaulen bewahren.

Endivien lösen die Sommersalate ab. Vom Herbst bis in den Winter hinein versorgt uns der Endiviensalat mit dem willkommenen frischen Grün. Wir säen ihn am besten gleich ins Frühbeet, obwohl er im Freiland bis 4 °C Frost aushält und im Keller (mit Wurzelballen) gut lagerfähig ist. Er mag reichlich Rohkompost und Steinmehl, verträgt aber keine Trockenheit. Das Bleichen durch Zusammenbinden der Köpfe erübrigt sich, wenn wir (auch die „selbstbleichenden" Sorten) eng pflanzen. So bilden sich feste Köpfe mit gelben Herzen. Aber Vorsicht: nach Schließen des Bestandes nur behutsam gießen und vorbeugend Steinmehl streuen! Entsteht erst einmal Fäulnis, breitet sie sich wie ein Flächenbrand aus. Besonders beliebt: Frisée.

Feldsalat (Ackersalat, Rapunzel, Nüsslisalat, Mäuseöhrchen) ist ein typischer Wintersalat, der uns bis zum Frühjahr, ehe er im April zum Blühen kommt, frisches Grün und reichlich Vitamine spendet. Er kann den ganzen Winter über bei „offenem" Wetter geerntet werden (gefrorene Blätter welken beim Auftauen). Eine Decke aus Fichtenreisig (Folie liegt bei Schnee zu dicht auf) schützt ihn vor hartem Kahlfrost. Für eine durchgehende Ernte bieten sich das Frühbeet, das Gewächshaus oder auch ein Folientunnel an. Eine breitwürfige Saat (auf unkrautfreien Böden) bringt den doppelten Ertrag. Samen nur leicht bedecken, anklopfen und während der ganzen Keimdauer ausgiebig feucht halten. Eine Kultur, die wenig Probleme bereitet.

Knollenfenchel ist eine Langtagpflanze, die an den langen Sommertagen blüht. Die günstigste Aussaat ist daher vom 20. Juni bis 10. Juli. Eine frühere führt zum Schießen, eine spätere bringt nicht genügend Masse. Neue Sorten sind nicht so kälteempfindlich und können daher bereits im April gesät werden. Im Gegensatz zur üblichen Herbsternte werden sie bereits im Juni geerntet. Beide mögen es feucht. Trockenheit hat holzige Knollen und Läuse im Gefolge und weckt die Lust zum Blühen. Die knollenförmig verdickten Blattscheiben können als Salat sowie als Gemüse, gedünstet oder gebacken, bis ins neue Jahr zubereitet werden, wenn wir sie im Keller in feuchtem Sand einschlagen. Das zarte Laub ist ein feines Gewürz für Gemüse und Salate.

Kopfsalat (Grüner Salat). Trotz vielfältiger Salatangebote kann sich der Kopfsalat recht gut behaupten. Altbewährte Sorten wie 'Trotzkopf' und 'Attraktion' sind immer noch aktuell. Neue Züchtungen bescherten uns tagneutrale Sorten, die im Sommer nicht schießen. Unter Glas kultiviert, bringt er wie eh und je bereits zu Ostern das erste zarte, vollmundige Grün des Jahres, und mit dreiwöchigen Abständen in Saatkästen herangezogen, können mit Jungpflanzen bis zum Herbst immer wieder Beetlücken geschlossen werden. Um Fäulnis zu verhüten, müssen Setzlinge hoch gepflanzt werden; alle Blätter sollen sich im Wind frei bewegen können. Sommersaaten brauchen zum besseren Keimen Wechseltemperaturen.

Löwenzahn hat sich in Frankreich und Italien, wo er seit jeher hochgeschätzt wird, sogar die feine Küche erobert. Bei uns tut er sich noch schwer, obwohl Löwenzahn, vor allem gemischt mit anderen Blattsalaten vorzüglich schmeckt und wegen seiner blutreinigenden und entwässernden Wirkung bei keiner Frühjahrskur fehlen sollte. Der kultivierte Löwenzahn hat mehr Blattmasse als die Wildpflanze, schmeckt nicht so bitter, kann getrieben und zu einer zarten Delikatesse gebleicht werden. Bei spätsommerlicher Aussaat können wir ihn bereits ernten, wenn im zeitigen Frühjahr das erste Grün zu sprießen beginnt. Im Frühjahr gesät, liefert er im Herbst ansehnliche Wurzeln, die wie Chicorée getrieben und gebleicht werden (Seite 98).

Neuseeländer Spinat. Die aus Neuseeland
stammende Pflanze braucht zu ihrem bestmöglichen Gedeihen viel Sonne, Wärme, Wasser und
einen „trächtigen" Boden. Wo es an dem einen
oder anderen mangelt, lohnt sich der Anbau
wegen zu kleiner Blätter nicht. Eine Vorkultur,
am besten in Töpfen, ist wegen der Frostempf-
findlichkeit und des gemächlichen Wachstums
ohnehin sinnvoll. Wo sich diese Ansprüche erfüllen lassen, können wir ab Juli bis Oktober in mehreren Schnitten junge Blatt-Triebe an den bis zu
1 m langen, verzweigten und kriechenden Stengeln ernten, die zur besseren Entwicklung zeitig
entspitzt werden sollten. Gegenüber dem „normalen" Spinat hat der Neuseeländer (den Kindern zuliebe) viel weniger Oxalsäure.

Pflücksalat (Rupfsalat). An Formen, Farben,
Ertrag und Haltbarkeit übertrifft der, zudem
noch pflegeleichte und schoßfeste, „Dauerbren-
ner" seine „Rivalen" um etliches. Zur pflückba-
ren Salatgruppe gehören der dekorative Eich-
blattsalat ebenso wie der gekräuselte Blattbatavia
mit verschiedenen Sorten. Pflücksalate eignen
sich für sämtliche Anbaumethoden über das
ganze Gartenjahr und fast alle vertragen auch
leichten bis mittleren Frost, so daß sie in rauheren
Lagen noch im November geerntet werden können. Die Ernte zieht sich jeweils über Wochen
hin, wenn beim steten Pflücken der äußeren Blätter die Herzen nicht verletzt werden. Der Ertrag
ist drei- bis viermal höher als beim zudem
anspruchsvolleren Kopfsalat.

Porree (Lauch, Pfarrn). Der etwas derbe
Geschmack ist nicht jedermanns Sache. Aber wer
ihn gerne ißt, kann den nahen Verwandten der
Zwiebel vom Frühsommer über den Winter bis
zum Frühjahr immer frisch vom Beet ernten,
wenn er Sommer-, Herbst- und Winter-Sorten,
deren Erntezeiten sich vorteilhaft überlappen,
(womöglich auf einem Beet) anbaut. Den Somm-
erlauch können wir ab Mitte Juni als besonders
zartes Gemüse genießen und als Suppengrün
zusammen mit anderen Gemüsen portionsweise
für den Wintervorrat tiefgefrieren. Winterlauch
übersteht auch starke Fröste. Nur wenn er „bis
zum Hals" im Boden wachsen kann, also regelmäßig angehäufelt wird, erhalten wir die begehrten langen, weißen Schäfte (Seite 99).

Radicchio ist in unseren Gärten kaum zu finden, obwohl er auf dem Markt recht teuer ist: ein fester, knackiger und sehr haltbarer Salat mit einem weinroten, geschlossenen Kopf und einem delikaten, kernigen, leicht bitteren Geschmack. Anbaugünstige Sorten (siehe Seite 155) sind bei einer Aussaat Mitte Juni bis Mitte Juli im Herbst erntereif. Früher gesät, neigen sie zum Schiessen, später bleiben die Köpfe klein und locker. Heikel ist nur der Anbau der Wintersorte, die im Frühjahr reift. Zwar frosthart, neigt sie unter einer andauernden Schneedecke trotz Reisigabdeckung zum Faulen. Wie alle Zichoriengewächse sollte auch Radicchio wegen seiner Pfahlwurzel nicht verpflanzt, sondern nach dem Auflaufen verzogen werden.

Römischer Salat (Romanasalat, Bindesalat, Sommerendivie). Die Blätter sind dicker und knackiger und die Köpfe fester als beim Kopfsalat. Selbst tagelang im Kühlschrank aufbewahrt, verliert er, in Folie eingeschlagen, diese Eigenschaften nicht. Außer in Hessen, wo man die beliebten zarten 'Kasseler Strünkchen', die wie Spargel schmecken sollen, gekocht genießt, ist dieses vielseitige Gemüse, das die Römer schon kannten und das als Salat, gekocht oder mit Käse überbacken gleichermaßen gut schmeckt, bisher selten angebaut worden. Heute gibt es verschiedene, auch rotblättrige und vor allem selbstschließende Sorten, die nicht mehr (zum Bleichen) gebunden werden müssen. Alle Sorten lieben gleichbleibende Feuchtigkeit.

Schnittsalat (Lattich). Früher wurde er häufiger angebaut. Bei dem heutigen schier überbordenden Salatangebot sieht er etwas altmodisch aus. Gleichwohl ist er dem Kopfsalat um einige Längen voraus, weil er sehr raschwüchsig und unkompliziert ist. So wird sich auch der Anbau auf das Frühjahr beschränken, bis andere Salate „in die Vollen gehen". In Reihen dicht gesät, können laufende Meter der zarten Blätter, die es auch in gekräuselter Form gibt, über eine längere Zeit in mehreren Schnitten, die so über den Herzblättern geführt werden müssen, daß sie nicht verletzt werden, ertragreich geerntet werden. Wie alle Salate liebt auch der Schnittsalat bei ausdauernder Sonne immer wieder einen erfrischenden Guß aus der Brause.

Spinat (Binetsch) eignet sich hervorragend für Früh-, Haupt- und Nachkulturen. Allerdings ist er eine typische Langtagpflanze, die bei mehr als 12 Stunden Tageslicht unter schwacher Rosettenausbildung zum Blühen kommt. Es gibt zwar spätschossende Sorten, aber im Sommer gibt es trotzdem eine Erntelücke, die für besondere Spinatliebhaber dann mit dem Neuseeländer Spinat geschlossen werden kann. Wir können aber bereits im ausgehenden Winter, im Herbst gesät, den ersten Spinat ernten. Die altbewährte Sorte 'Matador' ist für alle Standorte und möglichen Saatzeiten auch heute noch die beste. Spinat ist ein Stickstoff-Fresser, ein Anbau als humusreiche Unterglas-Kultur ist wegen einer möglichen Nitratbelastung weniger zu empfehlen.

Winterportulak (Postelein, Kubaspinat), bei uns noch nicht sehr verbreitet, wird wie Feldsalat angebaut, schmeckt wie Portulak (Seite 149), mit dem er verwandt ist, und wird auch wie dieser geerntet. Postelein ist winterhart und keimt nur bei Temperaturen unter 12 °C. Bis zum Frühjahr liefert er nicht nur frischen Salat mit reichlich Vitaminen, seine fleischigen Blätter können auch wie Spinat zubereitet werden. Wer am Portulak Gefallen gefunden hat, muß also den erfrischenden, nussigen, leicht säuerlichen Geschmack auch im Winter nicht missen. Je nach Wetterlage sind 2–4 Schnitte möglich. Läßt man ihn zum Blühen kommen, braucht man sich um den weiteren Anbau nicht mehr zu kümmern: er versamt sich im ganzen Garten.

Zuckerhut (Zichoriensalat, Fleischkraut). Die dicht gewickelten, zuckerhutförmigen Köpfe ähneln im Geschmack den Endivien und werden auch wie diese kultiviert. Jedoch wesentlich unempfindlicher gegen Frost, vertragen sie ohne Abdeckung Kälte bis −6 °C, leicht abgedeckt sogar bis −10 °C. Da er als Langtagspflanze im Sommer blühfreudig ist, müssen die Aussaatzeiten eingehalten werden. Die Pfahlwurzler können nicht verpflanzt, sondern müssen nach dem Auflaufen verzogen werden. Zum Überwintern eignen sich nur feste und gut ausgereifte Köpfe, die, mit der Wurzel ausgegraben, entweder unter Glas eingeschlagen oder im trockenen Keller in Sand oder leicht angefeuchtetem Sägemehl aufbewahrt werden können.

Blatt-Stiel- und Dauergemüse

Grünspargel. Banausen behaupten gelegentlich, daß am Bleichspargel das Beste der Schinken sei. Nach dem Genuß von Grünspargel, der sich in den letzten Jahren wachsender Beliebtheit erfreut, dürfte ihnen jedoch das Lästern schwerer fallen. Da er über dem Boden heranwächst und assimilieren kann, enthält er wertvolle Inhaltsstoffe, vor allem Provitamin A und Vitamin C. Das mag auch dazu beitragen, daß der Geschmack gegenüber dem Bleichspargel an Würze und Aroma um etliche Nuancen gewinnt. Die Kultur ist einfacher. Unerläßlich sind aber ein durchlässiger Boden und ein geduldiges Ausharren bis zum 3. Kulturjahr, wenn die grünen Pfeifen zum erstenmal gestochen werden können. (Kulturhinweise Seite 117)

Mangold (Beißkohl, Römischer Kohl). Das schnellwüchsige Blatt- und Stielgemüse speichert an wertvollen Mineralstoffen vor allem das blutbildende Eisen. Die Blätter werden wie Spinat zubereitet und können durchaus die sommerliche Spinatlücke schließen. Die fleischigen Stiele entsprechender Sorten haben mit Spargel jedoch nur die Zubereitung gemein. Mit seinen Verwandten Spinat und Rote Bete verträgt sich Mangold nicht. Ein gemeinsamer Anbau oder eine Fruchtfolge dieser Gänsefußgewächse sollte daher vermieden werden. Bei Trockenheit befallen ihn die gefürchteten schwarzen Läuse. Werden bei der Ernte die Herzen nicht verletzt, wachsen bis zum Frost unermüdlich neue Blätter nach. Rotstielige Sorten sind besonders dekorativ.

Rhabarber, den wir als Obst verwenden, ist eine Staude, und eine solche ist nach dem botanischen Ordnungssinn (soweit genießbar) eigentlich immer ein Gemüse. In seinen Nährstoffansprüchen ist der Rhabarber ein großer Fresser und bekommt selten genug. Schon bei der herbstlichen Pflanzung in einem tief gelockerten Boden sollte er mit 5 Schaufeln voll gut verrottetem Rindermist verwöhnt werden. Der Kopf liegt in einer 6 cm tiefen Mulde. Geerntet wird ab dem 2. Jahr (jeweils bis zu einem Drittel der Stangen) bis Johanni. Wenn die Blütenstengel gekappt werden, die Pflanze gut feucht gehalten und im Herbst mit einem „dickbelaubten" Komposthügel versorgt wird, können wir auch im nächsten Jahr eine reiche Ernte erwarten.

Stangensellerie (Bleich-, Staudensellerie) bildet keine Knollen, sondern kräftige Blattstiele mit einem frischen, würzigen Geschmack. Die frostempfindlichen Pflanzen werden ab März unter Glas angezogen und im Mai ausgepflanzt. Durch stete Feuchtigkeit und 14tägige Düngegüsse werden die Stiele schön dick und fleischig. Selbstbleichende Sorten pflanzen wir dichter und im Block, so werden der Bleichprozeß gefördert und das Austrocknen verhindert. Die „Normalen" müssen wir bleichen. Im September werden sie dazu bis zum Boden mit schwarzer Folie umwickelt und angehäufelt. In dieser Umhüllung können die Stangen dann auch noch einige Wochen im Keller (in feuchten Sand eingeschlagen) aufbewahrt werden.

Stangenspargel (Bleichspargel). Seit jeher war das königliche Gemüse eine Delikatesse auf fürstlichen Tafeln. Im Laufe der Zeit entwickelte sich „auf breiter Front" eine regelrechte Eßkultur um die (teuren) bleichen Stangen bis hin zur musealen Würdigung im „Stangerl-Turm" der Spargelstadt Schrobenhausen. Ausgesprochene Liebhaber werden den etwas umständlichen und platzraubenden Anbau im eigenen Garten (Kulturhinweise Seite 115) kaum scheuen: nicht nur daß Spargel, morgens gestochen und mittags verzehrt, am besten schmeckt, auch der Verzicht auf die im Intensivanbau übliche Überdüngung und gängigen Spritzmittel dürfte den Genuß noch steigern. Spargel wirkt wassertreibend, insbesondere als kalt gepreßter Saft.

Kohlgemüse

Blumenkohl (Karfiol) ist in der Kultur sehr anspruchsvoll. Er verlangt einen humusreichen und immer gut feucht gehaltenen Boden. Seine Entwicklung, in der kein Stillstand eintreten darf, wird durch häufige Jauchegüsse wesentlich gefördert. Jede späte Sorte, die sommerliche Hitze nicht zu fürchten braucht, ist pflegeleichter und zuverlässiger. Sind die Köpfe noch nicht genügend ausgebildet, wenn uns in einem Jahr frühe Nachtfröste überraschen, hilft ein Folientunnel weiter. Die Köpfe reifen auch noch weiter aus, wenn sie ins Frühbeet oder Gewächshaus verpflanzt beziehungsweise im Keller eingeschlagen werden. Übrigens: wenn man im Sommer die inneren Blätter über die „Blume" einknickt, bleibt sie schön weiß.

Broccoli (Spargelkohl, Sprossenkohl) ist nicht so heikel wie der nahe verwandte Blumenkohl. Er wächst zügiger und verträgt auch Hitze. Nichtsdestoweniger ist er ebenso anspruchsvoll und pflegeintensiv: er braucht gleich viel Nährstoffe und Wasser. Der Geschmack ist kräftiger und der Vitamin- und Nährstoffgehalt etwas höher. Der grün-violette Hauptsproß wird geerntet, ehe die ersten Blütenknospen aufplatzen und die gelben Blüten zu sehen sind. In den Seitentrieben entwickeln sich dann weitere, kleinere Knospen, die über längere Zeit mit 10 cm langen Stielen geschnitten werden können. Herbstsorten wachsen langsamer und haben lange Sprossen mit feinen, 5–7 cm breiten Köpfchen, die nicht aufblühen.

Butterkohl wird nur selten auf dem Markt zu finden sein. Dabei sind seine nur locker zum Kopf geschlossenen Blätter zarter und schmekken aromatischer als beim Wirsing, mit dem er verwandt ist, was man leicht an dem gelbgrünen und blasigen Blatt erkennen kann. Wenn auch die Ansprüche des Butterkohls nicht so hoch sind wie die des Blumenkohls, sollte er doch geradeso ausreichend feucht gehalten werden. Er gedeiht auch vortrefflich im Halbschatten. Im April gesät und im Juni ausgepflanzt, zieht sich die Ernte vom Herbst bis in den Winter hinein. Im Oktober gepflanzte Setzlinge überwintern und bilden in nicht zu kalten Wintern Kohlköpfe bis zum April, zu einem Zeitpunkt, zu dem es sonst noch keinen Kohl zu ernten gibt.

Chinakohl ist eine zarte, leicht verdauliche und nicht blähende Kohlart, die vielseitig als Gemüse, aber auch als Salat zubereitet werden kann. Er liebt wie alle Kohlarten ein feuchtes Klima und einen humusreichen Boden, der niemals austrocknen darf, was durch eine gute Mulchschicht weitgehend ermöglicht werden kann. Als typische Langtagspflanze kommt er sehr schnell zum Schießen, wenn er vor der 2. Julihälfte ausgesät wird. Der raschwüchsige Kohl bildet schon im Oktober mehr oder weniger länglich geformte, lockere Köpfe, die zwar leichten Frost vertragen, jedoch bei –5 °C geerntet werden sollten. Chinakohl ist lagerfähig und läßt sich, mit der Wurzel eingeschlagen, im Keller mühelos aufbewahren.

Grünkohl (Blätter-, Kraus-, Winter-, Federkohl) gehört vor allem in Norddeutschland zu den traditionellen Wintergerichten: Grünkohl mit Pinkel (Hafergrütze mit Grieben und Piment im Darm oder Schweinebacke und geräucherte Kochwurst). Er ist ein außerordentlich gesundes Gemüse, mit einem hohen Gehalt an Vitamin C, Eisen und Jod, dessen Herzblätter, was kaum bekannt ist, auch als Salat vortrefflich munden. Er schmeckt feiner und ist bekömmlicher, wenn er mindestens einmal richtig durchgefroren ist. So kann er auch den ganzen Winter über geerntet werden. Die niederen und mittelhohen Sorten finden unter einer Schneedecke besseren Schutz, während die hohen Sorten ertragreicher sind, da am Stamm noch neue Blätter nachwachsen.

Kohlrabi (Stengelkohl, Kopfkohlrabi). Das beliebte Gemüse weicht in Form und Geschmack von seinen übrigen „Brüdern" ab, obwohl es ebenso wie sie vom wilden Kohl abstammt. Kohlrabi bedürfen einer umsichtigen Pflege, wenn sie zart schmecken, gleichmäßige Knollen ansetzen und zudem weder schießen noch platzen sollen. Dies kann durchaus gelingen, wenn wir für unerwartete Spätfröste den Folientunnel bereithalten; mit Mulch Temperaturschwankungen ausgleichen; für gleichmäßige Feuchtigkeit sorgen; durch Gießen mit sonnenerwärmtem Wasser an den Fuß Kälteschocks vermeiden; schoß- und platzfeste Sorten anbauen und nicht erst ernten, wenn die Knollen holzig sind: je früher vom Beet, desto feiner in der Küche!

Rosenkohl. Um ihn als delikates Gemüse genießen zu können, kommt es darauf an, wie er angebaut wird. Wohl bedarf der als Nachfrucht stehende Starkzehrer einer Auffrischung des Nährstoff-Vorrates, aber zu viel des Guten ist von Übel: die Röschen werden mastig und flatterig und bekommen einen scharfen Geschmack. Eine Handvoll Holzasche ins Pflanzloch fördert dagegen die Festigkeit. Späteres Anhäufeln vergrößert den Wurzelballen und damit den Halt des schwer werdenden Stammes. Im September können bei schlechtem Fruchtansatz die Spitzen gekappt werden. Die Blätter, die die Röschen ernähren, dürfen dabei nicht verletzt werden. Ein leichter Frost vor der Ernte fördert wie beim Grünkohl den Wohlgeschmack.

Rotkohl (Rotkraut, Blaukraut, Roter Kappus) gehört wie der Blumenkohl zu den recht anspruchsvollen Kohlarten. Der Bedarf an Sonne, Nahrung und Wasser ist beträchtlich. Mit regelmäßigen Düngegüssen (am besten bei nassem Wetter) und einer gleichbleibenden, feuchtigkeitsregulierenden Mulchschicht können wir einiges für sein Wohlbefinden und sein Gedeihen tun. Bei Trockenheit wird Kohl ganz besonders von Schädlingen heimgesucht. Bewährt hat sich die Einsaat von Erdklee als „lebender Mulch", der den Boden schnell bedeckt und zudem Stickstoff liefert (Seite 124). Es gibt zwar ein paar frühe Sorten. Aber Rotkohl ist betulich. Lassen wir ihn also, seiner Art nach, langsam den Gänse- und Hasenbraten entgegenwachsen.

Weißkohl (Weißkraut, Hötkraut, Kabis) ist nicht ganz so anspruchsvoll wie Rotkohl und wächst um einiges schneller. Gleichwohl sollten auch bei ihm Düngegüsse nicht versäumt und die Mulchschicht nicht vernachlässigt werden. Ein Überdüngen müssen wir aber unbedingt vermeiden. Gerade beim Weißkohl ist es wichtig, daß er einen durch (präparierten) Kompost ausgeglichenen und milden Boden vorfindet, damit er nicht „aus dem Topf riecht" und das Einsäuern gelingt. Dank eines reichen Sorten-Angebotes können wir von Mai bis November Kohlsorten ernten, die sich besonders für die Verwendung als Gemüse, Krautsalat, Sauerkraut oder für eine ausdauernde Lagerung eignen. Eine nicht überall bekannte Spezialität ist der Spitzkohl.

Wirsing (Welschkraut, Börskohl, Savoyerkohl) wächst noch schneller als Weiß- und Rotkohl. Nicht nur deshalb ist er in der Küche früher zu verwerten, sondern auch, weil er sich bereits vor der Ausbildung eines festen Kopfes als besonders zartes Gemüse zum Verzehr eignet. Er wird ebenso angebaut und gepflegt wie die beiden anderen Kopfkohlarten. Er unterscheidet sich jedoch von ihnen dadurch, daß er sich schlecht lagern läßt. Dafür gibt es aber winterharte Sorten. Spätestens Ende Juli ausgepflanzt, müssen sich die Pflanzen kräftig entwickeln können (was durch einen Brennesselmulch gefördert werden kann), damit sie bei Beginn der Frostperiode ausgewachsen sind und laufend über den Winter geerntet werden können.

Wurzelgemüse

Frühkartoffeln (Erdäpfel, Erdbirnen, Kartoffeln) sind ein vitaminreiches Feingemüse. Frisch aus der Erde auf den Tisch sind sie, alleine schon mit Butter und Kräutersalz genossen, ein wahrer Hochgenuß und mit „abgestandenen" Lagerkartoffeln überhaupt nicht zu vergleichen. Vorgetriebene Kartoffeln haben eine kurze Vegetationszeit, so daß die Beete in der zweiten Julihälfte noch mit verschiedenen Herbst- und Wintergemüsearten bestellt werden können. Als Starkzehrer brauchen sie einen fruchtbaren, lockeren Boden, der bereits im vorausgegangenen Herbst entsprechend vorbereitet werden sollte, worauf wir im Kapitel 'Das Vermögen mehren' (Seite 69) ausführlich zu sprechen kommen (Kulturhinweise Seite 102).

Frühlingszwiebeln sind mild im Geschmack und werden in der Küche mit dem Laub verwendet. Ausgangs August gesät (in frischen Lagen drei Wochen früher), sollten sie eine Höhe von 15–20 cm erreichen, um den Winter problemlos überstehen zu können. Dabei ist darauf zu achten, daß der Boden bis Oktober nicht austrocknet und besonders gut ist es, ihnen zu dieser Zeit noch eine Gabe Kompost, mit Gesteinsmehl überstreut, zu gönnen. Um Auswinterungsschäden vorzubeugen, können wir das Beet mit Fichtenreisig abdecken. Vereinzelt wird erst im Frühjahr. So können bereits im April gezogene Schlotten einen frühen Salat schmackhafter machen. Geerntet werden die ausgereiften Zwiebeln, je nach Sorte, von Mai bis Juni.

Karotten sind Günstlinge der feinen Küche. Damit ist zuvörderst die sehr frühe Sorte 'Pariser Markt' gemeint, deren rote Kugeln nicht nur von delikatem Geschmack sind, sondern auch als Komponente von Mischgemüse, Salaten oder Mixed Pickles das Auge mitessen lassen. Am besten gelingt die Kultur im Frühbeet. Hier haben sie die für ihre Entwicklung günstigen Voraussetzungen: einen humusreichen, lockeren Boden, Wärme und Feuchtigkeit (bei Trockenheit platzen sie). Sie keimen wesentlich schneller als ihre Vettern, die Möhren. Rechtzeitig verzogen, damit sie schön rund werden, wachsen sie auch rascher. Sie sollten dann nicht überständig werden, denn zu spät geerntet, bildet sich ein unansehnlicher grüner Kern.

Knollensellerie (Eppich, Eppe, Epf, Geilwurz) bereichert die Geschmacks-Palette unserer Gemüsearten mit einem würzig-erdhaften Aroma, unverzichtbar als Suppengemüse, aber auch in der feineren Küche. Als Kultur ist er ein Eigenbrötler, der hofiert werden will: zu tief gepflanzt, bildet er keine Knolle; auf Spätfrost reagiert er mit Schießen ohne Knollenansatz; mit sich selbst unverträglich, liebt er besonders die Gesellschaft von Blumenkohl oder Lauch; als alter Küstenbewohner möchte er Meersalz um die Knolle; Holzasche mag er und revanchiert sich mit einer großen Knolle, wenn sie so weit wie möglich (auch von Mulch) freigelegt wird. Sellerie läßt sich gut lagern, während wir laufend frisches Suppengrün ernten können.

Mairüben (Navets) gibt es, anders als in Frankreich, hierzulande nur im Feinkost-Handel. Die zarten Rübchen schmecken würzig und etwas süß. Am besten gedeihen sie auf sandigen Böden oder in der lockeren, humusreichen Erde des Frühbeetes, wenn wir wegen eines schweren Bodens sonst auf den Anbau verzichten müßten. Ansonsten sind sie anspruchslos; sie brauchen weder viel Wärme noch viel Licht. In etwa sechs Wochen erntereif, können sie das ganze Jahr angebaut werden, am besten ist ihre Qualität im Herbst. Eng mit ihnen verwandt sind die Teltower Rübchen, die in der „Streusandbüchse" Brandenburgs ihr Zuhause haben: „die feinste Rübenart und ein Leckerbissen", wie der Feinschmecker Goethe schwärmte.

Meerrettich (Kren, Bauernsenf, Pfefferwurzel, Waldrettich). Der „Chren", wie er in seiner russischen Heimat genannt wird, ist sowohl eine vielseitig verwendbare Speise-, Gewürz- und Heilpflanze als auch ein bewährtes Pflanzenschutzmittel. Er gedeiht am besten in tiefgelockertem, feuchtem Boden, verträgt aber keine gestaute Nässe. In schwerer, trockener Erde verholzen die Stangen leicht. Rauhe Lagen und Halbschatten werden gut vertragen. In den Monaten mit einem „r" schmeckt Meerrettich am besten und wird dementsprechend geerntet und gelagert oder portionsweise gerieben eingefroren. Sirup (ein Drittel Saft, zwei Drittel Honig) ist ein gutes Mittel gegen Husten und Bronchitis (Kulturhinweise Seite 118).

Möhren (Mohrrüben, Gelbe Rüben, Wurzeln) sind ganz besonders reich an Mineralstoffen, aromatischen Substanzen und Zucker, und sie haben von allen Nahrungspflanzen den höchsten Gehalt an Karotin, der Vorstufe des Vitamin A, dessen Mangel zur Nachtblindheit führt. Sie gedeihen keineswegs überall. Am besten wachsen sie auf einem Boden, der keine unverrotteten organischen Substanzen enthält. Deshalb haben wir im vorausgegangenen Herbst als Vorfrucht Roggen eingesät, der diese Stoffe mineralisiert. Gegen die Möhrenfliege hat sich die Mischkultur mit Zwiebeln bewährt. Aber vor allem ist es wichtig, daß durch Anhäufeln die Wurzelhälse, in welche die Fliege ab Mitte Mai ihre Eier ablegt, stets gut bedeckt sind.

Pastinaken (Hirschmöhren, Welsche Petersilie) schmecken wie eine Mischung aus Möhre, Petersilienwurzel und Sellerie, mit denen sie als Doldenblütler auch nahe verwandt sind. Wegen geringen Interesses an dieser uralten Kulturpflanze haben die Züchter sie bedauerlicherweise vernachlässigt. Pastinaken speichern, von der Wildform kaum abweichend, während ihrer langen Wachstumsperiode Heil-, Wirk- und Aufbaustoffe in hoher Konzentration, die manchen hochgezüchteten Gemüsearten längst verlorengegangen sind. Vier bis sechs Wochen braucht die Saat zum (schlechten) Keimen. Pastinaken sind frosthart, es ist jedoch ratsam, sie nach dem ersten kräftigen Frost (der den Geschmack verbessert) im Einschlag zu lagern.

Radieschen werden wegen ihres schnellen Wachstums auch Monatsrettich genannt. Anpassungsfähig, können sie bei entsprechender Sortenwahl und Unterglas-Kultur rund um das Jahr gesät werden. Es gibt heute Sorten, bei denen das Platzen, Schießen und schnelle Pelzigwerden vermindert ist. Trotzdem darf es niemals an Feuchtigkeit (auch gegen Erdflöhe) und Schatten bei andauernder Hitze mangeln. Radieschen mögen einen tiefgründigen Boden mit guter Dungkraft, der ständig gelockert werden sollte, und vor allem Abstände von etwa 5 cm, sonst verweigern sie die Knollenbildung. Im Frühherbst gedeihen die schönsten Radieschen in Form, Farbe und Geschmack. Die frühen 'Eiszapfen' eignen sich gut als kleiner Rettichersatz.

Rettiche. Bereits die Arbeiter beim Bau der Cheopspyramide sollen in großen Mengen Rettiche verzehrt haben. Wir können sie vom Frühjahr bis zum Winter genießen, wenn wir die jeweils geeigneten Sorten anbauen. Sie wollen viel Wasser (bei Trockenheit werden sie pelzig) und einen tiefgründigen, mit reifem Kompost versorgten Boden (roher Kompost oder Düngegüsse lassen sie zu wahren „Nitratzapfen" heranwachsen). Ein Tip: in Töpfen aussäen, Pflänzchen bis zu den Keimblättern tief auspflanzen; der Rettich entsteht zwischen den Keimblättern und der Wurzel, je länger dieses Stück, das Hypokotyl, ist, um so größer wird der Rettich. Ausgehöhlte Rettiche mit Honig gefüllt, ergeben einen vorzüglich wirkenden Hustensaft.

Rote Rüben (Rote Bete, Randen, Rahnen) sind reich an Mineralien, Spurenelementen, Vitaminen und spezifischen Farbstoffen: eine „Muß-Pflanze" für ernährungsbewußte Hausgärtner! Besonders bekömmlich sind sie als milchsaures Gärprodukt. In der Kultur anspruchslos, begnügen sie sich mit ausgereiftem Kompost und Wasser. Zusätzliche Düngung ist eher abträglich. Kugelige Sorten kann man (aus einer dichteren Reihe) schon nach 7–8 Wochen als kleine, besonders zarte Rübchen mit etwa 4 cm Durchmesser (zum Einlegen) ernten. Verletzte Rüben „verbluten" und schrumpfen bei der Lagerung. Sorgfalt bei der Ernte ist deshalb nötig. Bewährt als Blutbildungsmittel, helfen sie auch gegen Darmparasiten, vor allem bei Kindern.

Schalotten haben einen milderen und feineren Geschmack als Küchen-Zwiebeln und sind wesentlich leichter bekömmlich. Die buschigen Zwiebelgewächse, deren Zwiebelstock aus mehreren länglich-ovalen goldgelben, später sich bräunenden, Nebenzwiebeln besteht, sind ausdauernd und werden durch Steckzwiebeln vermehrt. Sie lieben einen leichten Boden in warmer Lage. Schwere und nasse Erde bekommt ihnen nicht. Sie mögen auch keine zusätzliche Düngung. Die russischen und dänischen Sorten sind gröber im Geschmack, jedoch größer und ertragreicher. Bereits während des Wachstums können auch die Zwiebelschäfte laufend gezogen und wie Schnittlauch zu Rohkostgerichten verwendet werden (weitere Hinweise Seite 106).

Schwarzwurzeln sind eine Kultur für anspruchsvolle Liebhaber. Mit zerlassener Butter zubereitet, ist der „Winterspargel" zwar eine Delikatesse, aber man muß im Garten schon sehr viel Platz haben, um sich eine so gemächliche Kultur leisten zu können. Nur in den ersten Märztagen gesät, ist der Ertrag im November lohnend. Säen wir im September, bleibt zwar noch Raum für andere Kulturen, jedoch müssen wir eventuell im nächsten Sommer mit dem vorliebnehmen, was die Mäuse unter dem Winterschutz von ihrer Lieblingsspeise übriggelassen haben. Und dann sollte der Boden auch noch „tiefst"-gründig sein, damit sich die Wurzeln lang und unverzweigt ausbilden können. Reifer Kompost genügt. (Ernte Seite 120).

Topinambur (Wildkartoffel, Pferdekartoffel, Erdartischocke) ist eine über 2,00 m hohe, kleinblütige Sonnenblumenart, die in der Erde kartoffelähnliche Knollen bildet. Roh schmecken sie zwischen Salatherz und Nuß, gedünstet ähnlich wie Artischocken, gekocht sind sie weniger genießbar. Die Kultur ist anspruchslos. Die vitale und äußerst robuste Knolle kann sogar Frost bis 30°C vertragen. Der Anbau ist Jahr für Jahr auf dem gleichen Platz möglich. Die Knollen, die im Spätherbst reifen, sind geerntet wenig haltbar. Deshalb bleiben sie am besten im Boden und werden (bei offenem Wetter) erst bei Bedarf geerntet. Die „Diabetiker-Kartoffel" enthält Inulin, eine Stärkeart, die im menschlichen Körper nicht in Zucker umgebaut wird.

Wurzelpetersilie ist eine alte Kulturpflanze, die viel zu wenig angebaut wird. Die fleischig verdickten Wurzeln mit hohen Vitamingehalten würzen nicht nur Suppen, sondern sind auch ein pikantes Gemüse, das in Butter gedünstet oder lauwarm als Salat, sein volles Aroma entfaltet. Der Anbau ist problemlos. Wurzelpetersilie begnügt sich auch mit ärmeren Böden, wenn sie nur tiefgründig und gut mit Kompost versorgt sind. Eine einjährige Kultur muß früh, Mitte März, gesät werden. Eine Alternative ist die Aussaat im August mit einer Ernte im nächsten Herbst. In beiden Fällen sollten die Wurzeln eines besseres Geschmackes wegen so lange wie möglich im Boden bleiben, jedoch spätestens nach dem ersten Frost geerntet werden.

Zwiebeln (Küchenzwiebel, Speisezwiebel, Zippel, Bolle) haben sich in jeder Küche unentbehrlich gemacht und beanspruchen deshalb den ihnen gebührenden Platz im Garten. Für den Start, gesät oder gesteckt, gilt seit altersher der 21. März: St. Benedikt macht Zwiebeln dick. Gesäte Zippeln eignen sich besonders gut zum Lagern, aber nur wenn man sie ausreifen läßt, also die Blätter nicht vorzeitig umknickt (Notreife) und erst erntet, wenn sie mindestens zu zwei Dritteln vergilbt und verwelkt sind. Gesteckte Zwiebeln reifen früher und werden mehr zum Frischverzehr verwendet. Neuerdings gibt es Gemüsezwiebeln (Foto). Sie erreichen zwar eine beachtliche Größe, sind aber nicht lagerfähig (weitere Hinweise Seite 104 f.).

Fruchtgemüse

Auberginen (Eierfrüchte) haben einen ausgezeichneten Geschmack. Eine 1 kg schwere Frucht, in Scheiben geschnitten, als „Auberginen-Schnitzel" auf vielseitige Weise zubereitet, reicht für das Mittagsmahl einer vierköpfigen Familie aus. Leider ist das aus Asien stammende Nachtschattengewächs mit seinen birnen- oder keulenförmigen blauvioletten Früchten außerordentlich wärmebedürftig, so daß bei uns eine Freilandkultur nur in äußerst günstigen Lagen möglich ist. Ansonsten können Liebhaber, die kein Gewächshaus haben, dennoch mit einem Folienkasten oder -häuschen zu ihren begehrten Früchten kommen. Auberginen werden wie Tomaten kultiviert, mit denen sie auch nahe verwandt sind (Kulturhinweise Seite 110 und 112).

Gurken sind nicht weniger beliebt als Tomaten, zumal es verschiedene Arten für mannigfaltige Verwendungen gibt. Wir kennen die langen Salatgurken für den Frischverzehr, die außer im Gewächshaus auch im Folienhäuschen gezogen werden können; die dickeren 20–25 cm langen Schmorgurken; die Senf- oder Schälgurken mit viel Fleisch und wenig Kernen, zu denen auch die 50–60 cm lange, bis 10 kg schwere Azia-Gurke gehört, eine vom Aussterben bedrohte Besonderheit der Nordseeküste (süß-sauer zubereitet), deren Samen nur noch über den Gartenzaun weitergereicht wird, sowie die ganz kleinen Gürkchen, vielseitig verwendbar zum Einlegen als Gewürz-, Essig-, Dill- und milchsaure Gurken (Kulturhinweise Seite 107).

Kürbisse (Bebe, Plutzer) sind wieder auf dem Vormarsch, nachdem sie etwas aus der Mode gekommen waren. Sie lieben es warm und feucht, wollen viel Platz und sind Vielfraße. Je mehr wir ihren Wünschen entgegenkommen, desto größer werden die 'Gelben Zentner' · Robuster (aber nicht frosthart) als andere Kürbisgewächse, lassen sie sich auch im Gegensatz zu ihnen lange lagern, sobald sie ausgereift sind (wenn Laub und Ranken absterben). Allerdings werden wir sie alsbald, in Würfel geschnitten und mit Ingwer, Zimt und Nelken gewürzt und kräftig abgeschmeckt, süßsauer einlegen: für Liebhaber eine hochgeschätzte Beilage für Braten jeglicher Art, oder zu Kürbispie oder Kürbissuppe verkochen (Kulturhinweise Seite 109).

Melonen sind eine sehr anspruchsvolle Kultur, zu deren Anbau zuvörderst ausgesprochene Liebhaber neigen. Wasser- und Zuckermelonen stellen im Laufe einer langen Kulturzeit höchste Ansprüche an Wärme, Wasser und Boden. Während Wassermelonen in unseren Breiten nur im Gewächshaus gedeihen, kann die süße Art auch im Freiland angebaut werden, wenn die Voraussetzungen gegeben sind: eine warme, geschützte Lage und ein Sommer, der es besonders gut mit den sonnenhungrigen Früchten meint. Kritische Wetterlagen können kurzzeitig auch mit einem Folientunnel überwunden werden. Sicherer ist es, vor allem abseits milder Weinbauklimate, die wählerischen Kürbisgewächse im Frühbeet zu kultivieren (Kulturhinweise Seite 109).

Paprika (Speisepfeffer). Wir unterscheiden zwischen dem großfrüchtigen, milden Gemüsepaprika und dem schmalschotigen Gewürzpaprika, auch Peperone oder Spanischer Pfeffer genannt. Die im tropischen Amerika beheimateten Gewächse wollen noch mehr Wärme und Feuchtigkeit als Tomaten, werden aber sonst in gleicher Weise kultiviert (siehe Seite 110). Abweichend davon können jedoch zwei gleichstarke Paprika-Sämlinge zusammen aufgezogen werden, die auch beim Auspflanzen nicht getrennt werden. Auf diese Weise stützen sie sich gegenseitig und entwickeln sich wesentlich kräftiger als alleinstehende Pflanzen. Paprika schmecken am besten, wenn sie sich vom (unreifen) Grün zu Rot oder Gelb umzufärben beginnen.

Tomaten (Paradiesäpfel, Paradeiser, Goldäpfel), vor etwa 100 Jahren noch vermeintlich giftige Zierpflanzen mit Seltenheitswert, gehören heute zu den beliebtesten und vielseitig verwendbaren Fruchtgemüsen. Ihr Anbau lohnt sich selbst im kleinsten Garten, ja sogar in Töpfen auf der Terrasse oder in Balkonkästen, um das köstliche, süßsäuerliche Aroma vollreifer Früchte zu erleben, das den handelsüblichen, mit Wasser gefüllten, roten Bällen gänzlich abhanden gekommen ist. Sonnengereift, frisch auf den Tisch, sind sie reich an wertgebenden Inhaltsstoffen. Von den vielen neuen Sorten übertreffen die kleinen Cocktail-Tomaten sogar die altbewährten „normalfrüchtigen" an Wohlgeschmack (Kulturhinweise Seite 110 f.).

Zucchini (Zucchetti, Courgettes, Squash), die gurkenähnlichen italienischen Kürbisse, sind von allen Kürbisgewächsen am anspruchslosesten. Sie wachsen in jedem Klima. Mit ihren wunderschönen großen, goldgelben Blüten sind sie zudem eine rechte Zierde in jedem Garten, in dem Platz genug für sie ist. Jede Pflanze braucht mindestens 1 m² · Dafür können wir von ihr aber auch bis zum Frost fast 30 Früchte ernten, wenn wir sie jung pflücken. Die schnell wachsenden Früchte (bis zu 5 cm je Tag) sollten nicht länger als 15–25 cm werden, dann bilden sich immer neue Blüten aus und so schmecken die Früchte auch am allerbesten. Wie Gurken können sie als Salat oder als Gemüse zubereitet werden (Kulturhinweise Seite 110).

Zuckermais (Welschkorn, türkischer Weizen, Kukuruz) ist nichts anderes als unreifer Mais, in dessen weichen milchigen Körnern die Kohlenhydrate noch als Zucker enthalten sind, der sich beim Reifen in Stärke verwandelt. Das im tropischen Klima beheimatete Getreide entwickelt sich, dank der Züchtung widerstandsfähiger Sorten, gleich gut in gemäßigten Zonen, wenn auch wärmere Lagen bevorzugt werden. Von beachtlicher Wuchskraft (bis zu 2,50 m Höhe) gedeiht Zuckermais auf wasserdurchlässigen und tiefgründigen Böden, wünscht sich aber ein überreiches Nährstoffangebot, um seinen Heißhunger stillen zu können und hat einen gewissen Platzbedarf, damit sich der Anbau lohnt. (Kulturhinweise Seite 113).

Hülsenfrüchte

Buschbohnen (Stauden-, Kruppbohnen) sind zarter, feiner im Geschmack, haben bis zu 50% mehr Zucker und können früher geerntet werden als Stangenbohnen. Die kürzere Erntezeit können wir durch gestaffelte Aussaaten bis Ende Juli verlängern. Bei den schmal und aufrecht wachsenden Gluckentypen (Seite 158) hängen die Hülsen frei über dem Laub. Jung geerntet, sollten Buschbohnen alsbald zubereitet werden, damit sie noch den vollen Geschmack delikater Butterbohnen haben. Das gilt vornehmlich für die besonders zarten, bleistiftdünnen Filetbohnen (Haricots verts) und die gelben Wachsbohnen. Blauviolette Bohnen, die beim Kochen grün werden, haben einen intensiven Geschmack. (Kulturhinweise Seite 113 f.)

Erbsen unterscheiden wir nach der Form der ausgereiften Früchte und nach der Art ihrer Zubereitung. Die zumeist angebauten runzelkörnigen Mark-Erbsen haben zur Erntezeit (Jugendstadium) große, zarte, süße Kerne mit feinem Erbsengeschmack, können aber, da sie kälteempfindlich sind, erst relativ spät (nicht vor Ende April) gesät werden; das Trockenkorn kocht nicht weich. Die glattkörnigen Schal-Erbsen (Pal-, Brockel-, Kneifelerbsen), die wie die Markerbsen ausgepalt (aus der Hülse gelöst) werden, vertragen dagegen, Mitte März gesät, sogar Spätfröste. Zucker-Erbsen haben an der Schoten-Innenseite keine Pergamentschicht und können daher mit der Schale gegessen werden, ehe die Körner groß geworden sind. (Kulturhinweise Seite 115)

Prunkbohnen (Feuerbohnen) beleben den Garten mit ihren großen leuchtendroten oder weißen Blüten. Sie verwöhnen zwar nicht so sehr den Feinschmecker-Gaumen, haben aber den Vorteil, daß sie sich vorzüglich für rauhe Lagen eignen, wo die anspruchsvolleren Stangenbohnen nicht gut gedeihen. Prunkbohnen bringen erst nach Einsetzen kühler und feuchter Witterung viele und gut geformte Hülsen. Bei trockener Witterung fallen viele Blüten ab und es bilden sich nur kleine, krumme Früchte. Es ist deshalb ratsam, erst Anfang Juni zu säen, so daß der Hauptertrag nach dem Abklingen der hitzigen Hundstage in die kühleren Spätsommer-Monate fällt. Der Makel rauher und behaarter großer Hülsen geht durch Schneiden und Kochen völlig verloren.

Puffbohnen (Acker-, Sau-, Große oder Dicke Bohnen) sind entgegen landläufiger Meinungen ein feines Frühlingsgemüse und verdienen es, auch im Hausgarten häufiger angebaut zu werden. Man löst die Kerne, die vorzüglich schmecken, aus den dicken, filzigen Schoten, wenn sie noch zartgrün sind. Die in fast allen Böden wachsenden Tiefwurzler werden so früh wie möglich gesteckt: in milden Lagen im Februar, sonst Anfang März. Vorgezogen, pflanzen wir sie aus, sobald der Boden offen ist. Abgehärtete Pflanzen vertragen bis zu –7 °C Frost. Als Stickstoffsammler und durch die frühe Erntezeit im Mai sind sie eine ideale Vorfrucht für fast alle Gemüsearten. Bei Bodentrockenheit ist ein spontaner Überfall der Schwarzen Bohnenlaus zu befürchten.

Stangenbohnen (Vietsbohnen, Fisole) stellen höhere Ansprüche an den Boden, Bodentemperatur und Düngung als Buschbohnen. Dafür sind sie durch die längeren Pflückzeiten ertragreicher. Die Sortenauswahl ist groß: grüne, gelbe und blaue sowie solche mit runden, rundovalen und flachen Hülsen. Es lohnt sich, einige Sorten versuchsweise anzubauen, um diejenige herauszufinden, die einem am besten zusagt. Geschmacklich gibt es allerdings keine großen Unterschiede. Die gelben Wachssorten sind etwas zarter, aber auch empfindlicher. Flachhülsige vertragen eine frühere Saat, werden jedoch leichter hart. Auch Stangenbohnen müssen jung gepflückt werden, da sie relativ schnell zäh werden. (Kulturhinweise S. 114)

Küchen- und Würzkräuter

Anis gehört zu den Kräutern, die mit ihren Doldenblüten eine lebenswichtige Beziehung zu „nützlichen" Insekten haben. Durch den Anbau ihrer Wirtspflanzen können wir sie vermehrt im Garten beheimaten, selbst wenn wir Anis als Gewürz nicht unbedingt verwenden wollen. Das aromatisch duftende Kraut liebt einen kalkhaltigen, leichten Boden in warmer Lage. Wenig robust und langsam sich entwickelnd, kann es leicht durch Unkraut verdrängt werden. Anis wünscht sich einen warmen Sommer und einen möglichst trockenen Herbst, damit die Früchte ausreifen können. Wenn Anis zusammen mit Kümmel ausgesät wird, kann das „fruchtlose Jahr" des zweijährigen Kümmels durch eine Anisernte überbrückt werden.

Basilikum (Deutscher Pfeffer, Königskraut, Hirnkraut, Krampfkräutl). Das im tropischen Vorderasien beheimatete Würz- und Heilkraut hat sich bei uns nur unzureichend akklimatisiert. Es ist sehr kälteempfindlich und stellt hohe Ansprüche an Boden und Standort: humusreicher, fruchtbarer, sandiger Lehmboden und warme, windgeschützte Lagen. Der Samen des Lichtkeimers wird nur angedrückt. Die Pflanze sollte nicht nur während des Keimens, sondern auch während des ganzen Wachstums gut feucht gehalten werden. Von den Sorten Großes, Mittelblättriges und Kleinblättriges Basilikum, bildet letzteres niedrige, dichte Büsche mit feinem Geruch. Als Tee zubereitet, wirkt Basilikum appetitanregend, verdauungsfördernd und blähungstreibend.

Beifuß (Gänse-, Fliegenkraut, Weiberwermut, Himmelskuh, Bips). Wenn man ihn beim Wandern in den Schuhen trägt, soll er vor Müdigkeit schützen (was zu beweisen wäre). Das anspruchslose und robuste, dem Wermut nahe verwandte Kraut ist überall anzutreffen. Selbst in einem größeren Garten stellt es sich zumeist in den „pflegearmen" Randbereichen von alleine ein. Auf trockenen und kalkhaltigen Böden entfaltet sich sein durch ätherische Öle, Gerb- und Bitterstoffe ausgebildetes Aroma aber besonders gut. Da der Gehalt an Bitterstoff mit fortschreitender Blüte zunimmt und auch die Blätter sehr bitter sind, verwendet man nur die Blütenknospen. Sie sind appetitanregend und fördern die Verdauung allzu fetter Braten.

Bohnenkraut (Wurst- und Pfefferkraut, Kölle). Das „Gewürz der armen Leute" wächst in jedermanns Garten und ist leicht zu kultivieren. Seinen Namen hat es vermutlich deshalb bekommen, weil die Benediktinermönche, die es im 9. Jahrhundert über die Alpen brachten, seine blähungstreibende Wirkung entdeckten und damit die blähungsverursachenden Bohnengerichte würzten. Die an sich anspruchslose Pflanze, die auch gelegentliche Trockenheit gut übersteht, ist ein Lichtkeimer und liebt, wie alle Würzkräuter, einen sonnigen und warmen Standort. Bohnenkraut wirkt schleimlösend, krampfstillend, wassertreibend und stopfend. Teeaufgüsse werden bei Husten, Magen-, Darm- und Blasenleiden angewandt.

Borretsch (Gurkenkraut, Augenzier, Herzblume, Liebäugelein). Das buschige Kraut wird nicht nur wegen seines Nektarreichtums von den Bienen heiß geliebt, sondern ist auch mit seinem unermüdlich bis zum Frost blühenden Himmelblau eine rechte Augenweide. Es gedeiht in jedem Gartenboden, ist jedoch für einen durchlässigen und feuchten Boden besonders dankbar. Einmal gesät, breitet sich das fruchtbare Kraut jedes Jahr von neuem im ganzen Garten aus, wo es an geeigneten Stellen seine Bleibe finden kann. Steht es zu dicht, stellen sich leicht Läuse und Mehltau ein. Borretsch kann nicht gut getrocknet werden, da die gurkenähnlich schmeckenden Blätter viel Wasser enthalten und beim Trocknen den größten Teil ihres Aromas verlieren.

Dill (Dillich, Gurkenkümmel) säen wir wiederholt (auch als Beisaat zu verschiedenen Kulturen) über den ganzen Garten aus. Das hat viele
Vorteile: der etwas eigenwillige Keimer kommt
dann dort, wo es ihm am besten gefällt; zuvörderst liebt er ein sonniges Plätzchen zwischen
anderen Gemüsekulturen, die er andererseits
wiederum günstig beeinflußt; hat er zudem einen
feuchten Fuß, zum Beispiel in Gesellschaft mit
Gurken, fühlt er sich am wohlsten; der blühende
(einjährige) Doldenblütler ist den ganzen Sommer über auf allen Beeten ein Eldorado für nützliche Insektenarten; und nicht zuletzt haben wir
stets eine verschwenderische Portion frischen
Grüns für die Küche und besonders für die klassische Aalsuppe in petto.

Dost (Oreganum, Staudenmajoran). Das
anspruchslose Kraut ist in trockenen, warmen
Lagen und auf sandigen Böden wildwachsend
weit verbreitet. Ätherische Öle, Thymol, Gerb-
und Bitterstoffe entfalten an diesen Standorten
ein besonders kräftiges Aroma. Im Garten lockt
sein starker Duft Bienen und nützliche Insekten
an und kann, gegebenenfalls als Teeaufguß ver-
sprüht, „Schädlinge" durch Duftüberlagerung
der artspezifischen Lockstoffe von ihren Wirtspflanzen abhalten. Beim Ernten sollte man darauf achten, daß die flachwurzelnden Bodenaus-
läufer nicht mit den Stengeln herausgerissen werden. In der Heilkunde wird der Teeaufguß bei
Katarrhen der Atmungsorgane und als krampf-
lösendes, wassertreibendes Mittel verordnet.

Eberraute (Eberreis, Zitronenkraut, Gart-
heil, Weihrauch) ist zu Unrecht in Vergessenheit
geraten. Die feingliedrigen Blättchen des etwa
80 cm hohen Halbstrauches, die einen aromatischen, zitronenähnlichen Duft ausströmen, ergeben ein delikates Bratengewürz, wirken als Tee
gegen Verdauungsstörungen und passen gut zu
bunten Sträußen in der Vase. Eberraute liebt kalkhaltige Böden in geschützter Lage, wächst auch an
trockenen Stellen und wird vegetativ vermehrt,
da sie bei uns keinen Samen trägt. Teilpflanzen
werden im Frühjahr gepflanzt, im Frühsommer
geschnittene Stecklinge müssen bis Mitte August
gut angewachsen sein. Vor allem junge Pflanzen
brauchen einen Winterschutz. Im Frühjahr wird
bis auf Handhöhe zurückgeschnitten.

Estragon gibt es in zwei Sorten, deren Merkmale nur dem ausgepichten Kräuterliebhaber bekannt sind. Der Deutsche (Aromatische) Estragon hat den typischen Geschmack: fein, würzig, aromatisch und anisartig; er kommt selten zur Blüte und trägt keinen Samen; deshalb kann er nur durch Stecklinge, Teilung oder Wurzelausläufer vermehrt werden. Der Russische (Sibirische) Estragon ist anspruchsloser, wüchsiger, widerstandsfähiger gegen Krankheiten und absolut winterhart; aber auch weniger aromatisch, mit einem etwas bitteren, kerbelartigen Geschmack; er kann durch Samen vermehrt werden. Beide lieben Wärme, Windschutz, viel Feuchtigkeit sowie einen durchlässigen Boden und vertragen gut Halbschatten.

Kerbel (Kirbele). Während Dill-Blüten segensreiche Wirkungen entfalten, darf der Kerbel, ebenfalls ein Doldenblütler, gar nicht erst zum Blühen kommen, sonst verliert er (wie auch getrocknet) sein Aroma. Um immer frisches Grün ernten und der verhältnismäßig raschen Blüte begegnen zu können, sind etwa dreiwöchige Folgesaaten des sich rasch entwickelnden Krautes anzuraten. Im Sommer wächst er gerne im Halbschatten, wo er auch nicht so schnell zum Blühen kommt. Ebenso verzögert häufiges Gießen die Blüte, während ein Verpflanzen sie fördert. Kerbel ist zwar kein Heilkraut, er regt aber den gesamten Stoffwechsel an, was insbesondere durch den reichlichen Genuß der klassischen Kerbelsuppe begünstigt werden könnte.

Knoblauch (Knoflak, Windwurz, Stinkerzwiebel, Chnöbli). Seit gut 7000 Jahren kennen wir die kulinarischen Genüsse und die gesundheitsfördernden Wirkungen des „Knofels". Selbst im Garten vermag er uns gegen Pilze (zum Beispiel in der Erdbeerkultur) und Schädlinge zu helfen. Nur einheimisches Saatgut lohnt den Anbau in warmer Lage und auf durchlässigem Boden. Die Herbstaussaat bringt höhere Erträge. Brutzwiebeln brauchen zwei Jahre bis zur Reife, liefern aber besonders große Knollen. Feinschmeckern genügt schon das Ausreiben der Schüssel, um einen besonderen Geschmack zu erzielen, gefürchtet sind jedoch jene, die sich, von Leidenschaft überwältigt, das Butterbrot dicht mit kleingehackten Zehen belegen.

Koriander (Wanzendill, Schwindelkraut, Krapfenkörner) wird seit Jahrtausenden in der Küche und in der Heilkunde verwendet. Der nützlichen Insekten willkommene Doldenblüter gibt sich mit leicht kalkhaltigem Boden zufrieden. Der als Gewürz und zum Teeaufguß verwendete Samen braucht aber zum Reifen viel Sonne und eine geschützte Lage. Dann entwickelt sich auch erst das angenehm würzige Aroma. Wir ernten am frühen Morgen oder bei trübem Wetter, wenn die Feuchtigkeit die leicht ausfallenden Körner noch in ihren Hüllen hält. In der Heilkunde wird Koriander bei Magen-Darmkatarrhen und Durchfällen verordnet. Das aromatische Öl wird gelegentlich zu feinen Parfümen verarbeitet.

Kümmel (Köm, Karbei, Kimisch, Kumach). Obwohl das Gewürz, das zu den ältesten zählt, die wir kennen, leicht erhältlich ist und die Pflanze im ersten Anbaujahr noch keinen Ertrag bringt, sollten wir den Doldenblütler, den Bienen und hilfreichen Insekten zuliebe, in unseren Garten selbst anbauen, zumal wir einen unendlich feineren Geschmack als beim gekauften kennenlernen können. Kümmel ist anspruchslos, verträgt auch kalte Lagen, entwickelt im feuchten Seeklima sogar besonders große Früchte und kommt bereits Ende Juni bis Anfang Juli zur Reife. Die Früchte werden als Gewürz, auch für blähungstreibende Speisen, und das aus ihnen gewonnene Öl in der Heilkunde hauptsächlich gegen Blähungen und Appetitlosigkeit verwendet.

Lavendel (Speik, Balsam, Nervenkräutlein, Zöpfli). Das lieblich duftende Kraut mit blauvioletten Blühtenähren, die von Juli bis September eine rechte Augenweide und eine rechte Labsal für Bienen und Hummeln sind, ist sehr genügsam. Es gedeiht auf leichten, kalkhaltigen, auch trockenen, Böden, liebt jedoch viel Sonne und Wärme. In der Küche wird der im Geschmack dem Rosmarin ähnelnde Große Lavendel bevorzugt, während der Echte in der Heilkunde Anwendung findet. Seine getrockneten, in kleine Leinenbeutel gefüllten Blüten werden gerne des erfrischenden Duftes wegen in den Wäscheschrank gelegt; auf oder neben dem Kopfkissen sollen sie auch zu einem besseren Schlaf verhelfen.

Liebstöckel (Maggikraut, Lobstock, Neunstöckel) kann bis zu 2,00 m hoch und 15 Jahre alt werden. Er braucht entsprechend viel Platz auf einem tiefgründigen, nährstoffreichen Boden in halbschattiger, auch schattiger Lage und gedeiht selbst im rauhen Klima. Bei voller Sonne und Trockenheit neigen die Blätter zum Vergilben. Die Laubentwicklung wird durch den Schnitt der Blütentriebe gefördert. Da es aber an kräftig würzenden Blättern, die in der Küche nur sparsam verwendet werden, kaum mangelt, die zudem mehrmals geerntet werden können, sollten sich die großen Doldenblüten unseren hilfreichen Insekten zuliebe entfalten können. Bei Verdauungsbeschwerden, Blasenleiden und Husten helfen Teeaufgüsse von getrockneten Wurzeln.

Majoran (Wurstkraut, Blutwürze, Kuttelkraut). Das Kräutlein mit dem kräftigen aromatischen Geschmack ist eine gute Bienenweide. Es gedeiht am besten, wenn mit Kompost nicht gespart wird. Majoran ist sehr kälteempfindlich. Er liebt daher warme, sonnige Lagen und verabscheut kalte, schwere und wasserundurchlässige Böden. Von den beiden Sorten entwickelt sich der Deutsche (Knospen-)Majoran zwar rascher, der Französische (Blatt-)Majoran ist jedoch wegen seines höheren Wuchses, der stärkeren Verzweigung und des reichlicheren Laubes ertragreicher. Er verträgt im September einen 2. Schnitt. Seine aromatische Würze verfeinert nicht nur die klassische Erbsensuppe, sondern auch viele Gerichte und Würstfüllungen.

Petersilie (Peterling, Peterle), die Glatte, die Krause und die Mooskrause. Eigenwillig ist dieses, in der Küche am häufigsten verwendete Würzkraut, keineswegs, wie oft geklagt wird, wenn typische Anbaufehler dadurch vermieden werden, daß sie erst wieder nach 4 Jahren an ihren alten Ort zurückkehren darf, daß das Saatbeet frei von frischem Mist ist und daß es während der vierwöchigen Keimzeit ununterbrochen (!) feucht gehalten wird. Da wir jährlich den Standort wechseln müssen, fällt es uns leicht, im zweiten Jahr geliebten Insekten mit einem ansehnlichen Busch blühender Dolden eine Freude zu machen. Wenn die Wurzeln ab Oktober in feuchten Sand eingeschlagen werden, kann man den ganzen Winter über Petersiliengrün ernten.

Pfefferminze (Edelminze, Oderminze). Die Sorte 'Echte Mitcham' ist wegen ihres kräftigen und erfrischenden Aromas am beliebtesten. Minze hat ein ausgedehntes, wucherndes Wurzelsystem und wird am besten weit entfernt von anderen Kulturen angesiedelt. Wächst sie in der Sonne, ist das Aroma stärker. Im übrigen braucht sie einen leichten, tiefgründigen, humusreichen Boden und vor allem sehr viel Wasser. Häufiger Schnitt fördert das Wachstum. Zum Trocknen darf Minze niemals bei feuchtem Wetter geerntet werden, die Blätter würden schwarz werden und faulen. Für Teeaufgüsse, vor allem gegen Magen- und Darmbeschwerden, sollten die Blätter ganz bleiben, zerriebene haben einen anderen Geschmack.

Rosmarin (Rosmarie, Meertau, Weihrauchskraut) keimt langsam und häufig schlecht. Die Vermehrung durch Stecklinge ist günstiger. Die immergrüne Pflanze braucht einen leichten, durchlässigen Boden (schweren mit viel Sand auflockern) und liebt sonnige und trockene Lagen. Bei guter Pflege kann sie gut 20 Jahre alt werden. Auch in günstigen Lagen (selbst vor einer Südwand stehend) braucht Rosmarin winters vorsorglich eine Folienhaube als Frostschutz. Im allgemeinen wird er in Töpfen kultiviert, im Winter ins Haus genommen, kühl und hell gestellt und nur spärlich gegossen. Ab Spätsommer sollte er nur noch wenig geschnitten werden. Die hocharomatische Würzkraft verführt Liebhaber zu vielfältigen Geschmacks-Kompositionen.

Salbei (Königssalbei, Fischsalve, Scharlachkraut) bevorzugt einen leichten, trockenen Kalkboden in warmer, windgeschützter Lage. Im Halbschatten hat er mehr Blattfläche und höhere Ölwerte. Nach vier Jahren sollte der wintergrüne Halbstrauch geteilt und an anderen Stellen neu ausgepflanzt werden, er kümmert sonst und verkahlt. Auch ist ein Rückschnitt (um knapp die Hälfte) im Frühjahr für einen Neutrieb günstig. Im ersten Jahr ist Winterschutz durch Anhäufeln und Abdecken mit Fichtenreisig anzuraten. Das aromatisch riechende Kraut mit starker Würzkraft bekommt erst vom zweiten Jahr ab sein volles Aroma. In der Heilkunde wird es besonders bei Entzündungen im Mund- und Rachenbereich angewendet.

Schnittknoblauch bildet keine Knolle aus, die in der Küche verwertet werden könnte. Dagegen entwickelt sich ein kräftiges Laub, das im Gegensatz zum Schnittlauch keine stielrunden, sondern lineale Blätter hat, die gelinde nach Knoblauch schmecken. Die einjährige Pflanze kann von April bis August gesät werden, liebt einen humosen Boden und verträgt auch lichten Schatten. Für eine gute Blattentwicklung sollten die Pflanzen einen allseitigen Abstand von 25 cm haben und immer gut feucht gehalten werden. Dadurch wird ein frühzeitiges Vergilben der Blätter und eine Beeinträchtigung der Ernte verhindert. Wie beim Knoblauch haben auch Inhaltsstoffe der Schnittvariante gesundheitsfördernde und vitalitätssteigernde Wirkungen.

Schnittlauch liebt ein warmes Plätzchen, das aber nicht ganztägig in praller Sonne liegen sollte. Er wächst nahezu in jedem Boden, solange er genügend feucht ist. Sein idealer Standort wäre daher in der Nähe einer halbschattigen Wasserstelle. Damit die im Laufe der Zeit sich ausbreitende Staude von innen her nicht verkahlt, wird sie nach etwa 2 Jahren ausgegraben, geteilt und wieder neu gepflanzt. Schnittlauch kann zwar ständig geerntet werden, jedoch sollte man nicht zu dicht über dem Boden und nicht zu üppig schneiden. Ohne Blätter hungert die Pflanze aus. Von den fein-, mittelfein- und grobröhrigen Sorten hat letztere dickere Stengel und weniger Blüten, sie ist zudem wüchsiger, ertragreicher und kräftiger im Geschmack.

Thymian (Römischer Quendel, Jungfernde-
mut, Zimis), eine gute Bienenweide, gedeiht auch
auf trockenen, kargen Böden, die in warmen,
sonnigen Lagen die Bildung ätherischer Öle und
somit des Aromas günstig beeinflussen. Gegen
Trockenheit wenig empfindlich, sollte er jedoch
des Wachstums wegen nach Bedarf gegossen
werden. Der Französische (Sommer-)Thymian
wächst rascher und üppiger, ist aber frostempfindlich. Der Deutsche (Winter-)Thymian ist
dagegen winterhart. Alte Stöcke werden nach
3–4 Jahren geteilt und an anderen Stellen neu
gepflanzt. Im Laufe der Zeit verholzen sie trotz
kräftiger Rückschnitte zu stark. Auch geht die
Würzkraft zurück. Thymiantee hilft, mit Honig
gesüßt, bei Erkrankungen der Atmungsorgane.

Tripmadam. Das Kraut mit dem lustigen
Namen schmeckt etwas säuerlich. Die flach auf
der Erde liegenden, verzweigten Sprosse können
auch einen Platz im Staudengarten als Bodenbe-
decker finden. Die Samen sind sehr klein und
dürfen nicht mit Erde bedeckt, sondern nur ange-
klopft (und feucht gehalten) werden. Auch ist die
Vermehrung durch Teilung einer Mutterpflanze
und durch Stecklinge leicht möglich. Tripmadam
kann nur frisch verwendet werden, da die fleischigen Sprosse in einem ohnehin schwierigen
Trockenvorgang die Würzkraft einbüßen würden. Unentbehrlich in der Kräutersuppe, gehört
das Würzen in Butter geschwenkter, neuer Kartoffeln mit fein gehackter Tripmadam zu den
kulinarischen Geheimtips.

Weinraute kann man noch in Bauerngärten
als Zierpflanze finden. Sie ist anspruchslos, aber
wärmebedürftig, und gedeiht am besten in geschützter Lage. Die Kleinblättrige ist weniger
frostempfindlich als die Großblättrige. Beide Sorten vertragen gut Trockenheit. Um das Wachstum des Krautes zu fördern, sollten die Samen-
stengel rechtzeitig entfernt werden. Rauteblätter
haben einen scharfen, herb-aromatischen Geschmack und sind eine gute Kost für einen schwachen Magen. Bereits im Mai gepflückt, sind sie,
kleingehackt auf dem Butterbrot, ein willkommenes Frühlings-Grün. Man kann sie auch in
Alkohol für ein magenstärkendes Mittel ansetzen, ähnlich wie auch ein Ansatz aus Wermutblü-
ten, der zu fettes Essen leichter verdauen läßt.

Ysop (Bienenkraut, Kirchenseppli, Duftisoppe). In Frankreich heißt er auch „herbe sacré", wahrscheinlich wegen seiner Verwendung als Weihwassersprengel. Ysop stellt keine großen Ansprüche. Er gedeiht fast in jedem leichten, kalkhaltigen Boden in trockenen, sonnigen Lagen und ist auch als Zierpflanze geschätzt. Eine besondere Bedeutung kommt ihm als Bienenweide zu. In rauheren Lagen ist winters eine leichte Frostschutzdecke anzuraten, dann bringen die Stöcke auch im 4. Jahr noch gute Erträge. Eine rechtzeitige Neusaat am anderen Platz ist besser als Teilung. Bei Erkältungen Blätter und Stengel aufkochen, den Dampf durch Nase und Mund einziehen, und fast augenblicklich verspüren wir eine wohltuende Wirkung!

Zitronenmelisse (Immenblatt, Frauenwohl, Herztrost) wächst gerne in einem mittelschweren, kalkhaltigen und feuchten Boden in warmer, sonniger und windgeschützter Lage. Sind die üppig wachsenden Büsche, deren Blüten bei den Bienen sehr beliebt sind, im Garten heimisch geworden, finden wir sie, selbst ausgesamt, an ganz unerwarteten Stellen wieder. Die Kleinblättrige (Aufrechte) ist wüchsiger und etwas frostempfindlich; die Großblättrige (Niederliegende) ist widerstandsfähig, blattreich und aromatisch. An heißen Sommertagen ist ein kalter Tee aus einigen Blättern (nach Geschmack) von Zitronenmelisse, Pfefferminze und Wermut ein erfrischendes und durststillendes Getränk. Getrocknetes Kraut verliert das Aroma.

50

Salat-Kräuter

Brunnenkresse ist an sich eine ausdauernde Salat-, Würz- und Heilpflanze, die wild in Wassergräben oder Bächen mit klarem Quellwasser weit verbreitet ist und einen würzigen, beißenden Geschmack hat. Kresseanbauer kultivieren eine mildere Zuchtsorte mit höherem Blattanteil in Kulturgräben an fließenden Gewässern. Wir können die Brunnenkresse aber durchaus auch von unserem Teich, einem künstlichen Wasserbeet oder einfach, sogar in den Wintermonaten, von der Saatschale ernten. Brunnenkresse ist außerordentlich gesund, eine „Vitaminbombe". So ist der regelmäßige Genuß erfrischend schmeckender Salate auch bestens geeignet, die Frühjahrsmüdigkeit gründlich zu vertreiben.

Gartenkresse (Lepidiumsalat) kann das ganze Jahr über herangezogen werden, erfreut sich als Salat jedoch nur im zeitigen Frühjahr (wegen des hohen Vitamingehalts) allgemeiner Beliebtheit. Der Samen des Lichtkeimers wird nicht bedeckt, nur angedrückt und gut feucht gehalten. Schon nach kurzer Zeit können die 5–6 cm hohen Keimblätter unmittelbar über dem Boden geschnitten werden. Der Boden muß nach der Ernte 2 cm abgetragen werden, Folgesaaten (auch anderer Gemüsearten) gedeihen sonst nicht. Ohnehin ist die Schalenkultur des Stickstoff-Fressers vorzuziehen: in humusreicher Erde, unter Glas gezogen, beträgt der Nitratgehalt 3000–5000 mg/kg, in Saatschalen auf Sand, Vliespapier, Tuch o. ä. weniger als 50 mg/kg.

Portulak. Das Kräutchen, das selbst als Zutat zu Salaten und Suppen fast in Vergessenheit geraten ist, wird in Frankreich als geschätztes Gemüse kultiviert. Die besonders vitaminreiche Pflanze kann auch unseren Speisezettel um eine etwas salzig, erfrischend schmeckende Salatvariante bereichern. Portulak ist ein Lichtkeimer (Samen gut andrücken), liebt Wärme und einen leichten Boden. Er kann vom Juni bis Oktober geerntet werden, wenn er in Abständen von 3–4 Wochen erneut und ab September der verwandte Winterportulak (Winterpostelein), der auch niedere Temperaturen verträgt, ausgesät wird. Jede Kultur kann drei- bis viermal bis zu einer Höhe von etwa 7 cm geschnitten werden; ältere Triebe schmecken bitter.

Salatrauke, die in Italien Rucola, in Frankreich Roquette und in der Türkei Ruka genannt wird, ist, ähnlich wie Gartenkresse, eine schnellwachsende Pflanze mit kresseähnlichen Blättern. Sie liebt ausreichend Feuchtigkeit und warme, sonnige Lagen, ist jedoch nicht frostempfindlich. Wer den ungewöhnlichen, aber angenehmen, erdnußartigen Geschmack mit einer Spur von Knoblauch und Kresse schätzt, kann das vitaminreiche Kraut in Folgesaaten vom zeitigen Frühjahr bis zum späten Herbst aussäen und bereits jeweils nach etwa 4 Wochen (im zarten Jugendalter) ernten. Eine letzte Aussaat in das abgeräumte Frühbeet bereichert den winterlichen Speisezettel neben Feldsalat mit einem weiteren, frisch zu erntenden Grün.

Sauerampfer gab es bei Großmutter öfter mal auf dem Mittagstisch, heute zählt er zu den Delikatessen. Die ziemlich anspruchslose Pflanze ist leicht zu kultivieren. Sie gedeiht auf allen Gartenböden, liebt jedoch eine feuchte Lage, verträgt auch Schatten und ist winterhart. Von den klein- und großblättrigen Sorten werden laufend die äußeren jungen Blätter geerntet, ohne das Herzblatt zu verletzen. Ältere enthalten zuviel Oxalsäure. Sauerampfer ist reich an Vitamin C und eignet sich gut für eine Frühjahrskur, da er blutreinigend und appetitanregend ist. Roh sollte man ihn wegen der Oxalsäure, die bei gekochten Gerichten ihre schädliche Wirkung verliert, nur mit Maßen zubereiten. Als Gemüse kann Sauerampfer wie Spinat zubereitet werden.

Von der Aussaat bis zur Ernte

Das Gartenjahr beginnt im späten Herbst

Da wir nicht zu den Garten-Banausen gehören, die am Ende des Gartenjahres rasch noch die letzten Früchte einheimsen, dann aber die Hacke in die Ecke werfen und den lieben Gott einen frommen Mann sein lassen, werden wir unseren Garten nicht nur als Anbaufläche wohlfeiler Früchte betrachten, sondern auch als Teil unserer kostbaren Erde, die es zu hegen und zu pflegen gilt. Es gehört zu den Hochgefühlen des Gartenjahres, wenn wir nun, nach dem Segen der Ernte, unser teuerstes Gut, den Kompost, ausbringen und die Beete so sorgsam und gründlich wie nur irgend möglich für ein ungetrübtes Keimen und Sprossen im nächsten Jahr vorbereiten.

Gegenüber einer Versorgung der Beete im Frühjahr mit Kompost bleibt mehr Zeit für die Erholung und den Wiederaufbau des Bodens, wird ein etwa noch unreifer Kompost abgerundet und vollziehen sich die Prozesse unter den besonderen Einflüssen der Wintersonne. Voraussetzung ist aber ein Schutz gegen Auswaschung.

Ein leidenschaftlicher Gärtner nimmt auch den Winter bewußt als eine Zeit wahr, die zum Rhythmus des Gartenjahres gehört. Sie ist eigentlich keine Atempause, sondern nach der verströmenden Hingabe des Sommers eher ein Einatmen, ein Luftholen, um uns in der Winterruhe gemächlich für einen neuen Aufbruch zu rüsten. Gemütlich gehen wir die Dinge an, die zu erledigen sind. Wir nehmen uns Zeit für notwendige Reparaturen oder Erneuerungen an Geräten und Einrichtungen, für den Obstbaumschnitt und das Auslichten der Beerensträucher oder für das Sichten und Ergänzen von Pflege- und Hilfsmitteln. In den Mußestunden langer Winterabende sehen wir unsere Notizen durch und ziehen Bilanz aus Beglückendem und Kümmernissen, planen womöglich Änderungen oder Neuerungen, überlegen die nächstjährigen Fruchtfolgen und die Samenbestellungen, finden aber auch Gelegenheit, uns mit den Zusammenhängen des Pflanzenlebens und den Bedingungen vertraut zu machen oder Kenntnisse zu vertiefen.

Das Pflanzendasein zwischen Himmel und Erde

Himmelwärts strebt sie mit einem Teil ihres Körpers, während der andere sich mit jeder Faser seiner Wurzeln mit der Erde verbindet. Die Pflanze wächst und entwickelt sich aus dem Zusammenwirken von Sonne und Erde, kosmischer und irdischer Kräfte, die sie wechselseitig durchdringen. Versuchen wir, uns die Wirkungen und ihre Umsetzungen im Pflanzenleben verständlich zu machen, werden wir es leichter haben, dieses für das Wohlergehen fürsorglich zu tun und anderes, das zum Nachteil gereichen könnte, zu unterlassen.

Die Quellen des Pflanzenlebens

Licht und Wärme sowie Wasser und Erde sind die Lebenselemente, mit denen die Pflanzen sozusagen auf Gedeih und Verderb verbunden sind. Wohl sind diese unmittelbar als Lebensspender wirksam und für das Gedeihen der Pflanzenwelt unverzichtbar, andererseits können sie aber auch mittelbar durch ihre in der Atmosphäre verursachten Wettererscheinungen die Entwicklung der Pflanzen mehr oder minder stark beeinträchtigen. Während ihres ganzes Daseins aufs engste mit ihrer Umwelt, mit der Erde und ihren Rhythmen verbunden, sind sie Unzuträglichkeiten, durch Mangel oder Übermaß, in weit größerem Maße ausgesetzt als das Tier, das durch seine Beweglichkeit schädlichen Einflüssen ausweichen kann. Während in einem natürlichen Biotop selbst krasse Witterungsunbilden noch relativ gut überstanden werden, können sich unsere willkürlich angebauten Kulturpflanzen nicht immer behaupten, wenn wir ihnen nicht hilfreich zur Seite stehen, sie zur rechten Zeit gesund und widerstandsfähig aufwachsen lassen und ihnen einen fürsorglichen Schutz geben.

Licht und Wärme

In Licht und Wärme entfaltet sich der oberirdische Teil der Pflanze. Die Lebensenergien in der Pflanze werden zum Fließen angeregt und lebenswichtige Prozesse in Gang gesetzt.

Licht ist die Quelle für die Photosynthese: aus eigenem Vermögen baut die Pflanze mit Hilfe des energiereichen Sonnenlichtes aus der Kohlensäure (Kohlendioxyd) der Luft und dem Wasser der Erde ihre Leiblichkeit auf. Vornehmlich in den Vormittagsstunden wird mit dem steigenden Saftstrom Zucker gebildet (Assimilation des Kohlenstoffes), der dann, nachdem er mit dem fallenden Säftefluß an die Stellen des Bedarfs befördert wurde, zu weiteren Kohlenhydraten: Stärke (Speicherung) und Zellulose (Aufbau des Pflanzengerüstes) sowie zu Eiweiß-, Fett- und anderen lebenswichtigen Stoffen verwandelt wird. Bei der Atmung überwiegend in der Nacht (Umkehr der Photosynthese) wird Zucker unter Verbrauch von Sauerstoff wieder zu Kohlendioxid und Wasser zerlegt und (Sonnen-)Energie frei: der „biologische Brennstoff" für die Wachstums- und Stoffwechselprozesse.

Unter Ausnutzung der aus der Kohlenstoff-Assimilation gewonnenen Energie werden in allen Pflanzenteilen, aber hauptsächlich in den Blättern, aus erdverfügbaren Stickstofformen zahlreiche Aminosäuren gebildet, aus denen komplizierte Eiweißverbindungen aufgebaut werden.

Die Pflanze allein vermag das Wunder zu vollbringen, anorganische Stoffe in organische, körpereigene Substanzen umzuwandeln, aus unlebendigen Elementen lebendige Nahrung zu schaffen: Kohlenhydrate und Eiweißstoffe, Grundnahrungsmittel, von denen sich alle Geschöpfe dieser Erde ernähren und gesund erhalten können. Befinden sich Kohlenhydrat und Eiweiß durch einen naturgemäßen Anbau im pflanzengemäßen Gleichgewicht zueinander, ist die Pflanze gesund und als Lebensmittel von guter Qualität.

Licht ist auch der Träger der Wärme. Aber nicht immer kommt uns die Wärme im selben Maße wie der Sonnenschein zugute. Erst wenn die Sonne am Himmel höher steht, kann sie für das Pflanzenleben wirksam werden und es je nach Wärmezustand unterschiedlich beeinflussen. Empfindlicher als auf zuviel oder zuwenig Licht reagieren Pflanzen auf Kälte und Hitze.

Erst die Erwärmung des Bodens setzt Bodenprozesse in Gang, durch die die Wurzel die Verhältnisse findet, die zu einem gesunden Pflanzenwachstum notwendig sind. Schon die Keimtemperatur kann entscheidend für das Gedeihen sein. Die Gäste aus dem Süden wollen es warm haben, 20 °C und mehr, während andere Gemüsearten, wie Winterportulak, es kühler, 10 °C und weniger, mögen. Salat liebt sogar Wechseltemperaturen, um in die richtige Keimstimmung zu kommen. Wachstumsstockungen durch frühjahrsbedingte plötzliche Kälteeinbrüche, die gewöhnlich von einem Läusebefall begleitet werden, weil die Assimilation weitergeht und der Zucker überquillt, können wir mit einem Guß Brennesseljauche überbrücken. Dagegen ist eine länger anhaltende feucht-kühle Wetterperiode, die das Wachstum im Stadium des Sprossens verlangsamt, für das spätere Gedeihen durchaus vorteilhaft, eine gute Humusversorgung vorausgesetzt. In diesem Zusammenhang haben entsprechende Bauernregeln auch heute noch eine zutreffende Aussagekraft: „April naß und kalt, wächst das Korn wie ein Wald" und „Ist der Mai kühl und naß, füllt's dem Bauern Scheun' und Faß".

So sehr uns die Sonnenwärme, vor allem für die Ausbildung der Früchte, ihr Aroma und die wertgebenden Inhaltsstoffe willkommen ist, so sehr müssen wir auf der Hut sein, wenn die Wärme überhand nimmt. Um Beeinträchtigungen zu vermeiden, wird das abendliche Wässern zur ständigen Übung. Setzlinge von Spätgemüsen, die im zarten Alter in die „Hundstage" gehen, werden darüber hinaus recht froh über etwas

Schatten sein. Es genügt schon, wenn wir Blumentöpfe schräg über die Pflanze stellen, aber noch etwa eine handbreite Öffnung für Licht und Luft verbleibt. Da übermäßige Wärme auch die Reifeprozesse beschleunigt, werden wir besonders die Fruchtgemüse im Auge behalten. Wenn Auberginen schnell überreif werden, sind sie kein Genuß mehr, und wenn wir versäumen, Bohnen rechtzeitig zu pflücken, werden sie zäh. Mangelnder Sommerwärme haben wir dagegen kaum etwas entgegenzusetzen. Da können wir nur hoffen, daß uns ein völlig verregneter Sommer mit schlechten Ernten so oft wie nur möglich erspart bleibt.

Wasser und Erde

Wasser und Erde umgeben die Wurzeln der Pflanze, die, zum Mittelpunkt der Erde strebend, das Erdreich erschließen und die Pflanze vermöge des leitenden Wassers mit Nährstoffen versorgen.

Wasser ist Lebensstoff und Lebensträger. Die Pflanze entwickelt sich in einem dauernden Wasserstrom. Von der Wurzel aufgesogen, durchströmt es in Leitbahnen, -bündeln und feinsten Verzweigungen die ganze Pflanze, bis es, zumeist in Dampfform, aus den Spaltöffnungen der Blätter wieder nach außen gelangt. Durch die Verdunstung, eine Wirkung der Sonnenwärme, entsteht ein Sog, durch den das aufziehende Wasser in 1 Sekunde bis zu 1 cm steigen kann und so des öfteren am Tage die ganze Pflanze durchzieht. Auf seinen Wegen transportiert es in zwei dicht nebeneinander liegenden Bahnen die Nährstoffe des Bodens aufwärts und die energiereichen Assimilate des Lichtes (Zucker und Stärke) abwärts; es befördert und begleitet alle Prozesse des Stoffwechsels, für deren geregelte Abläufe ein harmonischer Wasserhaushalt außerordentlich wichtig ist. Mangelt es an Wasser, erlahmt der Stoffwechsel, und im schlimmsten Falle verwelkt die Pflanze.

Der Wasservorrat im Boden darf sich also niemals erschöpfen. Soweit er nicht durch Niederschläge oder einen günstigen Grundwasserstand laufend ergänzt wird, müssen wir etwa durch die zeitgemäße Anwendung der Gießkanne oder durch eine dem Kleinklima gerecht werdende Gestaltung des Gartens, die auch die Taubildung fördert, dafür sorgen, daß die Wurzeln immer genügend Wasser aufnehmen können. Darüber hinaus vermögen wir dazu beizutragen, daß durch einen tiefgründigen, humosen Boden und Mulch Feuchtigkeit gespeichert werden kann.

Enstehung von Boden

Die Erde trägt die Pflanzen auf einer „hauchdünnen" biologisch aktiven Erdschicht, die im Zeitenlauf durch Verwitterung des jeweiligen Muttergesteins z. B. auf Granit als leichter, sandiger, kalkarmer oder auf Jura-Kalk als schwerer, toniger, vorwiegend kalkhaltiger Boden entstanden ist. Wo Licht, Luft, Wärme und Wasser zusammenkommen, begleitet von physikalischen (Eissprengung), chemischen (Säuren) und biologischen (Zersetzung durch Bakterien) Prozessen, verwittert Gestein zu immer feineren Bodenbestandteilen bis zur Auflösung in mineralische Einzelbestandteile, aus denen schließlich neue, sekundäre, Tonminerale entstehen.

Der größte Teil der Tonminerale löst sich im Bodenwasser kolloidal, das heißt als gallertartige Masse, die im Schwebezustand bleibt. Die Tonminerale sind für den Boden und damit für die Pflanzen von ausschlaggebender Bedeutung. Selbst reich an gelösten Salzen, vermögen sie Pflanzennährstoffe anzulagern und so locker zu binden, daß sie einerseits von der Pflanze leicht aufgenommen und andererseits nicht ausgewaschen werden können. Außerdem haben sie aufgrund ihrer großen Zahl an Einzelteilchen (700 Milliarden/g Boden) und der enormen inneren Oberfläche dieser Teilchen ($600–800 \text{ m}^2$/g Boden) eine hohe Wasserspeicher- und Quellfähigkeit. So können selbst kleine Mengen in leichtem Sandboden von verhältnismäßig großer Wirkung sein. Tonminerale können auch in Lagerstätten z. B. als Bentonit abgebaut werden.

Bodenarten

Je nach sandigem oder tonigem Anteil entstehen verschiedene Bodenarten, grob eingeteilt in

> **Bodenbestandteile**
> - Steine und Kies (Korngröße größer als 2,0 mm)
> - Sand (Korngröße 2,0–0,06 mm)
> - Schluff (Korngröße 0,06–0,002 mm)
> - Ton (Korngröße kleiner als 0,002)

leichte Sand-, mittelschwere Lehm- und schwere Tonböden, wobei die Eigenschaftswörter sich nicht auf die jeweiligen Gewichte, sondern auf den Grad des Bearbeitungsaufwandes beziehen. Reine Sandböden sind unfruchtbar, sie sind frei von bodeneigenen Nährstoffen und können kein Wasser speichern. Ebenso eignen sich Tonböden mit einem Tonanteil von mehr als 60% wegen der hohen Verdichtung eher für die Herstellung von Ziegeln als für einen Pflanzenanbau. Es muß daher stets ein, wenn auch kleiner, Teil der jeweils anderen Bodenart vorhanden sein, sollen Bemühungen um eine Bodenverbesserung und Steigerung der Fruchtbarkeit sinnvoll sein. Im kleinen Bereich des Gartens gelingt das wesentlich leichter als auf dem Acker. Selbst wenn uns einseitige Böden, wie sie anschließend als vorwiegend sandige oder tonige beschrieben werden, ein hohes Maß an Geduld abverlangen, so lohnt sich doch die Mühe, die anfänglich geringe Fruchtbarkeit durch Bearbeitung und Pflege laufend zu verbessern, wobei die Kompostwirtschaft im Zusammenhang mit dem Humusaufbau (Seite 62) eine wesentliche Rolle spielt.

Sandboden besteht vorwiegend aus Sand mit einem mehr oder weniger geringen Ton- und Kalkanteil. Er
- läßt sich nicht kneten; Körner sind fühl- und sichtbar, im trockenen Zustand zerfällt er;
- ist leicht zu bearbeiten, erwärmt sich rasch, ist gut durchlüftet und durchlässig;
- speichert wenig Wasser, kühlt rasch aus, ist nährstoffarm und speichert zugeführte Nährstoffe nur geringfügig;
- kann verbessert werden durch regelmäßiges Einarbeiten von Bentonit, Steinmehl und Algenkalk, je 100–150 g/m², sowie eine naturgemäße Bodenpflege: Aufbringen von reichlich organischem Material als Mulch und herbstliche Bodenbedeckung sowie das Einbringen von Gründüngung.

Lehmboden bildet mit einem mittleren Tonanteil (etwa 35%) die „goldene Mitte" zwischen den beiden Extremen. Er
- ist in feuchtem Zustand knet- und formbar, trockene Brocken lassen sich noch relativ leicht zerbröseln;
- läßt sich (leicht abgetrocknet) gut bearbeiten, ist warm, durchlüftet, durchlässig, nährstoffreich, speichert gut Wasser und Nährstoffe;
- ist der ideale Gartenboden, in dem sich eine erfreuliche biologische Tätigkeit und eine segensreiche Fruchtbarkeit entwickeln kann.

Tonboden besteht vorwiegend aus Ton mit mehr oder weniger geringem Sandanteil. Er
- ist in feuchtem Zustand weich wie Butter; trockene Brocken lassen sich nicht mehr mit der Hand zerbrechen;
- läßt sich nur bei einem bestimmten Feuchtigkeitsgrad bearbeiten, ist der „Stundenboden" trocken, geht der Spaten nicht hinein, ist er naß, bekommt man ihn nicht wieder heraus;
- kann durch seine große innere Oberfläche vortrefflich Wasser und Nährstoffe speichern;
- ist im nassen Zustand kalt und erwärmt sich nur langsam, ist wenig durchlässig und schlecht durchlüftet, zu Verdichtungen neigend;
- ist zwar reich an Nährstoffen, gibt sie aber wegen gehemmter biologischer Aktivität (Dichte, Sauerstoffmangel) nur zögerlich ab;
- kann verbessert werden durch tiefgründige Bearbeitung, regelmäßiges Einarbeiten von gewaschenem Sand und Anbau von tiefwurzelnden Leguminosen.

Das Quartett der Pflanzenglieder

Wie jedes Lebewesen hat auch die Pflanze bestimmte Organe, die sowohl den Stoffwechsel, die Umwandlung von Nahrungsstoffen in Lebensprozesse und die Dynamik des Wachstums bewirken und steuern als auch Nährstoffe speichern und der Fortpflanzung dienen. Gliedern wir den Pflanzenorganismus in einzelne Funktionsbereiche, die sich auch gegenseitig durchdringen und überlagern, so finden wir – grob verkürzt – vier Organe, die unterschiedliche Aufgaben zu erfüllen haben: die Wurzel, die im irdischen Bereich wirkt, sowie Blatt, Blüte und Frucht, die in der Umwelt – im weitesten Sinne – „tätig" sind.

Die Wurzel

Die Wurzel strebt zum Mittelpunkt der Erde. Noch ehe der Keimling den Sproß entwickelt, ist sie bereits auf dem Wege, nach Wasser und Nährstoffen zu suchen, um die Pflanze ernähren zu können. Durch die Wurzel verbindet sich die Pflanze mit dem Boden in vielfältigen Beziehungen und einer engen, auf Gegenseitigkeit beruhenden, Lebensgemeinschaft.

Durch Stoffausscheidungen, vornehmlich organischer Säuren, regt sie die Bodenorganismen zum Aufbereiten der im Humus und am Ton gespeicherten Nährstoffe an, trägt zu deren Entwicklung bei, und schließt selbst Bodenmineralien auf. In einem humusreichen Boden leben besondere Pilze an oder in den Wurzeln (Mykorrhiza), die der Pflanze lebenswichtige Stoffe liefern. An den Wurzeln der Leguminosen, wie Bohnen und Erbsen, siedeln sich sogenannte Knöllchenbakterien an, die der Pflanze den begehrten Stickstoff liefern. (Seite 62). Bei der Durchwurzelung vermitteln diese, im gegenseitigen Wirken angeregten Lebensprozesse dem Boden eine hohe Aktivität und Aufbaufähigkeit; vorausgesetzt, daß ein poröser Boden reichlich Sauerstoff für die „Atmung" der Wurzel und der Bodenbakterien liefert, damit die notwendigen Energien für das umtriebige „Gemeinwesen" gewonnen werden können.

Während die feinen Saugwurzeln im engsten Kontakt mit den Bodenteilchen vermöge ihrer „beweglichen" Wurzelspitzen und -haare die Nährstoffe mit dem Wasser aufnehmen, welche die Pflanze nach arteigenem Bedarf auswählt, sorgen die älteren, relativ schnell verhärtenden Wurzeln für die Verankerung der Pflanze im Boden, für die Leitung des Saftstromes und dienen der Speicherung von (für die nächstjährige Entwicklung und Reife der Pflanze notwendigen) Nährstoffreserven, die uns bei manchen Pflanzen als stattliches Wurzelgemüse zugute kommen.

Das Blatt

Im grünen, chlorophyllhaltigen Blatt vollzieht sich durch die schöpferische Kraft der Sonne die Umwandlung von anorganischen Grundstoffen in energiereiche organische Kohlenstoffverbindungen (Kohlenhydrate).

In weiteren, fein geleiteten Stufen entstehen aus den Kohlenhydraten einerseits die verschiedenen Grundsubstanzen der Pflanzengestalt bis hin zu Zellulose und Lignin für die festen Gerüststoffe, wie Fasern und Stengel, und andererseits die immer feineren Fruchtzucker und -säuren, bis hin zu den Blütenfarben, Duft- und Aromastoffen. Dabei wird die ganze Palette der Mineralien eingebaut und werden die kompliziertesten Stoffe gebildet, wie mannigfaltige Eiweißverbindungen (z. B. Enzyme) oder die ätherischen Öle der Würzkräuter.

Über zahllose Spaltöffnungen auf der Unterseite des Blattes wird mit der Luft die Kohlensäure aufgenommen und der bei der Assimilation frei werdende Sauerstoff abgegeben. „Verbrauchte" Luft wird auf diese Weise gefiltert. Auf die gleiche Weise entweicht Kohlensäure bei dem hauptsächlich in der Nacht stattfindenden Atmungsprozeß, bei dem Zucker durch die Verbindung mit Sauerstoff verbrannt und (Sonnen-)Energie für die Unterhaltung der zahllosen Stoffumwandlungen in der lebenden Zelle freigesetzt wird.

Während Pflanzen bei der Assimilation zuvörderst Kohlensäure brauchen und Sauerstoff abgeben, bedürfen alle anderen Lebewesen, die sich von ihnen ernähren, bei der Atmung hauptsächlich des Sauerstoffs und entlassen Kohlensäure. Dadurch entsteht ein Kreislauf, ohne daß der Gehalt des einen oder anderen lebenswichtigen Gases ab- oder zunimmt, wenn nicht schwerwiegende Umwelteinflüsse die Harmonie stören.

Und schließlich verdunstet die Pflanze über die Spaltöffnungen des Blattes Wasser, sei es, um den Saftstrom zu befördern oder sich bei großer Wärme abzukühlen (Verdunstungskälte). Grund genug für uns, um gegen Abend zur Gießkanne zu greifen.

Die Blüte

Mit der Blüte erreicht die Pflanze den Höhepunkt ihres Daseins. Sie überrascht uns mit einer so wundervollen Farbenpracht und einem solchen Formenreichtum, daß wir darüber den eigentlichen Zweck fast vergessen könnten, denn der ganze Blütenzauber dient, nüchtern betrachtet, dazu, über die Bestäubung und Befruchtung die Fortpflanzung zu sichern.

Wenn wir in unserem Gemüsegarten blühende Pflanzen sich ausbreiten lassen, machen wir nicht nur den Bienen eine Freude, sondern auch einer Vielzahl anderer nützlicher Insekten. So sind z. B. die Doldenblütler willkommene Wirtspflanzen für Raub- und Schwebfliegen. Wir sollten auch den ätherische Öle enthaltenden Blüten (und Blättern) der Würz- und Heilkräuter reichlich Gelegenheit geben, ihre leichtflüchtigen Duftstoffe über den ganzen Garten wohltuend zu verströmen und insbesondere benachbarte Pflanzen, mit denen sie in Gemeinschaft leben, zum besseren Gedeihen anzuregen.

Mit der Blütenbildung zieht sich die Pflanze allmählich aus dem irdischen Wirkungsbereich zurück. Die Sammlung aller kosmischen Kräfte auf den ruhenden Samen bewirkt eine zunehmende Veränderung der ganzen Pflanze, den Abschluß der vegetativen Entwicklung. Die Stoffwechselvorgänge verlangsamen sich oder kommen schließlich zur Ruhe, wie wir es am Getreidehalm beobachten können, der zu Stroh geworden ist und kein Wasser mehr aufsaugt, wenn er die Frucht trägt. Für die Praxis ist das insofern interessant, als mit dem Beginn des Schossens der zweijährigen Gemüsearten der sich verändernde Stoffwechsel das Gemüse ungenießbar macht. Nicht nur, daß Nährstoffe für den Blühprozeß aus dem Blatt abgebaut werden, auch der Geschmack wird stark beeinträchtigt.

Die Frucht

Die Frucht ist das Gehäuse, das die Samen bis zur Reife oder auch darüber hinaus umschließt. Nur selten reift bei unseren Fruchtgemüsen der Same aus, da wir die jungen, saftigen und gehaltvollen Früchte vorher genießen. Nichtsdestoweniger brauchen wir, unabhängig von unseren Eßgewohnheiten, den Samen, um erneut Pflanzen heranziehen zu können. In der schützenden Hülle sind die Nährstoffe für den Keimling, die Lebenskräfte und die Kräfte geborgen, die aus einem Radieschen wieder ein Radieschen werden lassen. Wir mögen wiederum vor einem nicht minder großen Wunder stehen, wenn wir uns bewußt machen, daß diese „geballte Ladung" z. B. in einem Sellerie-Samenkorn enthalten ist, das so winzig ist, daß erst 2000–3300 Körner ein Gramm wiegen. Und wenn Erde und Feuchtigkeit mit Hilfe der Sonnenkräfte das Leben in Bewegung bringen, die Keimung einleiten und alsbald das Würzelchen zum Mittelpunkt der Erde strebt, dann schließt sich der Kreis.

Die Fruchtbarkeit der Erde

Ist Martini trüb und feucht,
wird gewiß der Winter leicht
(11. November)

In der Mitte zwischen der unbelebten Natur, den Erdenstoffen und den lebensspendenden Quellen aus Raumesweiten, liegt 15–20 cm mächtig, die Erdschicht, in der Substanzen aus beiden Bereichen durch ein gewaltiges Heer von Kleinstlebewesen in Pflanzennahrung verwandelt werden: der fruchtbare Boden. In unermüdlichem Einsatz werden organische Stoffe im steten Wechsel in ihre mineralischen Bestandteile zerlegt und aufgelöst sowie anorganische aufgeschlossen und den Pflanzen zugänglich gemacht. Die Fruchtbarkeitsfaktoren hängen untereinander zusammen. So wirken sich die „Lebendigkeit" des Bodens und der Humusgehalt auf

**Voraussetzungen für gutes
Pflanzenwachstum:**
- Grad der biologischen Bodenaktivität,
  d. h. die Gesamtheit der Stoffumsetzungen
  durch die Bodenlebewelt;
- Humus: Gehalt und Beschaffenheit;
- Nährstoffvorrat im Boden und Zufuhr;
- Bodenstruktur (Wasser- und Lufthaus-
  halt);
- Kleinklima (Seite 139 f.)
- Bodenbearbeitung;
- Fruchtfolge (Seite 90 ff.).

die Bodenstruktur und den Garezustand aus.
Ebenso sind Nährstoffzufuhr, Kleinklima, Bodenbearbeitung und Fruchtfolge maßgeblich am
Humusaufbau beteiligt. Natürlich sind auch
Grad, Menge, Intensität oder Sinnfälligkeit der
jeweiligen Faktoren für die Höhe der Fruchtbarkeit ausschlaggebend.

Der lebendige Boden

Ohne Bodenlebewesen und deren unermüdliche
Tätigkeit bliebe der Nährstoffreichtum der
Bodenmineralien für die Pflanzen unzugänglich.
Je zahlreicher und mannigfacher sie sich einstellen, desto freudiger und gesünder werden unsere
Kulturen wachsen und gedeihen. Wir sollten
daher unsere ganze Aufmerksamkeit den unver-
zichtbaren Helfern und genialen Chemikern
schenken, die den fruchtbaren, nährstoff- und
humusreichen Boden, im wahrsten Sinne des
Wortes, aufbauen. Unter Pflege des Bodens verstehen wir daher, den Bodenorganismen zu günstigen Lebensbedingungen zu verhelfen, sie
reichlich mit Nahrung zu versorgen und Schaden
von ihnen abzuwenden, damit sie erhalten bleiben und sich mehren.

In einem fruchtbaren Boden kommen so viele
Lebewesen vor, daß wir uns über das Ausmaß
nur eine vage Vorstellung machen können. Selbst
die gängigen Vergleiche, daß in einer Hand voll

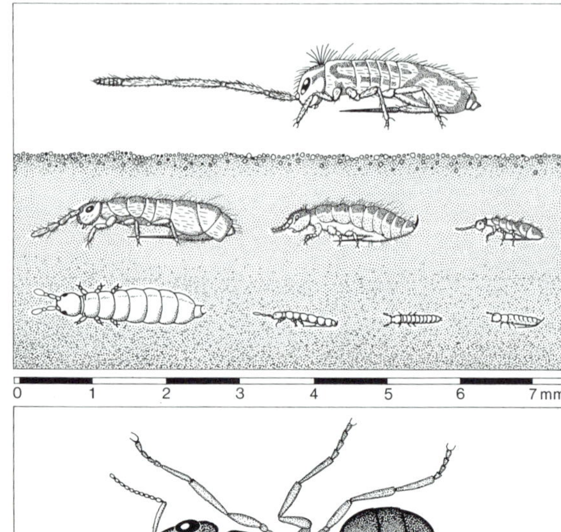

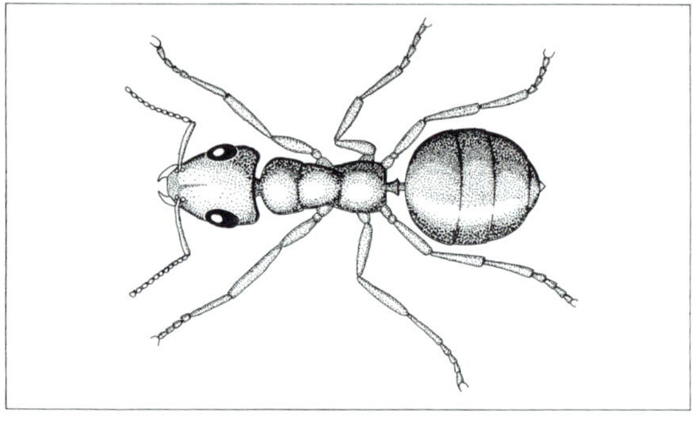

**Springschwänze leben jeweils nach ihrer Art
sowohl an der Erdoberfläche als auch in den
oberen und tieferen Schichten eines humosen
Bodens oder eines gut gepflegten Komposthaufens; zum Größenvergleich: Wegameise.**

guter Gartenerde weitaus mehr Lebewesen als
Menschen auf der Erde oder in einem Fingerhut
über 500 Millionen zu finden seien, helfen nicht
viel weiter. Allerdings sind z. B. die Bakterien, die
mit den Strahlenpilzen etwa 40% der gesamten
Lebewesen ausmachen, so mikroskopisch klein,
daß 500 bis 1000 von ihnen, würde man sie
aneinanderreihen, erst eine Strecke von 1 mm
ergäben.
Die allermeisten Tiere und Organismen, die
unseren Gartenboden bevölkern und besiedeln,
entziehen sich unserer Wahrnehmung.
Während uns Kriechtiere (Eidechsen, Blindschleichen), Lurche (Kröten, Frösche) und
Schnecken noch recht häufig begegnen, bekommen wir von den Kleinsäugern die Spitzmäuse
recht selten zu Gesicht und auf den Anblick von
Maulwürfen und Wühlmäusen können wir gut

verzichten. Von der artenreichsten Tiergruppe, den Gliedertieren, nehmen wir gewöhnlich nur diejenigen wahr, die uns unangenehm auffallen, wenn sie überhand nehmen, wie Werren, Asseln, Ameisen, Spinnmilben und einige Insektenlarven (Engerlinge, Erdraupen), während Tausendfüßler und Spinnen uns kaum beeindrucken und Springschwänze und Milben sich bereits unserer Beobachtung entziehen. Der Regenwurm, unser Freund und Helfer, ist nicht zu übersehen, während wir die Anwesenheit von Drahtwürmern und Nematoden nur an den Schadstellen erkennen können, die sie verursachen. Der Bereich der Einzeller, 0,05–0,005 mm kleinste Geißel-,

**A Mistwurm: lebt nur in Mist- und Komposthaufen; B Rotwurm: lebt auch unter Blättern versteckt; C Gemeiner Regenwurm; D Tauwurm: bis 30 cm lang, geht bis zu 3 m tief.
a Kothäufchen: Mischung von Tonteilchen und organischer Substanz zu den fruchtbaren Ton-Humus-Komplexen (S. 63); b in den Gang hineingezogenes Blatt; c Eikokons; d Knotenstadium während Kälte oder Trockenheit.**

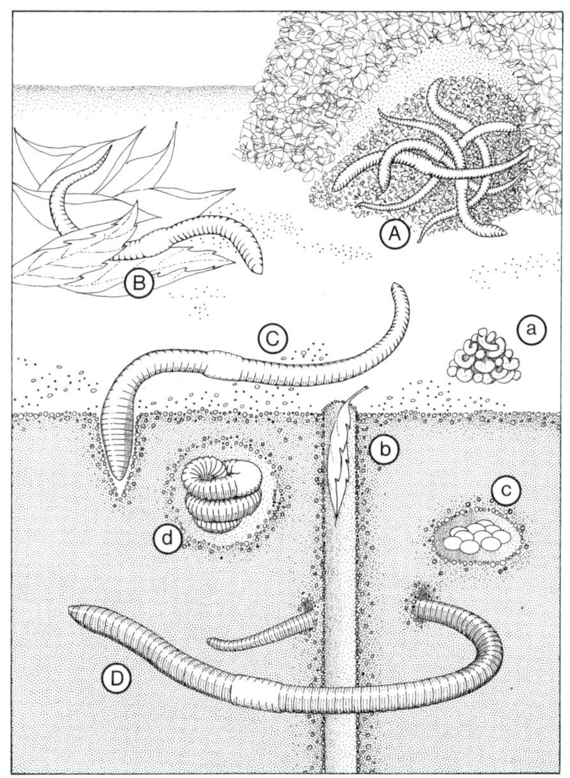

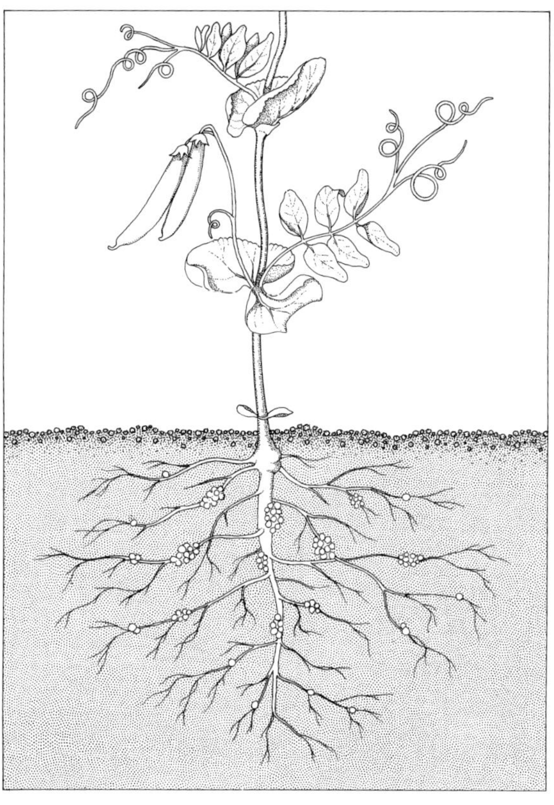

Von Knöllchenbakterien besiedelte Erbsenwurzel.

Wimpertierchen und Wurzelfüßer, bleibt uns verständlicherweise verschlossen. In den winzigen wassergefüllten Spalten und Nischen der Erdkrümel schwimmen sie wie im Ozean.
Pilze nehmen wir hauptsächlich wahr, wenn sie auf dem herbstlichen Rasen oder den Staudenrabatten auftreten. Auch im Komposthaufen sind sie während der ersten Entwicklungsphasen als Pilzfäden, Schleim- oder Schimmelpilze zu beobachten. Allerdings befallen auch einige Arten, zu unserem Unbehagen, bestimmte Gemüsepflanzen. Wenn ihnen die Lebensbedingungen im Boden (bei mangelnder Bodenpflege) nicht sonderlich zusagen, suchen sie sich bei bodenähnlichen Verhältnissen, feuchtwarmer Witterung, außerhalb ihrer angestammten Bleibe neue Lebensbereiche, falls anfällige Pflanzen es zulassen. Die kleinsten Bodenorganismen, die einzelligen Bakterien, sind unserem Vorstellungsvermögen

nicht zugänglich. Dagegen wissen wir ziemlich gut über ihre hervorragenden Leistungen Bescheid. Sie sind nicht nur für die Auflösung von, zum Teil schwerlöslichen, Mineralstoffen für die Pflanzenernährung, sondern auch für die Humusbildung und den Aufbau der Bodenstruktur von großer Bedeutung.

Unter ihnen gibt es eine Reihe von Spezialisten. Während die Azotobakter frei im Boden leben, müssen die Knöllchenbakterien, deren knöllchenartige Behausung wir an den Pflanzenwurzeln gut erkennen können, eine Lebensgemeinschaft mit den Leguminosen eingehen, um den Stickstoff aus der Luft binden zu können: die Pflanze versorgt die Bakterien mit dem lebenswichtigen Zucker, die „Chemiker" liefern dafür der Pflanze den begehrten Stickstoff. Was da in aller Stille und beiläufig an erstaunlicher Leistung vollbracht wird, können wir erst ermessen, wenn wir uns die enormen Industrieanlagen vergegenwärtigen, in denen unter einem hohen Energieaufwand auf technischem Wege Stickstoff aus der Luft als Düngesalz gewonnen wird.

Biologische Aktivität und Humusgewinn

Ich legte mein Ohr an den Boden und es schien mir, als seien die Pflanzen froh, etwas über die Geheimnisse ihres Wachstums erzählen zu können

Margarete von Wrangel, auf einem Gedenkstein der Universität Hohenheim

Beim Anblick eines dunklen, garen Bodens mag man kaum glauben, daß sich darin eine so rastlose Betriebsamkeit verbirgt. In Team-Arbeit bauen sie, die wir eben kennengelernt haben, organische Stoffe aus abgestorbenen Pflanzen und Kleinlebewesen ab, „verrotten" und verwandeln sie wieder in Nährstoffe für die nächste Pflanzengeneration und bauen fruchtbaren Humus auf: ein ewiger, vielfältiger Kreislauf, der das Leben auf der Erde immer wieder erneuert. Pilze und Algen beginnen bereits mit der Zerset-

zung der verbliebenen organischen Stoffe, bevor Insektenlarven und Springschwänze mit starken Beißwerkzeugen sie zerlegen. Würmer ziehen die Reste in den Boden, zerkauen und vermischen sie mit Erde, bis schließlich Bakterien Kohlenhydrate (Zucker, Stärke, Zellulose) und Eiweißverbindungen wieder in ihre anorganischen Einzelbestandteile wie Stickstoff, Phosphor, Kalium und den Spurenelementen, zerlegen, sie sozusagen mineralisieren und, wiederum zu Nährstoffen aufbereitet, den Pflanzen zur Verfügung stellen.

Bei ihrer Tätigkeit ergänzen sich die Bodenlebewesen. Eine Art übernimmt die Produkte der vorhergehenden und setzt die Arbeit fort, wobei sie sich gegenseitig als Nahrung dienen. Ein Bakterienleben ist kurz, es zählt nach Stunden. Andererseits können sich Organismen unter günstigen Bedingungen auch innerhalb einer halben Stunde auf das Doppelte vermehren. Aus dem fortwährenden Wechsel entsteht der humose Boden.

Humus

Als Humus bezeichnen wir jegliche organische Substanz, die sich in diesen Rottevorgängen ständig verwandelt. Die Dynamik der Humusbildung wird von den klimatischen Schwankungen im jahreszeitlichen Rhythmus beeinflußt. Mit steigender Temperatur erhöht sich nicht nur die Produktion pflanzlicher Stoffe, sondern in noch höherem Maße die Aktivität der Bodenlebewesen. Sie erreicht im Mai/Juni ihren Höhepunkt, geht während trockener Sommermonate zurück, steigt im Herbst (September/Oktober) wieder etwas an, ehe sie im Winter so gut wie erlischt. Die Menge und Qualität des Humus hängt davon ab, wieviel Material die „Aktivisten" zum Umbau geliefert bekommen, d. h. inwieweit sich zwischen ständiger Zufuhr und stetem Abbau ein Gleichgewicht einstellt, denn der fortgesetzte Umsatz ist die Quelle aller sich erneuernden Bodenfruchtbarkeit. Da die organischen Stoffe den Bodentieren und Organismen gleichzeitig als Nahrung (und „Brennstoff") dienen, sprechen wir auch von Nährhumus.

Dauerhumus

Zu einem geringen Teil entstehen aus den Zwischenprodukten des Abbaus Huminstoffe, mit denen der Boden allmählich „Dauerhumus" aufbaut, was wir an der zunehmenden Dunkelfärbung erkennen können. Huminstoffe befinden sich wie die Tonmineralien in einem kolloidalen Zustand. Verbinden sie sich miteinander, entstehen die wertvollsten, stabilsten Formen des Humus: die „Ton-Humus-Komplexe". Vorwiegend bilden sie sich durch die Vermischung und Verknetung der organischen und mineralischen Substanzen im Regenwurmdarm. Dieser Dauerhumus lagert Nährstoffe an, die als Vorräte nur langsam abgegeben (alte Kraft) und nicht ausgewaschen werden können. Erst die Pflanzenwurzeln vermögen sie im Verein mit den „zuständigen" Mikroorganismen zum Zeitpunkt des Bedarfs zu lösen und als Mineral-Salze pflanzenverfügbar zu machen.

Krümelstruktur

Dauerhumus macht leichte Böden bindiger und schwere poröser. Maßgeblich ist er an der Bildung der „Krümelstruktur" beteiligt, der Beschaffenheit der Bodengare. Mit Hilfe der Bodenorganismen werden die Ton-Humus-Komplexe in der Krume zu 2–5 mm großen Krümeln verbaut. Pilzhyphen und feine Wurzeln halten diese „Lebenverbauung" zusammen. So bildet sich eine 10–20 cm mächtige Gareschicht aus 50% festen Bestandteilen und 50% Poren, die etwa je zur Hälfte mit Wasser und Luft gefüllt sind. Dies ergibt einen elastischen, porösen, dunklen Boden mit hervorragenden Eigenschaften. Abgesehen von seinem großen Nährstoffreichtum hat er bestmögliche Verhältnisse für die Wasserführung (Speicherung und Abfluß überflüssigen Wassers), die Luftführung (Austausch von Sauerstoff und Kohlensäure) und die Erwärmung. Sein Humusgehalt kann gut und gern 10% betragen (zwei- bis dreimal soviel wie in einem guten Ackerboden). Er kann so locker sein, daß man mit der Hand bis zum Gelenk hineinzufahren vermag, ohne einen wesentlichen Widerstand zu spüren.

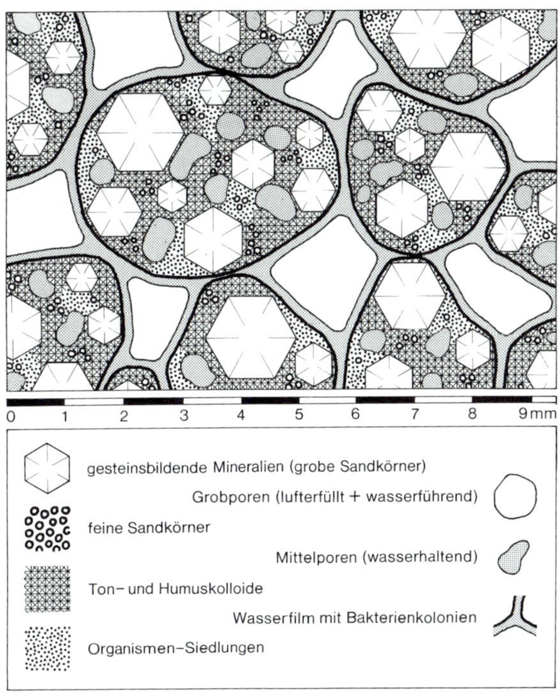

Schematische Darstellung der Krümelstruktur.

Vom Sinn des Düngens

Ein auf reiche Ernten ausgerichteter Garten ist mit natürlichen Biotopen, in denen sich die Zufuhr organischer Stoffe und deren Umsetzung im Gleichgewicht befinden, nicht zu vergleichen. Kulturpflanzen und insbesondere unsere auf einen hohen Ertrag gezüchteten Gemüsearten haben einen großen Nährstoffbedarf. Sie nehmen den Boden so in Anspruch, daß er in verhältnismäßig kurzer Zeit verarmen würde, wenn wir nicht immer wieder den Nährstoffhaushalt durch Düngung ausgleichen würden, das heißt, indem wir die Humus-Aufbauer und Nährstoff-Produzenten im Boden ausreichend mit organischem Futter versorgen.

Organische Düngemittel sind natürliche Verbindungen aus dem Leben für das Leben. Sie werden, zu pflanzenverfügbaren Nährstoffen aufbereitet, in den Nährstoffhaushalt einbezogen und „verbrauchergerecht" abgegeben, wobei es gar nicht so sehr auf die jeweiligen Mengen ankommt, sondern vielmehr darauf, daß sich die stoffliche Ordnung im Boden harmonisch in die Lebensprozesse der Pflanze einzugliedern vermag.

Das Bodenleben und die Pflanze haben nicht nur dieselben Ansprüche an den Boden, sondern sind auch in gleicher Weise von Umwelteinflüssen abhängig. Beispielsweise lähmt ein kaltes Frühjahr sowohl die Lust an der Bodenarbeit als auch die Freude am Wachsen: Versorgung und Nachfrage werden gleichermaßen auf ein Minimum beschränkt. Im lebendigen Boden besteht immer eine Harmonie zwischen dem Nährstoffangebot des Bodens und dem Nährstoffbedarf der Pflanze, ohne daß es zu Einseitigkeiten kommen kann.

Ein ausgewogenes und ständig angepaßtes Nährstoffangebot an die Pflanzen ist mit Mineraldünger-Gaben nicht zu erreichen. Sie nehmen einen gänzlich anderen Verlauf, indem sie sich gewissermaßen der Pflanze aufzwingen, ohne auf ihre eigentlichen Bedürfnisse und ihre Zusammenhänge mit dem Bodenleben Rücksicht zu nehmen. Mineraldünger sind „fertige" Salze, die, im Bodenwasser gelöst, unmittelbar von der Pflanze in beliebiger Menge und zur Zeit der Darreichung aufgenommen werden. Zwar kann sie die in biologischen Prozessen gewonnenen Nährstoffe auch nur als Salze aufnehmen, jedoch werden diese in Zusammenarbeit mit den Bodenorganismen erst dann in der richtigen Zusammensetzung und der zuträglichen Menge aus dem Humus aufgeschlossen, wenn sie gebraucht werden. Während es nahezu unmöglich ist, Mineraldünger zur genau richtigen Zeit in richtiger Menge und Zusammensetzung zu verabreichen. Den natürlichen Nährstoffkreislauf zu ignorieren, ihn quasi durch „Fertigkost" kurzzuschließen, hat Folgen: das physiologische Gleichgewicht der Pflanzen und des Bodens werden gestört; die Umsetzungen im Boden werden gehemmt; der Stoffwechsel in der Pflanze verändert sich; das Bodenleben verarmt; Bodengare und Humus schwinden; das Grundwasser wird durch Auswaschung verseucht; die Pflanzen werden anfällig für Krankheiten und Schädlinge;

der Wassergehalt in der Pflanze vergrößert sich; die Haltbarkeit der Früchte nimmt ab und die Fäulnisanfälligkeit zu; vor allem aber haben wir einen erschreckenden Qualitätsverlust zu beklagen.

Organische Dünger

Organische Dünger sind „verdaubare" und humusbildende organische Substanzen und langsam wirkende Gesteinsmehle in möglichst vielfältiger und ausgewogener Zusammensetzung, die Nährstoff-Vorräte anlegen oder ergänzen.

Kompost aus pflanzlichen und tierischen Rückständen ist dadurch, daß alle Düngestoffe in einer natürlichen Komposition zusammenklingen, der ideale Dünger; er enthält alle Mineralstoffe (organisch gebunden), die in der Pflanze und dem Futter ursprünglich enthalten waren: Stickstoff, Kalium, Phosphor, Kalzium, Magnesium sowie Eisen, Mangan und andere Spurenelemente. Die „Naturkomposition" kann durch das Zusetzen biologisch-dynamischer Kompost-Präparate zu einer vollendeten Harmonie gesteigert werden.

Darüber hinaus können wir mit organischen „Hilfsdüngern" die Pflege besonders anspruchsvoller Gemüsearten in einer bestimmten Bedarfsrichtung vor allem dann unterstützen, wenn der Boden noch an Fruchtbarkeit zu wünschen übrig läßt. Wir können sie unbedenklich während der ganzen Vegetationsperiode anwenden, wenn wir die Mengen dem jeweiligen Bedarf anpassen:

Pflanzenjauchen, z. B. Brennesseljauche, sind Flüssigdünger, die, reich an Mineralien und Wirkstoffen, das Wachstum fördern und die Pflanzen kräftigen, wenn sie entsprechend dem jeweiligen Bedarf verdünnt ausgebracht werden.

Steinmehle (Basaltmehl, Lavamehl), „Nilschlamm des Gärtners", sind langsam fließende Mineraldünger, reich an Kalk und Kieselsäure, Eisen, Mangan und anderen Spurenelementen; sie fördern die Bildung der Ton-Humus-Komplexe.

Algenkalk (Algomin) besteht aus dem Kalkgerüst der Rotalgen (Korall-Algen), wirkt ebenfalls langsam und regt das Bodenleben an; er hat ein günstiges Kalk-Magnesium-Verhältnis (80 % Kalk-: 12 % Magnesium-Karbonat) und die gesamte „Gärtner-Palette" an Spurenelementen; er ist auch gut als Spritz- und Stäubemittel gegen Pilze und Schädlinge geeignet.

Tonmehle (Bentonit) vermitteln die günstigen Eigenschaften der Tonminerale (Seite 56) und enthalten vornehmlich Kalium, Kalzium und Magnesium sowie an Spurenelementen insbesondere Eisen, Mangan und Bor.

Holzasche enthält etwa 14% Kalium, 5% Phosphor und 42% Kalk und eignet sich gut als Kali-„Zugabe" für alle Wurzelgemüse.

Grünalgen-Extrakte (Algifert, Polymaris) werden aus den Algen des Nordmeeres gewonnen, sie enthalten mehr als 60 Wirkstoffe in leicht löslicher Form, die vor allem einen gesunden Wuchs und die Widerstandskraft unterstützen und sich hervorragend als Blattdüngung bewähren.

Gründüngung und Mulch sind eigentlich keine unmittelbaren Düngemittel, sie tragen aber wesentlich zur Pflege des Bodens und zur Ernährung seiner „Bewohner" bei (Seite 69 ff).

Andere Düngemittel

Bedenken gegen ein regelmäßiges Ausbringen während der Vegetationsperiode sind bei organischen Düngemitteln angebracht, die in ihren Nährstoff-Verhältnissen weniger ausgeglichen sind.

Verhältnismäßig harmlos sind die bei der Ölpressung anfallenden Rückstände, die als Rizinusschrot gehandelt werden, und der gleichfalls abgepackte getrocknete Rinderdung. Beide Düngemittel sind reich an Stickstoff und Phosphor. Fraglich ist aber, wieviel Rückstände sie aus chemischen Pflanzenschutz- oder Futtermitteln enthalten. Dennoch sind sie recht gut als Zusatz zum Mulch der herbstlichen Beetversorgung (Seite 72) geeignet, wo sie, in einer Art Flächenkompostierung „entschärft", das Bodenleben anregen und den Humusaufbau fördern.

Mit Vorsicht sind organische Dünger anzuwenden, die so unausgeglichen sind, daß einer der

Zusammensetzung einiger Düngemittel			
Dünger	N %	P %	K %
Blutmehl	12	1,3	0,7
Guano (Peru)	6	12	2,5
Hornmehl	12	1	–
Hornspäne	14	5	–
Knochenmehl entleimt	3	22	0,3
Organ. Mischdünger	5–6	6–9	0–1

Nährstoffe andere quantitativ erheblich überragt. Wenn sie auch nicht mit mineralischen Düngern zu vergleichen sind, bei denen ein Nährstoff von natürlichen Begleitstoffen isoliert ist, führt die regelmäßige Anwendung unweigerlich zu einer Überdüngung durch den vorherrschenden Nährstoffanteil. Zu empfehlen ist, diese an sich wertvollen Düngemittel in den Kompostierungs-Prozeß einzubinden bzw. mit anderen Komponenten als Jauche vergären zu lassen.

Wenn wir davon ausgehen, daß für den durchschnittlichen Bedarf einer Pflanze das ausgewogene Nährstoff-Verhältnis

Stickstoff (N):Phosphor (P):Kali (K) = 1:0,5:1,5

beträgt, dann wird das Ungleichgewicht der Hauptnährstoffe in den Düngemitteln deutlich erkennbar; wollten wir z. B. mit Knochenmehl eine Stickstoffwirkung erzielen, würden wir (ungewollt) das zuträgliche Maß an Phosphor um das 14fache überschreiten.

Torf

Torf wird immer wieder als „Bodenverbesserungsmittel" angepriesen. Dem naturgemäß arbeitenden (und denkenden) Gärtner kann er nicht empfohlen werden, zumal wenn er noch als „Düngetorf" mit Mineraldünger angereichert ist. Abgesehen davon, daß der Ausverkauf unserer letzten Hochmoore beschleunigt wird, ist Torf ein Fremdkörper im Boden. Aus den Lebenszusammenhängen herausgefallen, kann er als toter, anorganischer Stoff von den Bodenlebewesen nur schwer verdaut werden. Das gerühmte Wasserhalte-Vermögen ist zwar groß, aber der saugfähige Torf gibt das Wasser an seine Umgebung nicht ab und entzieht sogar mit zunehmender Trockenheit der Erde die Feuchtigkeit.

Die wichtigsten Nährstoffe und ihre Eigenschaften

In einem langjährig gepflegten Gartenboden, der durch reichliche Kompostgaben, geeignete Mischkulturen, sinnvolle Fruchtfolgen, beständiges Mulchen, gelegentliche Gründüngungen sowie durch eine schonende Bodenbearbeitung einen phantastischen Humusreichtum gewonnen hat, wachsen üppige, aber etwas gedrungene Pflanzen mit einem gesunden Grün, prägnant ausgebildeten Blättern und gut entwickelten Früchten, in der Regel frei von Krankheiten, Schädlingen oder Mangelerscheinungen: ein Hinweis dafür, daß sie mit dem Nährstoffangebot zufrieden sind. Mit zusätzlichen Düngegaben haben wir lediglich das Wachstum begleitet und das Bodenleben ermuntert, den Nährstoffvorrat abzurunden oder nach einer Ernte zu ergänzen. Den allzu raschen und häufigen Griff in den Düngesack und das schnelle Leeren der Brennessel-Jauchetonne sollten wir jedoch selbst dann unterlassen, wenn aus einer Brachfläche fruchtbares Gartenland werden soll. Überdüngungen können genauso vom Übel sein wie eine mangelhafte Versorgung. Im Jahr 1988 durchgeführte Erhebungen der Universität Hohenheim ergaben, daß 80 % der Garten-Böden durch den sorglosen Umgang mit organischen Düngern (mit denen man angeblich nichts falsch machen kann) mit Phosphor überdüngt waren und 48% zuviel Kalium enthielten. Die Kleingärtner legten die Merkmale der Überdüngung als Nährstoffmangel aus und gaben nochmal eines drauf.

Um ein unbedachtes „Drauflosdüngen" zu vermeiden, sollten wir versuchen, den Humus- und Nährstoffzustand unseres Bodens kennenzulernen und Mangel- oder Überschuß-Erscheinungen richtig zu deuten. Zumindest zu Beginn, wenn sich der Traum vom eigenen Garten erfüllt

hat und wir dem Boden als dem großen Unbekannten gegenüberstehen, ist eine Bodenuntersuchung hilfreich. Von einschlägigen Instituten erhalten wir eine umfassende Beurteilung des Bodens hinsichtlich seines Humusgehaltes und des pH-Wertes (Säuregrad) sowie seines Nährstoffhaushaltes einschließlich der wichtigsten Spurenelemente.

Der Nährstoffhaushalt des Bodens ist komplex und dynamisch. So wie in der Pflanze die Stoffe sich ständig bewegen und verwandeln, sind sie auch im Boden steten Veränderungen durch den Austausch mit der wachsenden Pflanze unterworfen. Eine Bodenprobe für die Analyse sollte daher erst gezogen werden, wenn der Boden zur Ruhe gekommen ist. Im zeitigen Frühjahr, ehe die Beete bestellt werden, wäre eine Untersuchung am günstigsten, nachdem durch die Herbstversorgung der Nährstoffhaushalt geordnet werden konnte.

Später können, mit einem gewissen Vorbehalt, Tests selbst durchgeführt werden. Im Handel gibt es verschiedene Test-Sortimente. Während der pH-Wert für den Kalkbedarf mit diesen Analyse-Mitteln recht gut festgestellt werden kann und das Bestimmen des Kali- bzw. Phosphat-Gehalts annähernde Werte ergibt, ist eine fundierte Ermittlung des Stickstoffs gar nicht möglich. Eher können wir (mit einem geschulten Blick) an der Pflanze selbst, ihrem Wachstum und dem Befinden ihrer Blätter, ablesen, was ihr an Nährstoffen, auf die wir anschließend zu sprechen kommen, fehlt oder ob sie möglicherweise mehr aufnehmen muß als sie verträgt.

Stickstoff

Stickstoff (N) überragt alle anderen Nährstoffe an Einfluß. Er ist sozusagen der Motor des Pflanzenwachstums und hauptsächlicher Baustein für die Eiweißbildung.

Er ist äußerst wandlungsfähig: ein Vagabund, der sich (für eine Analyse) weder einfangen noch erfassen läßt. Er kommt nur in Spuren im Muttergestein vor. Von befähigten Organismen wird er aus der Luft gebunden und in Kreisläufen stetig verwandelt und in Bewegung gehalten. Im

Folgen von N-Überdüngung

- rasch wirkend, setzt ein triebiges Wachstum ein, das soviel energiespendenden Zucker beansprucht, daß für die Eiweißbildung nicht mehr viel übrig bleibt;
- der größte Teil des aufgenommenen Nitrats kann nicht zu Eiweiß „verarbeitet" werden, wird als „Luxuskonsum" im Blatt gelagert und kann, bei der menschlichen Verdauung zu Nitrit reduziert, die Sauerstoffaufnahme des Blutes blockieren;
- die mit dem restlichen, nicht ausreichenden, Zucker aufgebauten Eiweißstoffe reifen nicht aus und sind für die Ernährung von minderer Qualität;
- überschüssiges Stickstoff-Angebot kann leicht Schädlingsbefall zur Folge haben: veränderte Säfte verursachen Duftausscheidungen, die von den Insekten wahrgenommen werden.

Stickstoff

Vorkommen: Luft (78%), Horn-Blut-Federmehl, Borsten (je 12–14%), organische Mischdünger (6–9%), Knochenmehl (4–7%), Rizinusschrot (6%), Hühnerdung (2–3%);

Mangel: gelbgrüne Blätter, verminderter Eiweißaufbau, wenig Chlorophyll, mäßige Assimilation, schwaches Wachstum, aber straff aufgerichtet (Starrtracht);

Überschuß: fast blaugrüne Blätter, geiles Wachstum, weiches und wässeriges Gewebe, anfällig für Schädlinge und Krankheiten, verminderte Lagerfähigkeit, Nitratspeicherung, minderes Eiweiß, Vitaminmangel.

Boden wird er, vorübergehend im Humus gebunden, von den Bodenlebewesen in Ammoniak übergeführt, in pflanzenverfügbares Nitrat umgewandelt und in den Blättern der Pflanze zu Aminosäuren aufgebaut, aus denen alle Eiweißverbindungen bestehen. Andererseits kann das im Boden frei bewegliche Nitrat unter besonderen Umständen auch ausgewaschen werden beziehungsweise sich in die Luft verflüchtigen. Die Lebensprozesse, die den Stickstoff mobilisieren, regeln auch den zeitlichen Rhythmus des Nährstoffangebotes, die Nährstoffkonzentration und die Ergänzungswirkung durch die anderen Nährstoffe, die ebenfalls im Humus anwesend sind. Wir können bei einer Stickstoffernährung aus dem Humus immer mit einem harmonischen Nährstoffangebot rechnen, das in der Pflanze auch ein ausgewogenes Verhältnis von Eiweiß und Kohlenhydraten entstehen läßt.

Durch Zufuhr leicht löslicher mineralischer, aber auch schnell umsetzbarer, organischer Stickstoff-Gaben, die eine übermäßige Nitrat-Aufnahme zur Folge haben, wird die Harmonie dieser Wechselbeziehung gestört.

Solche Fehlentwicklungen vermeiden wir am besten, wenn wir alle stickstoffhaltigen Dünger über die Kompostprozesse führen, im Verlauf derer der Stickstoff an den Humus gebunden wird.

Phosphor

Im Stoffwechsel der Pflanze hat Phosphor (P) einen hohen Rang, weil er an fast allen Umsetzungen, für die Energie gebraucht wird, beteiligt ist, so beispielsweise beim Kohlenhydrat- und Eiweißaufbau. Er wirkt vor allem auf die Blüten- und Fruchtbildung ein und ganz allgemein auf die Güte des Ertrages.

In besonders kalkarmen oder kalkreichen Böden neigt Phosphat zur Festlegung, so daß es nicht

Phosphor

Vorkommen: Muttergestein, Knochenmehl (15–20%), Guano (12%), organischer Mischdünger (6–9%), Rizinusschrot (3%), Hühnerdung (3%);

Mangel: rot verfärbte Blattränder, untere Blätter werden rasch gelb, schlechte Blüten- und Fruchtbildung, Absterben ganzer Pflanzenteile;

Überschuß: schlechter Wuchs durch Hemmungen im Stoffwechsel, da die Pflanze keine Spurenelemente aufnehmen kann.

pflanzenverfügbar ist. Der pH-Wert des Bodens sollte daher nicht unter pH 6 und nicht über pH 7 liegen. Besonders wichtig ist eine hohe biologische Aktivität des Bodens. Nur so können Mikroorganismen und die Pflanzenwurzel selbst mit den beim Abbau organischer Substanz entstehenden Säuren schwerlösliche Phosphate aufschließen.

 ## Kali

Kalium (K) übt auf die Assimilation einen unmittelbaren Einfluß aus. Ebenfalls maßgeblich am Stoffwechsel beteiligt, ist es in der Pflanze vornehmlich an Orten intensiver Umsetzungen, reger Zellteilung und Organneubildungen zu finden: in der Sproßknospe und in jungen Blättern. Anhaltende Trockenheit fördert die Festlegung in einem schweren Boden.

> **Kali**
> **Vorkommen:** Muttergestein, der Gesamtgehalt steigt mit dessen Tongehalt an, Holzasche (8%), Comfrey, Beinwell (3–6%), Hühnerdung (2%);
> **Mangel:** Welkerscheinungen, gelbe Blattränder, dann braune Flecken zwischen den Blattrippen, Beeinträchtigung der Assimilation, schwaches Wachstum;
> **Überschuß:** schlechter Wuchs, beeinträchtigt werden die Eiweißbildung und die Widerstandskraft.

Calcium

Kalk (Ca) schließt den Boden auf und hat einen günstigen Einfluß auf die Bodenstruktur und die Krümelstabilität, auf das Bodenleben und auf die verschiedensten Auf- und Abbauprozesse im Boden sowie auf die Bildung beständiger und reicher Humusformen. Eine gute Kalkversorgung fördert das Wurzelwachstum, die Nitrataufnahme und die Eiweißbildung. Jedoch zu gut bemessen, „macht Kalk reiche Väter, aber arme Söhne": er liefert zwar zunächst ein reichliches Nährstoffangebot, aber durch den damit verbundenen schnellen Humusabbau, der zudem Aus-

> **Calcium**
> **Vorkommen:** Muttergestein, Algenkalk (ca. 80%), Steinmehl (25–30%), Knochenmehl (15–30%);
> **Mangel:** schwache Wurzelbildung, keine bakterielle Stickstoffbindung im Boden, Säurebildung, verringerte Widerstandskraft der Pflanzen;
> **Überschuß:** gestörtes Wachstum, Magnesium wird festgelegt, Chlorose (gelbe Blätter).

waschungen begünstigt, verödet der Boden. Bei einem optimalen pH-Wert des Bodens genügen daher als Ergänzung des Kalkvorrates Kompost und langsam fließende Mineraldünger wie Algenkalk und Steinmehl.

Kalk beeinflußt den Säuregrad des Bodens. Als Maß für den Säuregrad gilt der pH-Wert. Er ist von pH 1, extrem sauer, bis pH 14, hochgradig alkalisch, gestaffelt, dabei bedeutet pH 7 eine neutrale Bodenreaktion. In milden Lehmböden liegen die optimalen Wachstumsbedingungen nicht unter pH 6,5. Während sandige Böden etwas saurer (pH 5,5) sind, dürfen tonige neutral, aber auch schwach alkalisch (pH 7,4) sein. In diesen Bereichen liegen auch die günstigsten Lebensbedingungen für das Bodenleben. Der Säuregehalt des Bodens und auch des Regenwassers läßt sich verhältnismäßig einfach mit im Handel erhältlichen Test-Sortimenten feststellen.

Magnesium

Magnesium (Mg) ist ein Baustein des Chlorophylls. Es ist an den Assimilations-Prozessen und am Stickstoff-Stoffwechsel sowie an der Verwertung von Phosphor und Schwefel beteiligt. Außerdem beeinflußt es als „Phosphatträger" die Phosphat-Aufnahme und den -Transport in der Pflanze.

> **Magnesium**
> **Vorkommen:** Algenkalk (10–15%), Steinmehl (1–3%);
> **Mangel:** gelbe Blätter (Chlorose), Blattfall.

Spurenelemente

Bestimmte Stoffe wie Bor, Kupfer, Mangan, Molybdän, Kobalt, Jod, Fluor und viele andere werden von den Bodenlebewesen aus den Mineralien aufgeschlossen und sind für das Pflanzenleben unentbehrlich. Obwohl sie nur in winzigsten Mengen vorkommen, sozusagen in homöopathischen Potenzen, sind sie vor allem für die Gesundheit der Pflanzen von großer Bedeutung. Es hat sich zumindest immer wieder gezeigt, daß ihr Fehlen zu Krankheiten und Mangelerscheinungen führt. Für eine vorsorgliche Versorgung des Bodens mit Spurenelementen eignen sich alle Gesteinsmehle, wie Basalt- oder Lavamehle, Tonminerale (Bentonit) und Algenkalke, in denen sie vielfältig enthalten sind. Über eine Blattdüngung mit Algenpräparaten werden sie von der Pflanze sehr gut aufgenommen. Natürlich sind sie in einem gut gepflegten Kompost immer zahlreich vorhanden.

Das Vermögen mehren

Je frostiger der Januar,
desto freundlicher das ganze Jahr

Auch wenn wir während des Sommers das Wachsen und Gedeihen unterstützend begleitet haben und es an sinnvoller und gewissenhafter Pflege nicht haben fehlen lassen, ist der Reichtum eines humosen Bodens, den es zu erhalten und womöglich zu mehren gilt, doch um einiges zusammengeschmolzen. So ist zwischen Herbst und Winter, nachdem die letzten Ernten eingebracht sind, der rechte Zeitpunkt gekommen, um das Kapital wieder aufzustocken, damit es bis zum Frühjahr reichlich Zinsen tragen kann. Von der Vorsorge, den Boden zu lockern und vor Kälte, Wind, Regen und Auswaschungen zu schützen, Nahrungsstoffe festzuhalten und weitere einzubringen, ihm Ruhe und Erholung zu gönnen, hängt weitgehend der Gewinn und Erfolg des nächsten Gartenjahres ab.

Gründüngung für den Bodenaufbau

In der Regel werden wir die Beete in einem erfolgreich bewirtschafteten Garten bis in den Spätherbst und, wo es möglich ist, auch darüber hinaus mit geeigneten Kulturen bestellen. In Gärten, die neu angelegt werden, sich noch im Aufbau befinden oder für eine naturgemäße Anbaumethode umgestellt und saniert werden sollen, ist es sinnvoll, die Entwicklung durch bodenverbessernde Maßnahmen zu unterstützen und zu beschleunigen. Besser als eine mühevolle Bodenbearbeitung ist in diesen Fällen die Einsaat einer Gründüngung nach der Faustregel: Blatt düngt, Wurzel lockert. Neben einer Anreicherung des Nährstoffhaushaltes mit organischer Substanz und, zum Teil, mit einer Menge Stickstoff, vermögen entsprechend ausgewählte Pflanzenarten die Bodenstruktur tiefgründig zu verbessern, schwere Böden aufzulockern und leichte fester zu fügen, sowie ganz allgemein die Bodenfruchtbarkeit und Bodengesundheit nachhaltig anzuheben.

Wir unterscheiden hauptsächlich drei Arten von Gründüngungspflanzen: Leguminosen (Schmetterlingsblütler), Kreuzblütler und Grasgewächse (Winterroggen).

Leguminosen. Vorzuziehen sind Leguminosen (Kleearten und Hülsenfrüchte), da sie den Boden nicht nur schonen, sondern ihn auch noch mit wertvollem Stickstoff anreichern.

Kreuzblütler. Vornehmlich durch den Gelbsenf vertreten, sind Kreuzblütler insofern problematisch, als sie, mit allen Kohlarten verwandt, die gefürchtete Kohlhernie verbreiten und durch wiederkehrende Aussaaten „seßhaft" machen können, zumal die Erreger über viele Jahre im Boden verbleiben. In gefährdeten Böden, die unter Kalkschwäche leiden oder bereits infiziert sind, ist der Anbau grundsätzlich zu vermeiden. Außerdem sind sie Starkzehrer und werden, im Gegensatz zu den Leguminosen, kaum etwas zur „Düngung" beitragen, sondern sich eher noch am Dauerhumus gütlich tun.

Winterroggen. Von den Grasgewächsen hat der Winterroggen eine besondere Stellung. Da er in der Lage ist, organische Substanzen gänzlich abzubauen und den Boden stark zu durchwurzeln, eignet er sich vortrefflich als Vorfrucht (in dem der Aussaat vorausgehenden Jahr) für Möhren, die keine organischen Stoffe mögen und einen tiefgründigen Boden schätzen. Überdies durchbricht er, da er nicht mit den üblichen Gemüsearten verwandt ist, das Einerlei der Fruchtfolge. Die willkommene Abwechslung tut dem Boden außerordentlich wohl.

In der Anbauphase werden durch die tiefe Durchwurzelung des Bodens Nährstoffe festgehalten und am Auswaschen gehindert sowie Mineralstoffe aus tieferen Schichten gelöst und aufgeschlossen. Die geschlossene Pflanzendecke schützt die Oberfläche vor Kälte, unterdrückt Unkraut; darunter bleibt die Erde feucht, warm und locker und bietet so den Bodenorganismen ideale Lebensbedingungen.
Nachdem die oberirdischen Pflanzenteile entweder abgefroren oder geschnitten und gemulcht bzw. leicht eingearbeitet sind und auch die Wurzelmasse einer reifen Pflanze 3- bis 4fach umgesetzt worden ist, werden in der eigentlichen Düngungsphase die Umsetzungsvorgänge durch das reiche Angebot an organischer Substanz stark gefördert. Die verrottenden Wurzeln hinterlassen Gänge und Hohlräume, die den Boden lockern, lüften und die Wasseraufnahme und -führung verbessern. Die zunehmende Belebung des Bodens begünstigt die Nährstoffverfügbarkeit unserer Kulturen.

Gründüngung mit einjährigen Pflanzen

In der Regel werden wir die Gründüngung nach dem Abernten der Hauptkultur mit einjährigen Pflanzen einbringen, die im Winter abfrieren. Bis zum Frühjahr sind dann gewöhnlich Blätter und Wurzeln so weit verrottet, daß wir uns ohne weiteres um frühzeitige Aussaaten kümmern können. Andererseits eignet sich die Gründüngung auch als Vorfrucht für die Beete, die erst nach den Eisheiligen bepflanzt werden sollen. Wo es mit der Fruchtbarkeit noch hapert, ist eine durchgehende Kultur mit winterharten Gründüngungs-Pflanzen zu empfehlen. In diesem Fall und bei der Vorkultur werden die Pflanzen zur Aufbereitung der Beete nur abgehackt oder abgeschnitten, so daß die Wurzeln (und die Knöllchenbakterien der Leguminosen) im Boden bleiben. Die Blattmasse bleibt als Mulch liegen oder wird so flach eingearbeitet, daß noch reichlich Sauerstoff die Rotte einleiten kann. Bei einer reinen Leguminosen-Gründüngung machen wir nur den Platz für Setzlinge frei und lassen die Stickstoff-Sammler noch solange weiterwachsen, bis sie lästig werden oder zu blühen beginnen.

Ganz- und mehrjährige Gründüngung

Sie bietet sich zur Regenerierung und Belebung total übermüdeter, kranker und stark verdichteter Böden, etwa im Bereich eines Neubaues an. Haben wir es zudem mit schwerem Boden zu tun, ist es allemal besser, eine – womöglich sogar zweijährige – Gründüngungs-Kur zu verordnen, als sich mühsam jahrelang mit stauender Nässe und einem harten, toten Boden abzuquälen.
Vor der Aussaat wird der Boden gründlich gelockert. Während Gründüngungen als Vor- und ganzjährige Kultur ab Anfang April gesät werden, sollten sie als Nachkultur so zeitig wie möglich gesät werden, damit sich die Blatt- und Wurzelmasse bis zum ersten Frost gut entwickeln kann. Die Erträge sind am größten, wenn Ende Juli ausgesät wird, und werden mit späteren Aussaaten entsprechend kleiner. Es sollten sich auch noch reichlich Knöllchenbakterien ansiedeln können, die sich bei einigen Leguminosen erst kurz vor der Blüte zu bilden beginnen. Wir müssen uns natürlich nach der Ernte der jeweiligen Hauptkultur richten; nach der Septembermitte ist eine Aussaat jedoch kaum noch sinnvoll, es sei denn, wir wollten (bis Mitte Oktober) schnellwachsende Kreuzblütler, wie Gelbsenf und Ölrettich, oder gar Roggen säen, der auch noch im Winter weiterwächst. Eine Kompost-, Steinmehl- oder Bentonit-Gabe geben wir erst, wenn die Kulturen handbreit aufgewachsen sind und

die Wurzeln sich soweit entwickelt haben, daß sie die Mittel aufnehmen können und dadurch eine bessere Verbauung in die Gareschicht erreicht werden kann.

◣ Einjährige Gründüngungsarten

Ackerbohne *(Vicia faba* var. *minor)* Leguminose.

Buchweizen *(Fagopyrum esculentum)* Knöterichgewächs. Besonders geeignet für leichte, nährstoffarme Böden; Bienenweide.

Gelbsenf *(Sinapis alba)* Kreuzblütler. Nachfrucht bildet mehr Blattmasse, Vorfrucht geht schnell in Blüte über; Bodenbedeckung und Durchwurzelung schon im Keimblattstadium, aber nur bis 10 cm tief; verträgt Frost bis –7 °C; Lichtkeimer.

Lupine *(Lupinus)* Leguminose. Blaue oder schmalblättrige Arten *(L. angustifolius)* sind für kalkhaltige, gelbe *(L. luteus)* oder weiße *(L. alba)* für sandige, leicht saure Böden vorzuziehen.

Phazelia *(Phacelia tanacetifolia)* Wasserblattgewächs. Schnellwachsender Tiefwurzler; verträgt Frost bis –7 °C; vorzügliche Bienen- und Hummelweide.

Ölrettich *(Raphanus sativus* ssp. *oleiformis)* Kreuzblütler. Für verdichtete Böden und Neuanlagen gut geeignet; tiefgehende Wurzeln, rasche Entwicklung, robust.

Platterbse *(Lathyrus cicera)* Leguminose. Weitverzweigtes Wurzelwerk, 20 cm hoher, niederliegender Wuchs.

Puffbohne *(Vicia faba)* Leguminose. Vornehmlich als Vorfrucht in der Beetreihe der späteren Hauptkultur (Kohlarten) anzubauen; Aussaat bereits im Februar, 8–10 cm tief; lange Pfahlwurzel, früher Stickstoff-Sammler.

◣ Winterharte Gründüngungsarten

Zu den winterharten Gründüngungs-Gewächsen zählen auch solche, die wir gleichzeitig als wohlbekannte Gemüse genießen können. Allerdings sind sie alle mehr oder weniger starke Zehrer, so daß sie sich eher als bodendeckende Zwischenfrucht und Untersaat für weitständige Kulturen eignen. Auch als den Winter überdauernde Nachfrucht haben sie lediglich eine bodenbedeckende Wirkung und kommen eigentlich nur in

Frage, wenn wir auf das Gemüse Wert legen und der Boden so fruchtbar ist, daß er die Anforderung ohne große Verluste übersteht.

Feldsalat *(Valerianella locusta)* Baldriangewächs. Nach September gesät, bleibt er klein und schießt bald, wenn er im Frühjahr weiterwächst.

Spinat *(Spinacea oleracea)* Gänsefußgewächs. Für Winterernte Aussaat September/Oktober; als „Hauptkultur", im Frühjahr und Spätsommer gesät, lockert er mit weichen, leicht verrottenden Wurzeln den Boden.

Steinklee *(Melilotus alba)* Leguminose, mehrjährig. Die ideale Gründüngungs-Pflanze für Neuanlagen mit verdichtetem Boden, wenn sie zwei Jahre durchwachsen kann: Durchwurzelung bis 5,00 m Tiefe, Höhe bis 2,00 m mit sehr viel Grünmasse; die Blüte im 2. Jahr ist eine hervorragende Bienenweide; nach dem 2. Jahr unter dem Wurzelhals abhacken.

Winterraps *(Brassica napus* ssp. *napus)* Kreuzblütler. Friert zwar ab, treibt aber wieder aus, wenn es wärmer wird; nach 100 Tagen bereits etwa 2,50 m tief wurzelnd; Mischung mit 5 Teilen Inkarnatklee ergibt viel Wurzelmasse.

Winterroggen *(Secale cereale)* Grasgewächs. Nur als Nachfrucht geeignet; starke Bodendurchwurzelung, Konkurrenzkraft gegen Unkräuter (sogar Quecke).

Winterportulak *(Montia perfoliata)* Portulakgewächs. Nachfrucht oder Untersaat; kann mehrmals geschnitten werden.

◣ Mischungen

Fertige Mischungen haben den Vorteil, daß sich die besonderen Eigenschaften einzelner Pflanzen ergänzen und dadurch einen vielseitigen Wirkungsbereich umfassen. So wird zum Beispiel durch eine Klee-Gras-Mischung sowohl Stickstoff gespendet als auch der Boden kräftig durchwurzelt.

Alexandriner-Perserklee-Mischung (Leguminosen). Abfrierend; als Nachsaat geeignet, bei ganzjähriger Kultur (Blütenparzelle, Seite 93) mit Kali nachdüngen; viel Grünmasse, die wöchentlich geschnitten werden kann, späte Stickstoff-Sammler (verhältnismäßig kurz vor der Blüte).

Landsberger Gemenge (Winterwicken, Inkarnatklee, Weidelgras). Winterhart; Nachsaat oder ganzjährig; sehr gute Stickstoff-Sammler, viel Wurzelmasse, 65 cm tief wurzelnd; vor der Blüte des Grases mähen, sonst Verunkrautungs-Gefahr.

Rothenburger Gemenge (Futtererbsen, blaue und weiße Lupinen, Winter- und Sommerwicken). Teilweise abfrierend; Vor- und Nachfrucht; viel Grünmasse und stickstoffsammelnde Tiefwurzler.

Wickroggen (Winter- oder Zottelwicken und Winterroggen). Winterhart; sehr gut für Bodensanierung geeignet: Herbstsaat bis zum Sommer stehen lassen; besonders feinverzweigtes und tiefreichendes Wurzelwerk lockert auch schwere Böden; es empfiehlt sich, die sich langsamer entwickelnden Wicken 3–4 Wochen vor dem Roggen zu säen.

Investitionen, die sich lohnen

Falls wir auf die Hilfestellung durch eine Gründüngung verzichten können, versorgen wir das Gemüseland für den Winter.

Ein Gemüsegarten, dessen Beete gänzlich geräumt sind, läßt sich gründlicher versorgen als wenn hie und da noch Winterkohl übrigbleibt, der besser aufgehoben ist, wenn er leicht zugänglich gelagert wird. Auch der Wintersalat fühlt sich im Frühbeet wohler. Eine „freie Bahn" erleichtert ein zügiges Arbeiten, denn die herbstliche „Kampagne" erfordert den vollen Einsatz, zumal noch als abschließender Höhepunkt der gärtnerischen Betriebsamkeit das Aufsetzen eines neuen Komposthaufens bevorsteht.

◣ Strukturverbesserung

Bevor wir zur Grabegabel greifen, sollten wir die günstige Gelegenheit wahrnehmen und etwas für eine Strukturverbesserung tun. Auf schweren Böden bringen wir, und zwar Jahr für Jahr, zur Lockerung und besseren Durchlässigkeit eine etwa fingerdicke Schicht gewaschenen Sand auf; zuviel des Guten wirkt sich allerdings wie ein Fremdkörper im Gare-Milieu aus. Auf sandigen Böden verbessert eine Gabe Bentonit die Bindigkeit. Lockern wir anschließend den Boden (ohne ihn zu wenden) mit der Grabegabel, fällt ein Teil des Sandes beziehungsweise des Tonminerals in die Bruchstellen, ein anderer bleibt auf der Erde liegen. Wenn wir im Frühjahr die Beete aufbereiten, werden die Anteile eingearbeitet und mit der Erde durchmischt.

◣ Umgraben?

Ein regelrechtes Umgraben mit dem Spaten macht nur Sinn, wenn ein toniger Boden bei Neuanlage noch roh, zäh und verschlossen ist. Falls wir nicht eine zweijährige Gründüngung vorziehen, können wir schwerere Böden auch noch im zweiten Jahr umspaten, um sie in Bewegung zu bringen. Auch der Frost kann Mineralstoffe aufschließen. Mit der vielgerühmten „Schollen-Mürbe" ist es jedoch nicht weit her, denn der nächste Regenguß verschlemmt den Boden wieder zur alten Bindigkeit. Dagegen zerstören wir beim regelmäßigen Umgraben zu einem großen Teil die sich aufbauende Gareschicht, indem die sauerstoffliebenden Humuserzeuger beim Wenden der Scholle in die sauerstoffarme Tiefe stürzen, wo sie umkommen. Nehmen wir also lieber die Grabegabel, stechen sie senkrecht in den Boden und hebeln eine verhältnismäßig kleine Scholle hoch. So wird die Erde gut durchlüftet und gelockert und die wertvolle Gare bleibt erhalten.

Mit Ausnahme des Winterroggen-Beetes, das wir ihm nächsten Jahr mit Möhren bestellen, wird nun der Kompost aufgetragen, der nicht unbedingt den letzten Reifegrad erreicht haben muß. Die Menge richtet sich nach dem Bodenzustand. Im allgemeinen genügt ein halber Eimer voll auf eine Beetfläche von 1 m². Dann ist das Beet einigermaßen bedeckt. Es darf natürlich auch mehr sein, wenn der Boden es wünscht und der Komposthaufen groß genug ist. Sollten wir andererseits in Verlegenheit geraten, weil der Vorrat nicht einmal für die Mindestversorgung ausreicht, sind „Hilfsdünger" eine mögliche

Ergänzung, aber mit Maßen ausgebracht. Eine Handvoll auf 1 m² genügt jeweils. Von den „Hochprozentigen" streuen wir allenfalls (halb soviel) Hornspäne, die relativ langsam abgebaut werden. Als tierische Komponente eignet sich strohfreier Kleinvieh-Mist von Hühnern oder Kaninchen. Auch hier gilt die Losung: „weniger wäre mehr".

Wenn die Nächte schon kalt werden, können wir mit einer Baldrian-Spritzung die Bodenwärme (zugunsten einer regen Tätigkeit des Bodenlebens) länger erhalten. Sie regt zudem die Vermehrung des Regenwurmes an, der gerade im Herbst und im zeitigen Frühjahr besonders aktiv als Bodenbereiter tätig ist. Die biologisch-dynamisch arbeitenden Hausgärtner werden die letzte Hornmist-Spritzung (siehe Seite 10) ausbringen, die in besonderer Weise das Bodenleben ermuntert, den Kompost in die Gareschicht einzubinden.

Winterschutz

Eine Winterdecke ist nun unumgänglich, um das kostbare Gut, unter anderem vor Kahlfrösten, zu schützen. Sie liefert gleichzeitig Futter für die Unermüdlichen. Dafür verwenden wir alle Gartenabfälle, die im Herbst besonders reichlich anfallen. Grobes, wie Kohlstrünke, muß gehäckselt werden. Faustdick sollte der Mulch aufgetragen werden, aber der Boden muß noch atmen können. Große Blätter pappen zusammen, wenn sie naß werden. Schon eine dünnere, verklebte Laubschicht nimmt allem, was unter ihr lebt, die Luft zum Atmen. Also häckseln wir auch das Laub oder mähen, wenn das letzte Blatt auf den Rasen gefallen ist, noch einmal mit einem Fangkorb. Mit diesem Gemengsel gewinnen wir eine Mulchdecke, die einen noch so langen Winter zu überdauern vermag und im Frühjahr gänzlich aufgezehrt ist: es gibt keine bessere.

Gerbsäurehaltiges Laub von Walnuß, Eiche oder Holunder ist als Abdeckung, zumindestens auf Sandböden, weniger geeignet, da es den Boden versauern kann. Auch auf frischen Sandböden einer Neuanlage sollten wir vorerst keine Winterdecke aufbringen. Solange noch nicht genügend Humus vorhanden ist, der Nässe aufzunehmen vermag, besteht die Gefahr, daß frei werdende Mineralstoffe ausgewaschen werden. Bis der Boden an pufferndem Humus gewonnen hat, wäre es sinnvoller, eine Gründüngung einzusäen.

Zu guter Letzt überstreuen wir alles mit Steinmehl; nicht zu dick, damit es nicht beim nächsten Regen luftdicht verschlämmt. Das verhältnismäßig schwere Steinmehl verhindert nicht nur das Verwehen der Blätter, sondern verbindet sich vor allem mit den aus dem (frischen) Mulch freiwerdenden Säuren zu den hochwertigen Ton-Humus-Komplexen. Eine Abdeckung aus Stroh ist wegen des Mangels an Säuren weniger zu empfehlen. Außerdem braucht es zum Abbau Stickstoff, den wir lieber für ein freudiges Wachsen der nächstjährigen Kulturen aufheben.

In dem Bewußtsein, den Garten bestens versorgt zu haben, dürfen wir uns, sobald auch der neue Komposthaufen bewältigt ist, besten Gewissens geruhsame Wintermonate gönnen. Wir stehen am Anfang eines neuen, erfolgversprechenden Gartenjahres.

„*Im Märzen der Bauer...*"

Je nasser ist der Februar,
desto nasser wird das ganze Jahr

Schon bevor der Bauer seine Rößlein anspannt, überfällt uns, da Winterjasmin, Zaubernuß, Kornelkirsche und Hasel blühen, Schneeglöckchen und Winterlinge die ersten Farbtupfer setzen und die Tage merklich länger werden, die Unruhe des passionierten Gärtners.

Wenn wir bereits am Ostersonntag eigenen Kopfsalat zum festlichen Braten genießen möchten, müßten wir ihn spätestens am Faschingsdienstag säen können. Geeignete Mittel und Einrichtungen, die Schutz gegen Kälte und miserables Wetter bieten oder deren Wärmequelle uns die kalte Jahreszeit vergessen und frühe Ernten erwarten lassen, sind Folien und Vliese, Folientunnel, Frühbeete oder ein heizbares Klein-Gewächshaus. Während Folien, Vliese und Folientunnel nur vorübergehend eingesetzt werden, um Freilandkulturen vor unwirtlichen Wetterlagen zu schützen und Wachstumsstauungen zu vermeiden (S. 85 ff), sind das Frühbeet und das Klein-Gewächshaus feste Einrichtungen, die das ganze Jahr genutzt werden können. Abgesehen davon, daß das beheizte „Hochglas" nicht ganz billig ist, wird die Bodenfläche für einen Gemüseanbau in der Regel zu klein sein, wenn das Haus in verschiedenen Ebenen für Liebhaber-Kulturen eingerichtet wird, was ja zumeist der Fall ist, oder wenn dort, wenigstens teilweise, Tomaten oder Schlangen-Gurken gezogen werden. Dagegen eignet es sich natürlich ausgezeichnet für Aussaaten und Anzuchten von Jungpflanzen.

Ein Frühbeet für zeitige Ernten

Wenn's der Hornung (Februar) gnädig macht,
bringt der Lenz den Frost bei Nacht

Das Frühbeet, der Traum jedes zünftigen Haus-Gärtners, ermöglicht eine ganzjährige Gartensaison mit reichen Ernten, deren ansehnliche Früchte besonders zart sind und sich durch ein vorzügliches Aroma auszeichnen. Als warmer Kasten ist es ein idealer Standort für Pflanzen, die außerhalb ihrer natürlichen Jahreszeit gezogen und entsprechend früher geerntet werden können (wie unser österlicher Kopfsalat). Es eignet sich ebenso hervorragend für die Aussaat und die Anzucht von Setzlingen, die erst nach den Eisheiligen ausgepflanzt werden können, wie für Kulturen im empfindlichen Stadium, die des Schutzes vor Kälte, Wind, Regen und Schnee bedürfen. Darüber hinaus läßt es sich gut für den Anbau zarter Sommer-Gemüsearten verwenden, die einen besonders humusreichen Boden lieben, wie er eben nur im Frühbeet anzutreffen ist. Und nicht zuletzt können wir über den Winter schneefrei Salatgemüse kultivieren, Chicorée treiben und Gemüse, die weniger frostempfindlich sind, einlagern.

Ehe wir aber zur Tat schreiten, müssen wir bedenken, daß ein Frühbeet aufmerksam gewartet werden muß, weshalb es auch nicht allzu weit vom Wohnhaus entfernt liegen sollte, geschweige denn in einem Schrebergarten angelegt werden kann. Die sorgsame Überwachung und Pflege zu bestimmten Tageszeiten setzen voraus, daß man reichlich Zeit und Neigung hat oder im Notfall zuverlässige Hilfskräfte einspringen können.

In einem Warmbeet laufen die Wachstum-Prozesse zügiger und intensiver ab. Um so schneller reagieren die Pflanzen auch auf unverträgliche Klimalagen, die wegen des geringen Luftraumes rasch und häufig auftreten können. Durch übermäßige Wärme in lichtarmer Zeit kann sich zudem Nitrat in den Pflanzen anreichern. „In jeder Stunde das ganz gehörige zu tun", wird von dem Frühbeet-Gärtner besonders dann verlangt, wenn sich das Wetter launisch gebärdet, wie es ja vornehmlich im April der Fall ist.

Dennoch: die Vorzüge überwiegen deutlich, zumal die Anschaffung gegenüber einem Klein-Gewächshaus unvergleichlich kostengünstiger ist.

Kastenbau und Packung

Es gibt im Handel komplette Frühbeetkästen in verschiedenen Ausführungen. Sie werden aus Aluminium, pflegeleichten Kunststoffen oder Holz mit dazugehörigen lichtdurchlässigen Kunststoff-Fenstern hergestellt und als Einzelkästen oder aneinanderzureihende System-Elemente angeboten. Üblicherweise werden sie als kalte Kästen verwendet, die, auf den Boden gestellt, die Pflanzen mehr vor den Witterungs-Unbilden des Frühjahrs schützen als daß sie an kalten Tagen des ausgehenden Winters nachhaltig Wärme speichern. Den gehobenen Ansprüchen eines ambitionierten Hausgärtners, der bereits Ende Februar zur Samentüte greift, werden diese mehr für den Hobby-Gärtner gedachten Erzeugnisse, die obendrein noch recht teuer sind, wohl kaum gerecht.

Mangels geeigneter Einrichtungen, die uns alle Wünsche erfüllen, gehen wir also am besten selbst ans Werk. Der Bau eines warmen Kastens

Eine Lage Blähton im Frühbeet ist weniger aufwendig als eine wiederholte Mist-Packung; Pfosten aus verzinkten Eisenprofilen erleichtern die Erneuerung lädierter Kastenbretter.

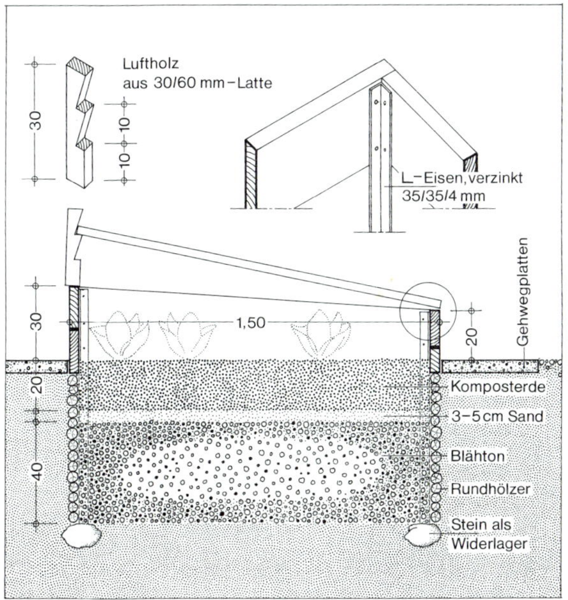

ist nicht allzu schwierig. Zunächst müssen wir natürlich den geeigneten Platz gewählt haben. Das Frühbeet sollte möglichst in Ost-West-Richtung angelegt werden, so daß die nach Süden geneigten Fenster von morgens bis abends volles Sonnenlicht bekommen können, ohne daß Gebäude, Bäume oder Sträucher im Wege stehen. Günstig liegt die Anlage neben den Komposthaufen, dem Arbeitsplatz mit den Geräten und den Wasser- und Jauchetonnen, also dort, wo wir uns ohnehin am häufigsten aufhalten.

Die Grube für die Wärmepackung wird 60 cm tief und 1,50 m breit ausgehoben. Die Länge richtet sich nach der gewünschten Anbaufläche. Die Teile des Kastenrahmens aus 38 mm starken gehobelten Bohlen lassen wir uns beim Kauf in der Holzhandlung oder im Sägewerk nach Angabe zuschneiden. Sie werden in den Kastenecken mit Vierkanthölzern verbunden, die gleichzeitig, bis auf den Boden der Grube reichend, den Rahmen stabilisieren. Die oberen (nördlichen) Bretter stehen etwa 30 cm, die unteren etwa 20 cm über dem Erdreich, so daß die aufgelegten Fenster zur besseren Sonneneinstrahlung und zum Ablaufen des Regenwassers geneigt sind. Das Holz wird entweder mit pflanzenfreundlichem Bio-Asphalt oder durch einen mehrmaligen Leinöl-Anstrich ausreichend imprägniert. Erfahrungsgemäß können wir mit einer Haltbarkeit von etwa 15 Jahren rechnen. Um bei längeren Kästen einem Erddruck auf die Längsseiten entgegenzuwirken, empfiehlt es sich, nach jeweils zwei Fenstern am oberen und unteren Rahmenbrett ebenfalls Vierkant-Pfosten anzubringen, die sowohl auf dem Boden als auch oben mit 30/60 mm-Dachlatten über die ganze Breite verbunden werden. Anstelle der Hölzer kann man auch verzinkte Eisenstäbe verwenden, in den Ecken Winkeleisen und an den Längsseiten T-Eisen, die am Boden auf Steine gesetzt werden, damit sie nicht in das Erdreich rutschen. Sie überdauern auch eine Erneuerung des Rahmens, der sich auf diese Weise wesentlich leichter montieren läßt. Vollends wird eine dauerhafte Festigkeit erreicht, wenn die Wände durch Rundhölzer verriegelt werden. Das verhindert gleichzeitig das Nachrutschen des Erdreiches bei sandigen Böden während des Auswechselns der Packung und das Eindringen von Maulwürfen und Wühlmäusen.

Die Fenster besorgen wir uns beim Gärtnereibedarf. In der Regel werden zwei genormte Größen gehandelt: 150 x 100 cm oder 150 x 80 cm, das sogenannte „Holländer-Fenster". Vor dem Bau des Frühbeetes sollte man sich erkundigen, welche Größe vorrätig ist, damit entsprechend der Fensterbreite die Länge des Frühbeetes bestimmt werden kann. Auf jeden Fall wählen wir Fenster mit imprägnierten Holzrahmen, die leichter sind und sich harmonischer in die Garten-Umwelt einfügen. Sie halten sehr lange, da sie ja im Sommer nicht gebraucht werden.

Die warme Packung

Das Packen ist eine Kunst, die erlernt sein will. Das beste Packmaterial ist Pferdemist, etwa eine Woche alt, damit er nicht zu hitzig wirkt. Falls noch vorhanden, kommt zunächst zur Isolierung gegen das Erdreich eine Lage Laub auf den Boden der Grube. Dann wird der Mist mit der Gabel Lage für Lage (besonders an den Rändern) gleichmäßig, dicht und fest gepackt, bis er auf der ganzen Fläche eine ausgeglichene Höhe von etwa 40 cm erreicht hat. Je gleichmäßiger wir den Mist packen, desto gleichmäßiger setzt er sich, wenn er sich erwärmt. Die Wärme entwickelt sich besser, wenn wir vorläufig für ein paar Tage die Fenster auflegen und sie warm abdekken. Danach wird die Packung noch einmal leicht, wenn sie sehr strohhaltig ist, kräftiger festgetreten.

Eine weitere Lage Laub bewirkt, daß eine zu schnell sich entwickelnde Wärme gepuffert wird und länger anhält. Auf die Laubschicht wird nun 20 cm hoch Komposterde aufgebracht, die sich aus mindestens einem Drittel ausgereiften Kompost und zwei Dritteln guter, lehmhaltiger Gartenerde mit reichlich Sand zusammensetzt und mit Algomin, Holzasche und Gesteinsmehl angereichert wird. Nach weiteren ein bis zwei Tagen hat sich die Erde bei aufgelegten Fenstern (mit Lüftungsspalt) soweit erwärmt, daß mit dem

Betrieb des Frühbeetes begonnen werden kann.

Zugegeben: der Aufwand für ein Mistbeet ist, auf die Dauer gesehen, nicht ganz unerheblich. Zunächst müssen wir erst einmal eine Pferdehaltung auftreiben. Der Mist muß beigefahren werden. Die Packung ist schon schwierig und auch beschwerlich. Aber noch mühsamer ist (Jahr für Jahr) das Räumen des Beetes, bevor die neue Packung eingebracht wird. Es muß auch genügend Platz für die vorübergehende Lagerung der Komposterde während des Wechsels und für die Deponie des alten Mistes vorhanden sein. Allerdings darf nicht unerwähnt bleiben, daß letzterer ein vorzügliches Material für einen besonders guten Kompost ergibt. Der bereits weitgehend verrottete Mist entwickelt sich, mit weiteren Pflanzen- und Küchenrückständen aufgesetzt und den biologisch-dynamischen Präparaten versorgt, im Laufe eines Jahres zu einem völlig ausgereiften Kompost, so daß er sich im nächsten Frühjahr vortrefflich zur Erneuerung der Frühbeeterde und als Drillkompost zum Säen und Pflanzen verwenden läßt.

Blähton statt Mist

Eine echte Alternative zur Mistpackung hat sich hervorragend bewährt: Nach jahrelangen Mühen mit der klassischen Methode wurde in den „Heizraum" Blähton eingefüllt. Bei einer Neuanlage würde eine Schütthöhe von 30 cm genügen. Auf den Blähton kommt eine fingerdicke Lage Sand, der sich in den oberflächigen Zwischenräumen der Kügelchen so versetzt, daß die Erde nicht in die Tiefe sickern kann. Wenn bereits Anfang Februar die Fenster aufgelegt werden, erwärmt sich an sonnigen Tagen nicht nur die schwarze, die Sonnenwärme anziehende Erde, sondern weitgehend auch der Blähton, der eine hohe Speicherkapazität besitzt. Zur Wärmehaltung wird der Kasten nachts und an kalten, sonnenarmen Tagen warm abgedeckt. So erreichen wir, vielleicht mit einer leichten Verzögerung, den gleichen frühen Saat-Termin wie beim Mistbeet mit der notwendigen Bodentemperatur von 14 °C (messen!).

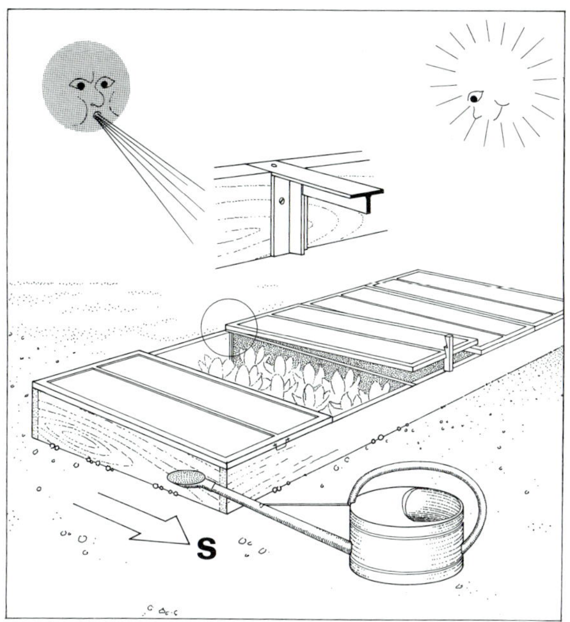

Der Kasten neigt sich am besten nach Süden; gelüftet wird immer nur „mit dem Wind"; zum richtigen Gießen eignet sich vortrefflich eine 5 Liter-Frühbeetkanne mit Flachbrause.

Die dauerhafte Einrichtung, die keines weiteren Arbeitsaufwandes mehr bedarf, hat noch den Vorteil, daß der Blähton die gespeicherte Wärme, die ja immer wieder aufgeladen wird, sehr gleichmäßig abgibt. Dadurch werden kritische Situationen vermieden, die bei der hitzigeren Entwicklung des Pferdemistes entstehen können, wenn in ungünstigen Lagen und Jahren Väterchen Frost längere Zeit auch am Tage regiert und die Fenster geschlossen bleiben müssen. Und noch ein Plus gibt es: falls die Ernte des überwinterten Feldsalates sich bis in den März hineinziehen sollte, kann er noch stehen bleiben, während wir schon einen kleineren Teil des Beetes für die ersten Aussaaten herrichten.

Die Wirksamkeit kann noch durch das Verlegen eines Heizkabels auf den Blähton verbessert werden. Den Komfort einer Frühbeetheizung könnten wir uns wenigstens für einen Teil einer Anlage leisten. Mit Thermostat, Regler und Nachtabsenkungen können wir den Winter vorzeitig beenden und den Betrieb wesentlich erleichtern.

Handhabung, Pflege und Betreuung

Sobald die in Reihen gesäten Radieschen und der zunächst in Saatschalen ausgebrachte Samen für den Kopfsalat unter (verdunkelten) Fenstern aufgelaufen sind, beginnt das Abenteuer „Frühbeet", das Miteinander mit den heranreifenden Früchten, deren Wachsen und Gedeihen wir mit all unserem Zutun und unserer ganzen Hingabe erwartungsvoll begleiten.

An der Bildung des Kleinklimas sind Bodenwärme, Sonnenlicht und -wärme, die Außentemperatur und Erdfeuchtigkeit beteiligt. Diese Elemente so in Einklang zu bringen, daß im Kasten gedeihliche Verhältnisse entstehen und erhalten bleiben, ist die besondere Aufgabe des Frühbeet-Gärtners. Wann zur rechten Zeit gelüftet, schattiert und gewässert werden muß, verlangt nicht nur praktische Übung und Erfahrung, sondern wir müssen uns in die Bedürfnisse der Pflanzen hineindenken können. Selten gelingt das auf Anhieb. Bis wir das Geschehen in den Griff bekommen haben, nehmen wir ein Thermometer zu Hilfe: der optimale Temperaturbereich liegt bei 18 °C.

Aber ab 15 °C muß bereits gelüftet werden. Denn ebenso wichtig wie eine dem Wachstum angemessene Wärme ist die frische Luft, damit die Pflanzen stämmig und robust heranwachsen. Nur Gurken lieben eine schwüle Atmosphäre. Kopfsalat ist von der Kopfbildung an ausgesprochen empfindlich gegen eine zu hohe Luftfeuchtigkeit. Bei Sonne und niedrigen Außentemperaturen sollten wir eher mit Schattenleinen schattieren als zuviel lüften.

Das Lüften geschieht am besten mit einem Luftholz, einem etwa 30 cm langen Vierkantstab, in den mit Abstand zwei Kerben eingeschnitten sind. Zunächst flach unter das Fenster gelegt, wird es bei steigenden Temperaturen hochgestellt, so daß die Fensteröffnung durch stufenweises Verstellen der Wärmeentwicklung angepaßt werden kann. Wichtig ist, daß wir vor dem Lüften (im Zweifel mit dem feuchten Finger) die

Windrichtung ausmachen, um die Fenster so zu stellen, daß der Wind nicht hineinwehen kann. Zugluft kann für die Pflänzchen tödlich sein. An wärmeren Sonnentagen können wir die Fenster vorübergehend abnehmen. Im April tut den Pflanzen bei erträglichen Temperaturen auch ein leichter Regen gut. Es kommt immer darauf an, abrupte Klimawechsel zu vermeiden. Auch vor dem Auspflanzen müssen wir die Jungpflanzen langsam an das Freilandklima gewöhnen und sie durch täglich längeres Lüften während einer Woche abhärten, ehe wir die letzten zwei bis drei Tage die Fenster ganz abnehmen, um anschließend auspflanzen zu können, ohne einen Wachstumsstau befürchten zu müssen.

Nachts muß das Frühbeet mit Strohmatten oder Decken eingepackt werden, damit die Wärme erhalten bleibt. Die zeitweise hohen Temperaturschwankungen zwischen Tag und Nacht würden den zarten Pflanzen unzuträglich sein. An kalten Tagen eignet sich für die Abdeckung besser eine lichtdurchlässige Luftpolster-Folie, damit die Pflanzen nicht durch die verdunkelnde Strohmatte vergeilen. Überhaupt ist die Folie vorzuziehen. Strohmatten halten nicht sehr lange und wenn sie naß werden, wärmen sie nicht mehr.

Gegossen wird mit Bedacht und temperiertem Wasser. Wir haben uns extra eine Frühbeet-Gießkanne mit Flachbrause zugelegt, die mit einem flachen, nur 5 Liter fassenden Behälter und langer Tülle leicht zu handhaben ist, während wir das Fenster an einer Seite (mit einer Hand) anheben. Aber ehe wir sie das erste Mal füllen, können Wochen vergehen. Die vorhandeene Bodenfeuchtigkeit reicht unter Umständen bis in den April hinein. Auch wenn später durch vermehrtes Lüften mehr Feuchtigkeit verdunstet, sollte sparsam mit dem Wasser umgegangen werden. Es ist besser, wenn die Erde obenauf leicht abtrocknet, als daß ständige Nässe Wurzelfäulnis und hohe Luftfeuchtigkeit Pilzbefall begünstigt. Vor allem muß alles gleichmäßig feucht sein. Am oberen Teil trocknet die Erde mehr aus, weil das gegen Süden gerichtete Brett sehr viel Sonnenwärme aufnimmt. Da dieser Teil also sehr viel mehr Wasser braucht, heben wir das Fenster beim Gießen an der unteren Seite an, so daß der Brauseguß leicht und reichlich bis zum Brett geführt werden kann, während der im Schatten des unteren Brettes liegende Teil ohnehin feuchter bleibt. Nach dem Gießen bleiben die Fenster zunächst geschlossen, bis sich nach der Abkühlung die Luft wieder erwärmt hat.

Gemüse rund ums Jahr

Damit sich der Arbeitsaufwand und die Mühen lohnen, das Frühbeet seinen Sinn und Zweck voll erfüllen und der Bedarf an früh reifenden Gemüsen befriedigt werden kann, sollte die Anlage groß genug sein. Für eine vierköpfige Familie sind acht (oder zehn holländische) Fenster zu veranschlagen, also acht laufende Meter Gemüse rund ums Jahr. Von den ersten Aussaaten bis zu den Ernten, die über den Winter hinausgehen, sind vielfache Nutzungen durch zu treibende, anzuziehende, wärme- und schutzbedürftige sowie humusliebende und solche Gemüsearten, die als Leguminosen im Fruchtwechsel-Rhythmus aufbauend wirken, möglich.

Sobald im Winter die Temperaturen über 0 °C steigen, muß gelüftet werden, um Fäulnis zu vermeiden. Mindestens legen wir das Luftholz flach unter das Fenster, an wärmeren Tagen stellen wir es entsprechend höher.

Der Start im Freiland

Wie das Wetter am Frühlingsanfang,
ist es den ganzen Sommer lang

Nun ist die Zeit, da hochgespannte Erwartungen die Pilz- und Läuseeinbrüche des letzten Jahres vergessen lassen und Unwetter und Trockenheit für ganz und gar unmöglich gehalten werden. Freilich mögen sich bei „alten Hasen" mit ihren Erfahrungen auch Zweifel einschleichen, aber

Frühbeetnutzung rund ums Jahr

Saison	Gemüseart	Nutzung oder Aussaat
Zeitiges Frühjahr (Februar–März)	Frühkartoffeln	Treiben
	Karotten	Treibsorte 'Pariser Markt'
	Kohlrabi	Treibsorten
	Kopfsalat	Treibsorten
	Radieschen	Treibsorten
	Rettiche	Treibsorten
	Porree	Jungpflanzenanzucht
	Möhren	'Nantaise'
	Spinat	bis zur Ernte
	Kresse	ganzjährig
Vorfrühling (März–April)	Artischocken	Jungpflanzenanzucht
	Auberginen	Jungpflanzenanzucht
	Kohlarten	Jungpflanzenanzucht
	Melonen	Jungpflanzenanzucht
	Neuseeländer Spinat	Jungpflanzenanzucht
	Paprika	Jungpflanzenanzucht
	Tomaten	Jungpflanzenanzucht
	Zucchini	Jungpflanzenanzucht
	Kastengurken	bis zur Ernte
	Mairüben	bis zur Ernte
	Radieschen	bis zur Ernte
	Schalerbsen	'Kleine Rheinländerin'
	Zuckererbsen	bis zur Ernte
Sommer (Mai–August)	Frühlingszwiebeln	Jungpflanzenanzucht
	Grünkohl	Jungpflanzenanzucht
	Artischocken	bis zur Ernte
	Auberginen	bis zur Ernte
	Melonen	bis zur Ernte
	Paprika	bis zur Ernte
	Zucchini	bis zur Ernte
Herbst (September–November)	Feldsalat	Aussaat August
	Mairüben	Aussaat August
Winter (Dezember–Februar)	Feldsalat	Aussaat Sept./Oktober
	Winterportulak	Aussaat Sept./Oktober
	Spinat	Aussaat Okt./Ernte März
	Chicorée	zum Treiben
	Löwenzahn	zum Treiben
	Möhren	zum Lagern
	Porree	zum Lagern
	Sellerie	zum Lagern

alle, die zum ersten Mal ihren Garten bestellen, sehen mit ungebrochener Zuversicht der Erfüllung ihrer Träume entgegen.

Säen und Pflanzen

Beginnen wir (nach der Ouvertüre im Frühbeet), ungeachtet dessen, was da kommen mag, mit den grundlegenden Gartenarbeiten, die uns noch das ganze Frühjahr beschäftigen werden: dem Herrichten der Beete, dem Säen, der Anzucht von Setzlingen und dem Pflanzen.

Wenn sich der Boden erwärmt

Das für das Gedeihen der Pflanzen unerläßliche Bodenleben erwacht erst mit zunehmender Wärme aus dem Winterschlaf. Leichte Böden mit hohem Sandanteil erwärmen sich schneller als schwere Lehm- oder gar Tonböden, die wesentlich länger naß und kalt bleiben. Es kommt auch auf das Klima an: im Südwesten wehen die lauen Winde oft schon im März, im kalten Norden manchmal erst im Mai. Im allgemeinen lohnt es sich, lieber zu warten. Ein zu früher Start kann sich über kümmerliches Wachstum, Krankheits- und Schädlingsanfälligkeit bis zur Qualitätsminderung und ungenügender Lagerfähigkeit auswirken. „Wie die Saat, so die Ernte." Für die Aussaat weniger kälteempfindlicher Gemüsearten, wie Puffbohnen, Schal- und Zuckererbsen, Möhren, Rettiche, Spinat und Steckzwiebeln, hat der Boden die richtige Saat-Temperatur, wenn die Salweide (Palmkätzchen) voll erblüht ist. Sobald die Forsythie blüht und das Stachelbeerlaub sich entfaltet, ist die Bodentemperatur hoch genug für Salat, Poree, Radieschen und Markerbsen. Allerdings muß die Krume abgetrocknet sein, was wir durch Lockern und Lüften des Bodens beschleunigen können.

Trittwege

Sind im Herbst die Trittwege zwischen den Beeten ebenfalls gelockert worden, müssen die Beete erneut abgeteilt werden. Bei schwereren Böden

ist das verhältnismäßig mühsam, wenn das Erdreich noch zu naß ist, wir aber andererseits die Wege brauchen, um rechtzeitig die Beete bearbeiten zu können. Unter den Schuhen wächst eher der Lehmklumpen, als daß ein rechter Weg getreten wird. Auch später taucht das gleiche Problem nach jedem stärkeren Regen wieder auf. Da geht es bequemer und sauberer zu, wenn die Wege befestigt sind. Ohnehin kommen sie ja jedes Jahr an die gleiche Stelle (es wird wohl niemand so töricht sein, die Beete immer wieder in anderer Weise anzuordnen), so daß die Bodenlockerung der Trittwege vernachlässigt werden kann.

Auf den Wegen verlegte Bretter haben den Vorteil, daß sie auch als Schneckenfallen verwendet werden können. Dreht man sie ab und zu um, kann man die kleinen Nacktschnecken absammeln, die sonst nur schwer zu finden sind. Aber selbst starke Dielen bleiben nur selten gut liegen. Je nach Witterung wölben oder werfen sie sich. Besser und billiger sind Roste, die wir aus vier, mit 2 cm Abstand nebeneinander liegenden, 24 x 48 mm starken Dachlatten herstellen. Die unterseitigen Querhölzer verankern sich im Boden. Selbst wenn sich die Zwischenräume im Laufe

Wegroste verhindern nach einem Regenguß auf schwerem Boden lehmverschmutzte Schuhe.

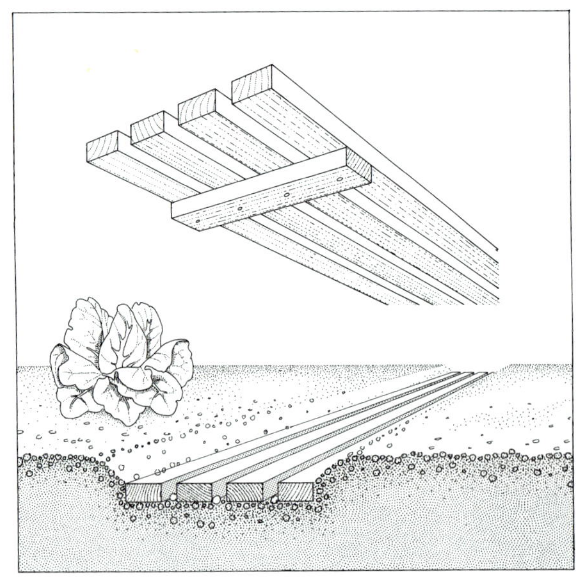

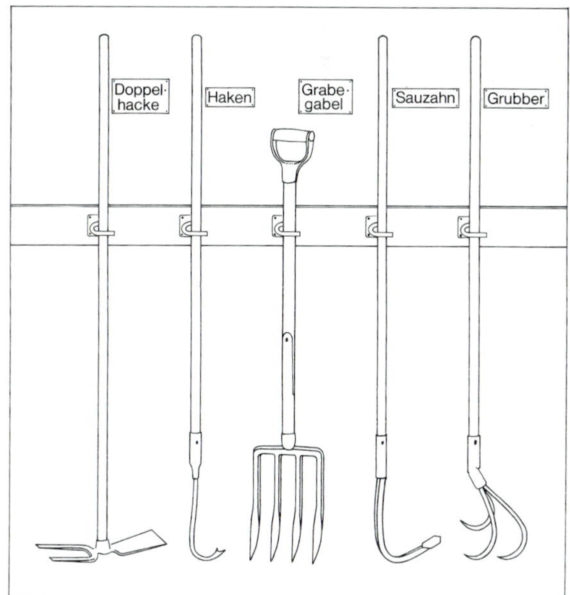

Handgeräte für die Bearbeitung des Bodens.

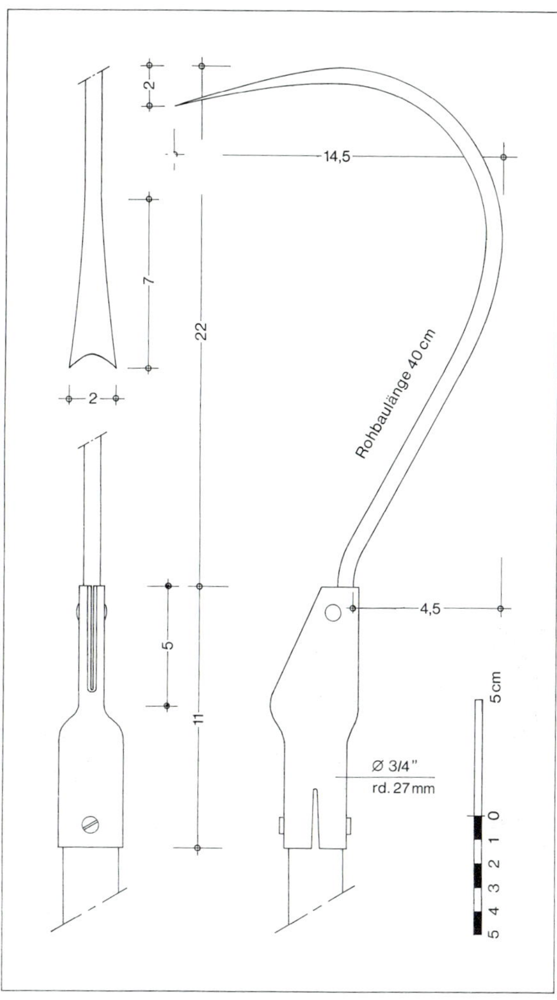

Fertigungsskizze „Schwalbenschwanzhaken".

der Zeit mit Erde zusetzen, können die Roste mit dem Spaten leicht saubergehalten werden. Die Nägel, mit denen die Querhölzer angenagelt sind, müssen gut versenkt werden, damit der Spaten beim Säubern nicht hängen bleibt. Kunststein-Platten sind am dauerhaftesten, aber in der passenden Breite von 25–30 cm oft nicht zu erhalten.

Auf den Beeten ist die schützende Mulchdecke überraschend schnell verschwunden, seit mit zunehmender Bodenwärme Regenwürmer und andere Bodenlebewesen ihre Tätigkeit wieder aufgenommen und den Mulch in wertvollen Humus umgesetzt haben. Noch verbliebene grobe Reste werden abgeharkt und auf dem Kompost-Sammelplatz gelagert. Es ist jedesmal ein Erlebnis, wie locker und krümelig der Boden ist, wenn wir ihn für die Aufnahme des Saatgutes herrichten.

Geräte für die Bodenlockerung

Hierfür eignet sich besser als die Hacke oder der Krail der sogenannte Sauzahn. Ziehen wir ihn in engen Abständen diagonal (in beiden Richtungen) durch das Beet, wird der Boden so aufge-

schlossen, daß Luft und Sonnenwärme bestmöglich einwirken können. Gegebenenfalls wiederholen wir den Vorgang von Tag zu Tag, bis das Erdreich oberflächlich gut abgetrocknet ist. Eine abschließende Gabe Gesteinsmehl, nicht zu dick über die Krume gestreut, fördert die Wärmeentwicklung.

Gut hat sich auch ein dem Sauzahn ähnelndes Gerät bewährt, das in gleicher Weise durch die Erde gezogen wird, in schwereren Böden jedoch leichter zu handhaben ist und durch seine vibrierende Eigenschaft eine Tiefen- und Breitenwirkung hat. Es besteht aus einem 7 mm starken Federstahl und hat am Ende des Hakens eine schwalbenschwanzförmig geschmiedete Schneide. Außer zur Aufbereitung der Beete läßt es sich ebenso trefflich zur Bodenlockerung zwischen dichter stehenden Pflanzenreihen verwenden: ein leichtes Durchziehen erspart das mühselige Hacken. Leider ist dieser „Schwalbenschwanzhaken" nicht im Handel erhältlich. Jeder clevere Schlosser oder Schmied kann ihn aber nach der Zeichnung leicht anfertigen.

Das gute Gelingen einer Saat, dem wir auch noch als gewiefte Gärtner immer mit Bangen entgegensehen, hängt weitgehend von der Güte des Samens ab. Um sicherzugehen, kaufen wir ihn am besten in einem Samen-Fachgeschäft. Ist noch Saatgut vom vergangenen Jahr vorhanden, machen wir, wenn uns Zweifel über dessen Keimfähigkeit plagen sollten, eine Keimprobe.

Keimprobe

Eine bestimmte Anzahl Samenkörner wird auf Fließpapier, das wir auf einem Teller gut feucht halten, ausgelegt und warm gestellt. Je nach Keimdauer werden die gekeimten Körner ausgezählt und das prozentuale Verhältnis zu den ungekeimten ermittelt. Entsprechend der Ausfallhöhe wird der Samen dichter gesät oder eine neue Tüte gekauft.

Erfahrung kommt uns immer zugute und natürlich ein bißchen Glück. Wir alle sind aber letztlich nicht gegen Erscheinungen gefeit, die wir nicht erklären können, so sehr wir uns auch mit den Rhythmen der Natur verbinden. Immer wieder finden wir, daß in einem Jahr einmal dieser, einmal jener Samen besser aufgeht als im Vorjahr. Am auffälligsten ist das bei den Möhren zu beobachten. Einmal laufen sie auf wie im Bilderbuch, in einem anderen Jahr haben wir Mühe, die Saatreihen zu erkennen.

Rillen und Furchen

Nachdem die aufgelockerten Beete eingeebnet und sauber geharkt worden sind, markieren wir an den Schmalseiten die Reihenabstände und ziehen an einer über die Länge des Beetes zwischen den Markierungspunkten gespannten Schnur je nach Saattiefe mit einem dünnen Stöckchen

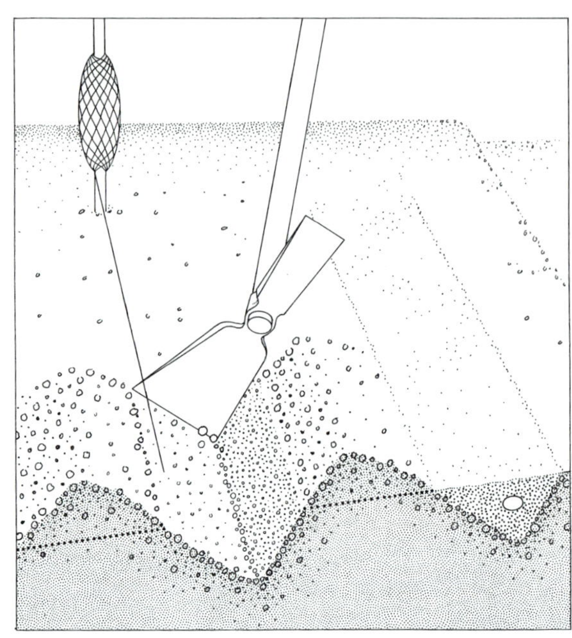

Kompost-Sand-Mischungen in den Saatrillen halten die Feuchte, bewirken eine optimale Keimung und fördern den zügigen Aufwuchs.

kleine Rillen oder mit einer Ecke des Hackenblattes tiefere Furchen. Hat der Boden noch keinen guten Garezustand, werden die Rillen tiefer gezogen und mit gesiebtem, mildem und gut durchgereiftem Kompost gefüllt. Unreifer Kompost enthält keimhemmende Stoffe. Auf Sandböden, die schneller austrocknen, wird auf diese Weise auch die Feuchtigkeit besser gehalten, die während der ganzen Keimdauer ununterbrochen vorhanden sein sollte.

Saattiefe

Über den Daumen gepeilt, entspricht die Saattiefe dem doppelten bis dreifachen Durchmesser des Samenkorns. Als Anhaltspunkte mögen einige Beispiele für die Höhe der Erdabdeckung nützlich sein:

Jedenfalls dürfen wir den Samen weder beerdigen noch als Vogelfutter ausstreuen. Er braucht zum Keimen neben der Feuchtigkeit einerseits genügend Luft und andererseits eine feste Bodenumhüllung, die ihn aufs engste mit der Erde verbindet, ohne den Sproß daran zu hin-

<table>
<tr><td colspan="2">Aussaattiefe oder Höhe der Erdabdeckung</td></tr>
<tr><td>hauchdünn</td><td>Sellerie, Salate, einige Kräuter (Lichtkeimer)</td></tr>
<tr><td>0,5–1,0 cm</td><td>Porree, Feldsalat, Radieschen</td></tr>
<tr><td>1,5–1,5 cm</td><td>alle Kohlarten, Kohlrabi</td></tr>
<tr><td>1,5–2,0 cm</td><td>Möhren, Rettiche, Spinat, Zwiebeln</td></tr>
<tr><td>2,0–3,0 cm</td><td>Gurken, Rote Rüben</td></tr>
<tr><td>3,0–4,0 cm</td><td>Erbsen</td></tr>
<tr><td>5,0–7,0 cm</td><td>Puffbohnen</td></tr>
</table>

dern, mühelos die Krume zu durchstoßen. So dürfen wir z. B. Bohnen, die es besonders schwer haben, mit ihren dicken Keimblättern aus dem Boden zu kommen (im Gegensatz zu den Puffbohnen, deren Keimblätter im Boden bleiben), nicht nach der Faustregel säen, sondern man sagt: „Bohnen wollen die Glocken läuten hören." Wir legen sie in eine flache Saatrille, als Horstsaat zu fünft in eine Handteller große und ebenso tiefe Mulde oder zu sechst bis acht in einem Rillenring um die Stange und bedecken sie lediglich bodengleich mit Kompost. Überhaupt eignet sich Komposterde, mit etwas Sand und Steinmehl (für eine bessere Wurzelbildung) gemischt, am besten für das Schließen der Saat. Trotz kräftigen Andrükkens mit dem Harkenrücken für den unerläßlichen Bodenschluß des Samens bleibt sie elastisch und luftig und hält nach dem Angießen der Saat mit feiner Brause, ohne zu verschlämmen, lange die unentbehrliche Feuchtigkeit.

Saatdichte

Anfangs werden wir sicher zu dicht säen, weil wir befürchten, daß nicht alles aufgeht und weil die Vorstellung vom winzigen Samenkorn bis zur voll entwickelten Pflanze noch etwas schwerfällt. Besonders feiner Same fällt gewöhnlich zu dicht. Wenn wir ihn mit trockenem Sand mischen, haben wir es leichter. Und niemals aus der Tüte schütten! Das Gefühl des Säens liegt zwischen den Fingerspitzen. Stehen die heranwachsenden Sämlinge dennoch zu eng, müssen sie auf größere Abstände verzogen werden, um gegenseitige

Behinderungen, die sich auf Wachstum und Fruchtentfaltung auswirken, zu vermeiden. Grobkörnige Samen können wir gleich „gezielt" im richtigen Abstand auslegen. Zweifeln wir an einem guten Auflaufen, legen wir jeweils zwei Körner und lassen den stärkeren Sämling stehen, wenn beide aufgegangen sind. Breitwürfige Saaten sind weniger zu empfehlen. Einmal muß man schon im Säen geübt sein, um nicht dichte Pulks neben kahlen Flecken entstehen zu lassen. Zum anderen lassen die Kulturen weder Bodenbearbeitung noch Mulchen zu und können so leicht verunkrauten.

Die Keimdauer richtet sich nach den Witterungsverhältnissen. In der Regel erscheinen die Keimblätter nach einer Woche oder etwas später. Bei Möhren und Petersilie sollten wir auch nach drei Wochen noch nicht den Mut verlieren, vorausgesetzt wir haben die Erde immer gut feucht gehalten.

Anzucht von Setzlingen

Das Pflanzen von Setzlingen ist weniger anstrengend. Freilich müssen wir dafür sorgen, daß die Pflanzen von der Saat an zügig aufwachsen und nach dem Auspflanzen an Ort und Stelle sofort weiterwachsen könen. „Jugendsünden" oder Fehler in der Pflanzenpflege können sich, insbesondere wegen erhöhter Krankheits- und Schädlingsanfälligkeit, bis zur Reife nachteilig

Das Pikieren in verschieden große Multitopf-Platten ist sehr praktisch und platzsparend.

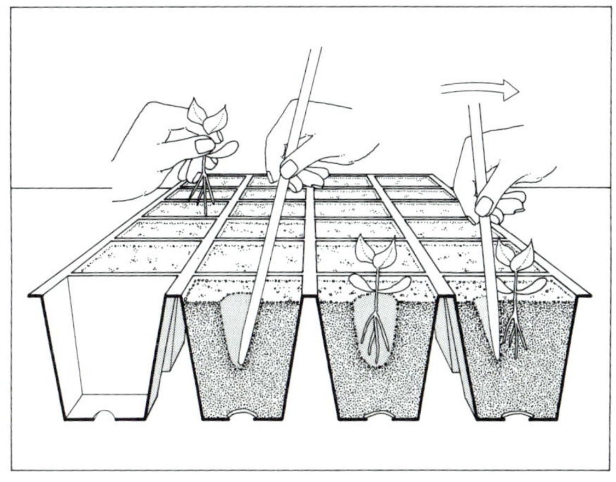

auswirken. Für die Anzucht von Setzlingen säen wir in Schalen aus, die in den Schatten gestellt und gut feucht gehalten werden. Wenn die Pflänzchen so groß geworden sind, daß wir sie gut mit den Händen fassen können, werden sie pikiert, d. h. vereinzelt oder geschult, damit sie sich kräftiger bewurzeln und stämmiger werden. Aus der Saatschale heben wir einen Posten Sämlinge heraus und pflanzen sie (gut die Hälfte mehr, als wir brauchen) einzeln in etwa 5 cm Abstand ins Frühbeet oder auf ein besonderes Anzuchtbeet, das wir mit viel Kompost, Sand, Steinmehl und einem Guß Schachtelhalmjauche (vorbeugend gegen „Kinderkrankheiten") zur bestmöglichen Aufnahme hergerichtet haben und das im Halbschatten liegen sollte.

Gepflanzt wird bei trübem Wetter oder in den Abendstunden, indem wir mit einem Pikierhölzchen ein dem Würzelchen entsprechend großes Loch machen, die Pflänzchen bis zum Wurzelhals (ohne anzustoßen) hineinhängen, mit dem Hölzchen oder den Fingern die Erde von der Seite andrücken und mit temperiertem Wasser vorsichtig angießen.

Besser ist es, wenn wir in kleine, mit Komposterde gefüllte Ton- oder Kunststofftöpfe pikieren oder darin auch gleich 2–3 Korn legen und später auf den stärksten Sämling verziehen. In einer Obststeige können wir die Töpfe an den für das Wachstum und die jeweiligen (Klein-)Klimaverhältnisse günstigsten Ort befördern. Mit der Multitopf-Platte, einer Kunststoffplatte mit Topfhöhlungen, die es in verschiedenen Größen gibt, haben wir es natürlich noch bequemer. Hier wie in den Töpfen entwickeln sich ballenhaltende, gut durchwurzelte Pflanzen, die sich leicht auspflanzen lassen und die an ihrem endgültigen Standort ohne Verdruß flott und munter weiterwachsen können. (Handelsübliche Jiffy-Töpfe werden aus Torf gefertigt, dessen Verwendung wir meiden sollten.)

Man kann natürlich auch Lebensmittel-Kunststoffbehältnisse als Töpfe verwenden. Sie sollten für ein leichteres Austopfen der Pflanzen eine konische Form haben. Außerdem müssen zum Abfließen überschüssigen Gießwassers Löcher in den Boden gemacht werden. Nützlich sind kleine Joghurt- oder Sahnebecher. Größere eignen sich nicht. Obwohl sich in der ersten Wachstumsphase das Wurzelwerk auffallend stark ausbildet, würde sich bis zum Auspflanzen in den großen Behältern nicht der gewünschte Ballen bilden können. Allerdings sind sie gut für Gemüsearten zu gebrauchen, die nach einer ersten Ballenentwicklung zur Ausbildung einer noch größeren Wurzelmasse nochmals in größere Gefäße umgetopft werden sollten, wie Tomaten, Gurken, Melonen, Auberginen oder Knollensellerie.

◢ Auspflanzen der Setzlinge

Das Pflanzbeet wird genau so gut vorbereitet wie das Saatbeet. Sollte bereits eine Vorkultur abgeerntet worden sein, wird es nochmals mit einer Kompostgabe „aufgefrischt". Regenwetter ist die beste Pflanzzeit, oder man pflanzt wenigstens, wenn Regen zu erwarten ist. Die Setzlinge werden aus dem Anzuchtbeet oder den Töpfen ausgehoben, was leichter geht, wenn sie vorher nochmals gegossen werden. Mit einer Pflanzschaufel oder besser mit den Händen (richtige Gärtnerhände tragen keine Handschuhe) heben wir ein Pflanzloch aus, das größer ist als der Wurzelballen. Auf den Boden geben wir eine Handvoll Kompost und streuen Steinmehl darüber, stellen den Setzling bis zum Wurzelhals hinein, füllen ringsum mit Kompost auf, drücken die Erde an und gießen mit Regen- oder abgestandenem Wasser an. Während die Setzlinge im allgemeinen bis zu den Blättern ins Erdreich kommen können (besser zu tief als zu hoch), dürfen Kopfsalat-Setzlinge nicht tiefer gepflanzt werden als sie bisher im Boden gestanden haben; die Blätter müssen sich frei im Wind bewegen können, sonst faulen sie leicht und der Salat bildet schlechte Köpfe.

Saatbäder aktivieren Lebensprozesse

Nach Möglichkeit sehen wir zu, daß wir ungebeiztes Saatgut bekommen. Falls gebeizt wurde, geben seriöse Firmen den Wirkstoff samt Zulassungsnummer auf der Samentüte an. Umwelt- und ernährungsbewußte Gärtner sollten dieses Saatgut lieber meiden, da nicht auszuschließen ist, daß die Wirkstoffe sowohl in den Boden als auch in die Pflanze übergehen.

Statt dessen sind wir darauf bedacht, die dem Samen innewohnenden Lebenskräfte zu stärken und dem Keimling ein hohes Maß an Widerstandskraft mit auf den Weg zu geben. Bewährt haben sich zuvörderst die biologisch-dynamischen Präparate Baldrian und Hornmist (Seite 10).

Die zubereiteten Bäder wirken intensiv auf das Samenkorn ein, fördern die Keimung, verstärken die aufbauenden Kräfte, machen die keimende Pflanze für belebende Umwelteinflüsse empfänglich, stärken in besonderem Maße das Jugendwachstum und erhöhen gleichzeitig die Widerstandskraft gegen Krankheiten und gegen Schädlingsbefall.

Vom Baldrianpräparat geben wir einige Tropfen in lauwarmes Regenwasser, schütten es in eine Flasche und schütteln die Flüssigkeit etwa eine Viertelstunde, damit sich der Blütenextrakt gut mit dem Wasser verbindet. Die Menge richtet sich nach der Zahl der Samenportionen.

Während das Baldrian-Bad zu beliebigen Zeiten nach Bedarf leicht angesetzt werden kann, empfiehlt es sich, das Hornmistpräparat zeitlich mit der rhythmischen Ausbringung im Gartenbereich zu verbinden (Seite 10), da das Präparat für kleine Bäder einzelner Samenportionen schlecht aufzubereiten ist.

Von den angesetzten Bädern wird soviel in ein kleines Gefäß gegeben, daß der Samen darin bedeckt ist. Mit einem Holzstäbchen rührt man so lange um, bis jedes Körnchen frei liegt (Möhrensamen bildet z. B. leicht Klümpchen) und allseitig von der Flüssigkeit umgeben ist. Man kann auch verschiedene Samenarten jeweils in ein Stoffsäckchen einbinden und zusammen in ein größeres, mit „Badewasser" gefülltes Gefäß hängen.

Nach dem Bad wird das Saatgut auf saugfähigem Papier im Schatten getrocknet und spätestens am

Dauer des Bades
15 Minuten bei Bohnen
30 Minuten bei Rettichen, Radieschen und
    allen Kohlarten
120 Minuten bei Erbsen
60 Minuten bei allen anderen Samenarten.

2. Tag nach dem Bad ausgesät. Bleiben Erbsen nach dem Bad noch 24 Stunden mit einem feuchten Tuch bedeckt, keimen sie schneller.

Das Baldrianpräparat wird hauptsächlich bei Chicorée, Gurken, Kartoffeln, Kürbissen, Möhren, Paprika, Porree, Sellerie und Zwiebeln angewendet, während das Hornmist-Präparat für alle Kulturpflanzen Verwendung findet, insbesondere aber für die Gänsefuß-Gewächse Mangold, Rote Rüben und Spinat.

Nützliche Folien

Unter einer schützenden Decke, einem Tunnel oder einer Haube kommen Aussaaten und ausgepflanzte Setzlinge so gut voran, daß wir mit einer um etwa zwei Wochen früheren Ernte rechnen können.

Beetabdeckungen und Tunnelbespannungen mit Folie und Vlies
- fördern die Bodenwärme und damit das Bodenleben;
- verhindern das Verwehen der von den Bodenlebewesen ausgeatmeten, für die Assimilation wertvollen Kohlensäure;
- vermeiden die übermäßige Verdunstung;
- lassen durch Wärme und Luftfeuchtigkeit ein günstiges Kleinklima, die „gespannte Luft", entstehen;
- schützen auflaufende Saat und junge Pflänzchen vor Wind und Wetter und
- hindern starken Regen, den Boden zu verschlämmen und zu verkrusten.

Bringen wir die Beete schon einige Zeit vor dem Säen oder Pflanzen unter die Decke, so kommen die Samen ins „gemachte warme Bett" und den Setzlingen verhelfen wir zu einem „fliegenden Start" ins Freiland.

Obschon die Kulturen bis zur Ernte bedeckt bleiben könnten, ist es sinnvoll, die Start- und Entwicklungshilfen wieder zu entfernen, sobald die Pflanzen sich kräftig genug entwickelt und die zu dieser Zeit niederen Temperaturen überstanden haben. Sie werden an der frischen Luft robust und widerstandsfähig und gewinnen ein hohes Maß an „innerer Qualität", wenn Sonne, Regen und Wind ungefiltert wirksam werden können. Unter der Zudecke verweichlichte Pflanzen sind anfällig für Krankheiten und Schädlinge; Salat bildet statt fester Köpfe nur flatterige Blätter aus und der Nitratgehalt steigt übermäßig, weshalb wir besonders stickstoffliebende Gemüse wie Spinat oder Kohl überhaupt nicht unter Flachfolie oder Tunnel anbauen sollten.

Wenn wir auch nach dem gründlichen Überbrausen der Saat und dem guten Angießen der Setzlinge wegen der geringen Verdunstung das Gießen eine Zeitlang vergessen können, müssen wir unsere Pfleglinge dennoch ab und an bei günstigem Wetter abdecken, um nach dem Rechten zu sehen. Das „Unkraut" fühlt sich unter den günstigen Wachstumsbedingungen genau so wohl und ist den Kulturen immer einen Schritt voraus. Ebenso unerwünscht sind freßlustige Gäste wie Schnecken, Mäuse und Werren.

Ist die Aufzucht erfolgreich beendet, warten wir mit dem Abdecken bis trübe oder regnerische Tage zu erwarten sind, um den verwöhnten Pflanzen die Umstellung zu erleichtern. In der vollen Sonne würden sie unverzüglich schlapp machen. Die abgedeckten Folien und Vliese werden im trockenen Zustand zusammengelegt oder zusammengerollt und dunkel aufbewahrt. So sind sie im nächsten Jahr wieder voll einsatzfähig.

Das Angebot an Folien

Folien werden im Handel aus verschiedenen Materialien und in verschiedenen Maßen, Stärken und Qualitäten angeboten. Je nach Verwendungsdauer können PE-Folien (Polyethylen) schon nach einem Jahr durch die UV-Strahlung brüchig werden. Dagegen halten UV-stabilisierte PE-Folien gut zwei bis drei Jahre. Wer tiefer ins Portemonnaie greift, erwirbt mit PVC-Folien (Polyvinylchlorid) eine Haltbarkeitsdauer, die über vier Jahre hinausgehen kann.

Auf den Frostschutz dieser Folien können wir uns nicht verlassen. Obwohl die Sonne tagsüber die Beete erwärmt, sind die Nachttemperaturen durch die abgestrahlte Bodenwärme nur 1–2 °C höher als im Freiland. Schon bei 0 °C würden die Teile frostempfindlicher Pflanzen erfrieren, die von der Folie berührt werden. „Südländer" sollten wir deswegen erst nach den Maifrösten unter die wärmende Decke auspflanzen, was sich immer noch lohnt.

Lochfolien eignen sich besser für die Verwendung als Tunnelbespannung oder als Hauben. Als Flachfolien können wir sie lediglich als Starthilfen und für den ersten Aufwuchs nutzen. Wegen mangelnder Elastizität müssen sie nach dem Auflaufen der Saat sehr locker gelegt werden. Muß gegossen werden, ist es ratsam, die Folie abzudecken, weil sich sonst das Wasser nicht regelmäßig verteilt.

Schlitzfolien, die „mitwachsenden Folien", haben auf 1 m² etwa 35 000 Schlitze, die sich um so weiter öffnen, je höher die Pflanzen wachsen. Dazu müssen sie an den Beeträndern leicht und lückenlos eingegraben werden, wodurch auch gleichzeitig das Einwandern ungebetener Besucher verhindert wird. Trotz geöffneter Schlitze, die einen guten Luftaustausch gewähren, bleibt die gespannte Luft erhalten und das Gießen kann stark eingeschränkt werden. Anfangs wird durch die geschlossenen Schlitze die Verdunstung der Bodenfeuchtigkeit vermindert, später kann der Regen ungehindert an die Pflanzen. Deshalb eignen sich Schlitzfolien und Vliese in Schrebergärten und Wochenendgrundstücken besser als Tunnel, die einer ständigen Aufsicht bedürfen.

Mulchfolien, schwarze Kunststoff-Folien mit geschlossener Oberfläche, bleiben die ganze Vegetationszeit über liegen und werden für besonders wärmebedürftige Kulturen, die durch kreuzförmige Einschnitte wachsen, empfohlen und sollen bessere Wachstumsbedingungen und pflegeleichteres Gärtnern ermöglichen. Sie verhindern aber die Entfaltung lebendiger Kräfte, wie sie im Austausch mit dem Atmosphärischen wirksam werden, wenn der Boden atmen kann. Unvergleichlich besser und den biologischen Prozessen angepaßter ist das Mulchen mit organischem Material.

 ## Vliese

Vliese, gespinstartige Gewebe, bestehen aus Polypropylen, einem Kunststoff, der Nylon-Faser vergleichbar. Das auch in der Konfektion verwendete, äußerst reißfeste, „Acryl-Vlies" hat gegenüber den Folien bemerkenswerte Vorteile. Es ist mit gerade 17 g/m^2 superleicht, so daß selbst das „Schlagen" des Vlieses bei starkem Wind auch empfindlichen Kulturen nicht schadet, zu 85% transparent und in hohem Maße luft-, wind- und wasserdurchlässig. Der Taubelag ist gering, da sich das Schwitzwasser und die Verdunstungs-Feuchtigkeit in den feinen Poren des Gewebes absetzt, eine Eigenschaft, die das Vlies bei Frost zu einem isolierenden Eispanzer werden läßt, in dem sich die Wärmeabstrahlung des Bodens fängt und die Pflanzen bis zu –5 °C vor Schaden bewahrt. Da Vliese sich nicht ausdehnen können, muß immer für eine möglichst lockere Auflage gesorgt sein. Sie werden deshalb an den Beeträndern nicht eingegraben, sondern in Abständen beschwert. Wenn keine geeigneten Steine zu finden sind, legen wir mit Sand gefüllte, 1–2 kg schwere Kunststoff-Beutel auf den Saum des Vlieses.

 ## Hauben

Hauben aus gelochter Folie werden als Schläuche gehandelt, deren Länge man nach Bedarf zuschneidet. Sie sind ein vorzügliches Hilfsmittel, um im Freiland angebaute Tomaten zur früheren und späteren (Herbst-)Reife anzuregen und sie vor Regen zu schützen. Am oberen Ende des Anbinde-Pfahles zusammengebunden, können sie je nach Wetterlage über die Pflanzen gestreift oder hochgebunden werden. Auch hier

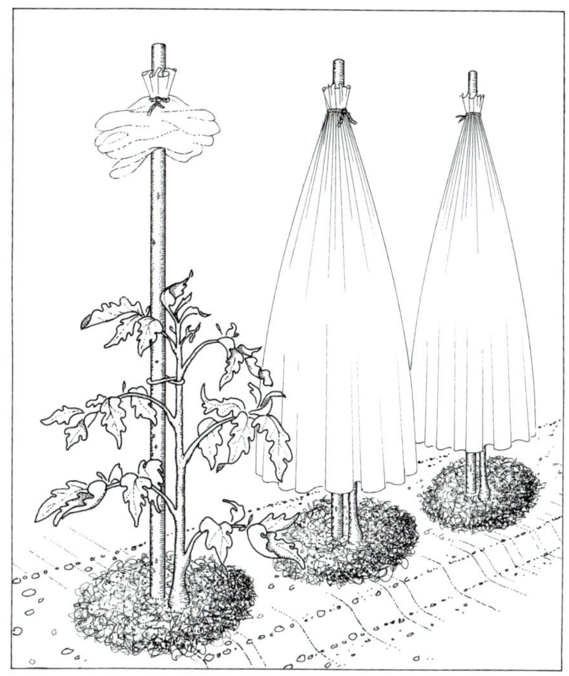

Kälte- und Nässeschutz durch Folienhauben.

ist ein Zuviel tunlichst zu vermeiden, um Pilzbefall zu verhüten und den Insekten das Bestäuben zu ermöglichen.

 ## Tunnel

Tunnel können wir uns selbst herstellen oder auch kaufen. Sie verbinden die Vorteile eines kalten Kleingewächshauses mit denen der Mobilität: sie können an beliebigen Standorten zu jeder Zeit auf- und abgebaut werden. Im Handel gibt es sie für verschiedene Beetbreiten, von einfachen bis zu baukastenähnlichen Ausführungen, die endlos zusammengesetzt werden können. Sie bestehen aus Folien, Loch- oder Doppelfolien und den dazugehörenden Drahtbügeln, die auch in einigen Tunnel-Fabrikaten in Abständen von 70 cm in Doppel-Schweißnähte eingezogen werden können.

Beim Eigenbau können wir sowohl die Folienart als auch die Breite nach Belieben wählen. Bei einer günstigen Breite von 80 cm und einer Höhe von 40 cm müssen die etwa 10 mm starken Drahtbügel unter Berücksichtigung einer

Zwischen zwei Bügeln läßt sich die Folie zum Lüften leicht verschieben und gut festhalten.

Einstecktiefe in das Erdreich von jeweils 25 cm 1,80 m lang sein. Für einen 60 cm hohen Tunnel auf einem Normalbeet von 1,20 m Breite beträgt die Bügellänge dementsprechend 2,40 m. Bei längeren Tunnels werden die Bügel wegen einer besseren Festigkeit mit Draht verspannt und in größeren Abständen von etwa 2,00 m gesetzt. Ohne Verspannung beträgt der Bügelabstand etwa 1,00 m. Die Folien werden an beiden Enden des Tunnels zusammengerafft und am Boden an einen Pflock gebunden, an dem auch der Spanndraht befestigt wird, oder bei kleineren Anlagen mit einem Stein beschwert.

Im Tunnel können die Kulturen bis zur Ernte belassen werden, wenn immer gewissenhaft und rechtzeitig gelüftet wird. Selbst bei ungenießbarem Wetter dürfen wir das, wenigstens für kurze Zeit, nicht versäumen. Am einfachsten und bequemsten ist es, wenn wir die Folien zwischen jeweils zwei gesetzte Bügel legen. So können wir sie mühelos je nach Wetterlage mehr oder weniger hoch schieben. Folien, in denen die Bügel eingezogen sind, lassen sich nicht gut hoch schieben,

rutschen leicht wieder herunter und werden durch die stetige Belastung zunehmend beschädigt. Gelüftet wird immer an der dem Wind abgekehrten Seite.

◢ Sonnenhüte

Sonnenhüte, so genannt wegen ihrer Kegelform, sind einfache, aber durchaus wirksame Hilfsmittel, um einzelne Pflanzen zu schützen und das Gedeihen für eine zeitige Ernte zu fördern. Die aus transparentem Kunststoff bestehenden Spitz-Hüte werden z. B. über Salatpflanzen gestülpt und mit Erde angehäufelt, damit sie nicht fortfliegen. Schatten-Streifen und ein Lüftungs-Loch an der Spitze sorgen für ein günstiges Kleinklima. Wird nur jede zweite Pflanze „behütet", können wir die Erntezeit verlängern, weil die unbehütete Pflanze langsamer wächst. Da auch die Schnekken keine Chancen haben, wenn die Hüte gut angehäufelt werden, eignen sich Hüte ebenso als Schutz für sprießende Gewächse, die zu ihren Leibgerichten zählen, wie Dahlien.

Sonnenhüte sind wartungsfreie Minifrühbeete; wird nur jede zweite Salatpflanze „behütet", verlängert sich die Erntezeit entsprechend.

Fruchtwechsel und Mischkultur

Wenn's (viel) regnet am Amantiustag,
ein dürrer Sommer folgen mag
(8. April)

In einer natürlichen Flora finden wir ein buntes Gemisch mannigfaltiger Pflanzen, die, entsprechend der jeweiligen Bodenart, den Orts- und Klimaverhältnissen, nicht nur miteinander „in Eintracht" zu leben vermögen, sondern sich auch gegenseitig fördern oder ergänzen. Sie bilden natürliche Lebensgemeinschaften (Biozönosen) mit arteigenen Pflanzengesellschaften, die, wo auch immer wir sie in ihren typischen Lebensräumen (Biotopen), z. B. Wiese, Heide, Moor, Wald, Auen oder Weiher mit den verschiedensten Übergängen, erleben, die Erde vollständig überziehen. Im jahreszeitlichen Werden und Vergehen entsteht ein natürlicher Humus, der von den Wurzeln festgehalten und verwertet wird. Pflanze und Boden bilden so über die Wurzel eine Einheit im gegenseitigen Geben und Nehmen. Das sich stets ordnende und ausgleichende Verhältnis der Pflanzenarten führt zu einer natürlichen Bodenfruchtbarkeit, die noch an Güte und Reichtum gewinnt, je vielfältiger und artenreicher der Pflanzenbestand ist.

Gegenüber dem unbegrenzten Wildwuchs ist der Garten ein umfriedetes Kulturland. Wohl finden wir auch hier eine Gesellschaft verschiedener Pflanzenarten, die wir zu unserem Nutzen und nach Bedarf zusammengestellt haben. Betrachten wir aber ein Beet, so ist es im ungünstigsten Falle lediglich mit einer Gemüseart bestellt (was man als Monokultur bezeichnet), während jenseits des Zaunes auf der gleichen Fläche eine große Vielzahl verschiedenster Pflanzenarten gedeiht.

Überhaupt fällt ein Vergleich mit der natürlichen Flora recht schwer. Nicht immer bilden unsere kultivierten Gemüsepflanzen auch eine Gemeinschaft oder sind sich gegenseitig sympathisch. Während einige alsbald das Feld räumen, beanspruchen andere ihr Beet über die ganze Vegetationsperiode. Viele sind genügsam, jedoch nicht wenige, die „drüben" gar nicht anzutreffen sind, sind höchst anspruchsvoll.

Vor allem aber kommen die allermeisten unserer Gemüsepflanzen in einer Vegetationszeit nicht zur vollständigen Ausbildung und Reife. Blatt- und Wurzelgemüse müssen auf die Blüte als Vorstufe der Samenbildung verzichten, ehe sie geerntet werden. Die Fruchtgemüse blühen zwar, bevor der Same heranreift, werden (mit wenigen Ausnahmen) die Früchte aber schon gegessen. Und obwohl er Blumen-Kohl heißt, ernten wir, wie auch beim Broccoli, nur die Knospe.

Es scheint so, als würden die Kräfte, welche die Blüte nicht ausbilden können, nun desto mehr im erdnahen Bereich zur Wirkung kommen. Denn gerade diese Gemüse bilden im Gegensatz zu ihren wild lebenden Verwandten ihre Wurzeln, Stengel, Blätter und Knospen in ganz besonderer Weise aus: zu immensen Rettichen, zum fleischigen Mangold, zu blattreichen Salaten und Kohlarten sowie zum mächtig knospenden Broccoli. Zur Ausbildung so großer Massen wird aber der

Wichtige Regeln für naturgemäßen Anbau:

- kein Nachbau von Pflanzen mit gleichen Ansprüchen und gleicher Art;
- weite Fruchtfolgen bei Gemüsearten, deren Krankheitserreger (z. B. Kohlhernie) lange Zeit im Boden virulent bleiben;
- artenverträgliche Vor-, Haupt-, Zwischen- und Nachkulturen;
- Vermeidung von mißliebigen Nachbarschaften;
- Berücksichtigung einer sinnvollen Mischkultur mit einem abwechslungsreichen und vielfältigen Pflanzenbestand;
- Entfaltung von blühenden Pflanzen über den ganzen Garten (siehe S. 146);
- Einbeziehung der nützlichen Tierwelt (Seite 141);
- sorgfältige Beachtung der grundsätzlichen Pflegemaßnahmen.

Boden von der Pflanze recht stark und allzuoft recht einseitig beansprucht, was sich besonders ungünstig auswirkt, wenn Pflanzen mit gleichen Ansprüchen und gleicher Art sowohl gleichzeitig als auch in der Folge wieder auf dem gleichen Beet angebaut werden.

Was können wir tun, daß unser Garten zu einem natürlichen Biotop mit pflanzengerechten Lebensbedingungen wird?

Die Fruchtfolge

Gartenbau-Lehrlinge lernen seit eh und je, die Pflanzen nach der Art ihrer Bedürfnisse und nach der mehr oder weniger einseitigen Nutzung der Bodennährstoffe zu unterscheiden und sie folglich in starkzehrende, schwachzehrende und bodenschonende Pflanzen zu gliedern.

Starkzehrer

Starkzehrer sind Pflanzen, die ein hohes Nährstoffbedürfnis haben und nicht nur aus dem Vollen schöpfen, sondern auch besondere Ansprüche an bestimmte Nährstoffe stellen. So lieben, ganz allgemein, Salat- und Kohlarten vorwiegend Stickstoff. Stark zehrende Pflanzen stehen, wie der Gärtner sagt, in der „ersten Tracht". Das heißt, sie werden von Anfang an reichlich mit Kompost versorgt. Während des Wachstums sollte mit Jauchegüssen nicht gespart werden.

Schwachzehrer

Schwachzehrer stehen in der „zweiten Tracht". Sie zehren sozusagen von dem, was die „Vielfraße" übriggelassen haben oder werden von Beginn an nicht sonderlich verwöhnt, was ihnen auch gar nicht gut bekommen würde. Zu den nur wenig beanspruchenden Arten zählen vor allem die Wurzelgemüse, die bei stickstoffreichen Düngegaben anfällig gegen Schädlinge und Krankheiten werden und weitgehend an Qualität verlieren. Allerdings haben sie gegen eine Portion Kali (Holzasche) nichts einzuwenden.

Bodenverbesserer

In der „dritten Tracht" stehen die Hülsenfrüchte, die nicht nur genügsam sind, sondern auch noch den Boden verbessern. Schmetterlingsblütler (Leguminosen) wie Erbsen und Bohnen sind dank der Knöllchenbakterien sozusagen Selbstversorger (siehe Seite 62), und zusätzlich bleibt immer noch genug übrig, um den Boden mit dem wertvollen Stickstoff anzureichern, ein Gewinn für nachfolgende Kulturen.

Es mag einleuchten, daß die Gemüsearten mit dem großen Appetit recht bald Hunger leiden würden, wenn sie Jahr für Jahr auf demselben Beet angebaut werden und so dem Boden mit der Zeit mehr Nährstoffe entziehen als er nachliefern kann. Um zu verhindern, daß der Nährstoffhaushalt sich einseitig und nachteilig verändert, bietet es sich an, den starken Zehrern im nächsten Jahr weniger anspruchsvolle Konsumenten folgen zu lassen und schließlich für die Leguminosen Platz zu machen, die den ausgenützten Boden wieder aufbauen helfen. Entweder notiert man sich jedes Jahr, mit welchen Gemüsearten die einzelnen Beete bestellt sind, um zu wissen, welche das nächste Jahr folgen müssen, oder man teilt den Garten gleich in drei Parzellen.

Weiterhin sollten wir vermeiden, daß Pflanzen gleicher Familien aufeinanderfolgen. Kohlarten (Kreuzblütler) können von der Kohlhernie befallen werden, was vor allem bei gekauften Setzlin-

	Parzelle 1	Parzelle 2	Parzelle 3
1. Jahr	Starkzehrer	Schwachzehrer	Leguminosen
2. Jahr	Schwachzehrer	Leguminosen	Starkzehrer
3. Jahr	Leguminosen	Starkzehrer	Schwachzehrer
4. Jahr	Starkzehrer	Schwachzehrer	Leguminosen

gen nicht auszuschließen ist. Die Krankheit wird durch einen Pilz verursacht, der die Wurzeln knollenartig anschwellen läßt. Befallene Pflanzen sind nicht genießbar und sollten schleunigst vernichtet werden. Aber ehe wir das Übel bemerken, können sich die Sporen (auch durch Regenwürmer) bereits im Boden ausgebreitet haben und dort bis zu sieben Jahre überleben. Eine Aufeinanderfolge von Kreuzblütlern innerhalb dieser Zeit führt zwangsläufig zu einem erneuten Befall.

Um die praktische Fruchtfolge zu erleichtern, sind anschließend die Gemüsearten nach Nährstoffansprüchen und Familien zusammengestellt.

Auch gleichartige Gewächse wie Salat nach Salat, Wurzelgemüse nach Wurzelgemüsen oder Hülsenfrüchte nach Hülsenfrüchten sollten nicht angebaut werden. In der dynamischen Fruchtfolge werden wir keine Mühe haben, diese Regel zu befolgen, da es ihr Anliegen ist, die Gemüsegruppen bestimmten Parzellen in rhythmischer Folge zuzuordnen.

Doch die Fruchtfolge ist nicht nur im jährlichen Rhythmus zu sehen, sondern auch innerhalb einer Vegetationsperiode. Dafür einige Vorschläge, welche Kulturen einer Hauptkultur vorausgehen und nachfolgen können (Hauptkulturen alphabetisch geordnet).

Den Hauptkulturen mit langer Vegetationsdauer gehen in der Regel weder Kulturen voraus noch folgen ihnen solche nach.

Dabei spielt auch das Klima eine Rolle. In warmen Lagen mögen hie und da Vor- oder Nachkulturen möglich sein.

Hauptkulturen mit langer Vegetationsdauer

Artischocken	Pastinaken
Auberginen	Schalotten
Chicorée	Schwarzwurzel
Kohlarten	Stielmus
Kürbisse	Tomaten
Mais	Topinambur
Paprika	Wintermöhren
	Wurzelpetersilie

Außerdem Dauerkulturen: Rhabarber, Spargel, Meerrettich.

Fruchtfolge in einer Vegetationsperiode

Vorkultur	Hauptkultur	Nachkultur
Erbsen	Blumenkohl	Endivien
Frühkohl	Buschbohnen	Ackersalat
Kohlrabi	Buschbohnen	Zuckerhut, Blumenkohl
Broccoli	Erbsen	Ackersalat
Salat	Gurken	Spinat
–	Kartoffeln	Spätkohl, Endivien, Buschbohnen
Erbsen	Knollenfenchel	–
Spinat	Knollensellerie	Winterportulak
Kohlrabi	Neus. Spinat	Winterportulak
Salat	Porree	Ackersalat
Frühmöhren	Porree	–
Frhlg. Zwiebeln	Rote Rüben	–
Puffbohnen	Zuckerhut	–
Salat	Stangenbohnen	Chinakohl
Kohlrabi	Stangensellerie	Endivien
–	Zwiebeln	Ackersalat, Spinat, Salate, Chinakohl

Gemüsearten nach Nährstoffansprüchen und Familienzugehörigkeit

Gemüseart	Nährstoffansprüche	Baldriangewächse	Doldenblütler	Gänsefußgewächse	Grasgewächse	Knöterichgewächse	Korbblütler	Kreuzblütler	Kürbisgewächse	Liliengewächse	Nachtschattengewächse	Portulakgewächse	Schmetterlingsblütler
Artischocken	+						x						
Auberginen	+										x		
Bohnen	0												x
Broccoli	+							x					
Chicorée	−						x						
Endivien	+						x						
Erbsen	0												x
Feldsalat	−	x											
Fenchel	+		x										
Gurken	+								x				
Kartoffeln	−										x		
Kohlarten	+							x					
Kohlrabi	+							x					
Kresse	−							x					
Kürbisse	+								x				
Löwenzahn	−						x						
Mairüben	−							x					
Mangold	+			x									
Melonen	+								x				
Möhren	−		x										
Paprika	+										x		
Pastinaken	−		x										
Petersilie	−		x										
Porrée	+									x			
Portulak	−											x	
Radicchio	+						x						
Radieschen	−							x					
Rettiche	−							x					
Rhabarber	+					x							
Rote Rüben	−			x									
Rübstiel	−							x					
Salatarten	+						x						
Salatrauke	−							x					
Sauerampfer	−					x							
Schalotten	−									x			
Schwarzwurzeln	−						x						
Sellerie	+		x										
Spargel	+									x			
Spinat	+			x									
Tomaten	+										x		
Topinambur	−						x						
Wirsing	+							x					
Zucchini	+								x				
Zuckerhut	+						x						
Zuckermais	+				x								
Zwiebeln	−									x			

Die dynamische Fruchtfolge

Um einer Bodenmüdigkeit und Vereinseitigung zu begegnen, wird hier nicht in erster Linie von den Nährstoffen ausgegangen, sondern von den Lebensprozessen, die bei der Ausbildung der einzelnen Pflanzenorgane (Wurzel, Blatt, Blüte, Frucht) wirksam sind. Für die Entwicklung der Pflanze haben sie jeweils bestimmte Funktionen und Aufgaben (siehe Seite 57 ff).

Wir teilen den Gemüsegarten in vier möglichst gleich große Parzellen ein, die beliebig viele Beete enthalten können. Vorteilhaft wäre allerdings die Anlage von mindestens zwei Beeten. Jeder Parzelle ordnen wir eines der Organe als Wurzel- und Blattgemüse, Blütengewächse und Fruchtgemüse zu. In rhythmischer Folge des Anbaus können die „Organkräfte" so sinnvoll wirken, daß die jeweiligen Gemüse bestmöglich ausgebildet werden. Wie über die Pflanzenwurzel der Boden aufgebaut wird, so werden ihm auch die in dem jeweiligen Organ wirkenden Kräfte vermittelt. Im Laufe von vier Jahren vermag er den Gesamtorganismus der Pflanze so zu durchleben, daß ein besonders inniges und lebendiges Erde-Pflanze-Verhältnis entsteht, das dem weiteren Anbau zugute kommen kann.

Die Wurzel-Parzelle

In der Wurzel-Parzelle werden alle Gemüsearten angebaut, deren Ernteerzeugnisse in der Erde reifen; im Zweifel auch Radieschen, Rote Rüben, Schalotten, Knollensellerie und Zwiebeln, deren Knollen und Zwiebeln auch teilweise über der Erde wachsen. Wer gerne Zwiebeln, Schalotten und Knoblauch ißt, sollte sie auch zwischen den Erdbeeren ansiedeln (wo sie gleichzeitig die Erdbeerpflanzen vor Krankheiten schützen), um genügend Platz für andere begehrte Wurzeln zu haben.

Die Blatt-Parzelle

Zur Blatt-Parzelle gehören alle blattartigen Gemüse. Zuvörderst werden hier die Kohlgemüse und die Gemüse, deren Vegetation längere

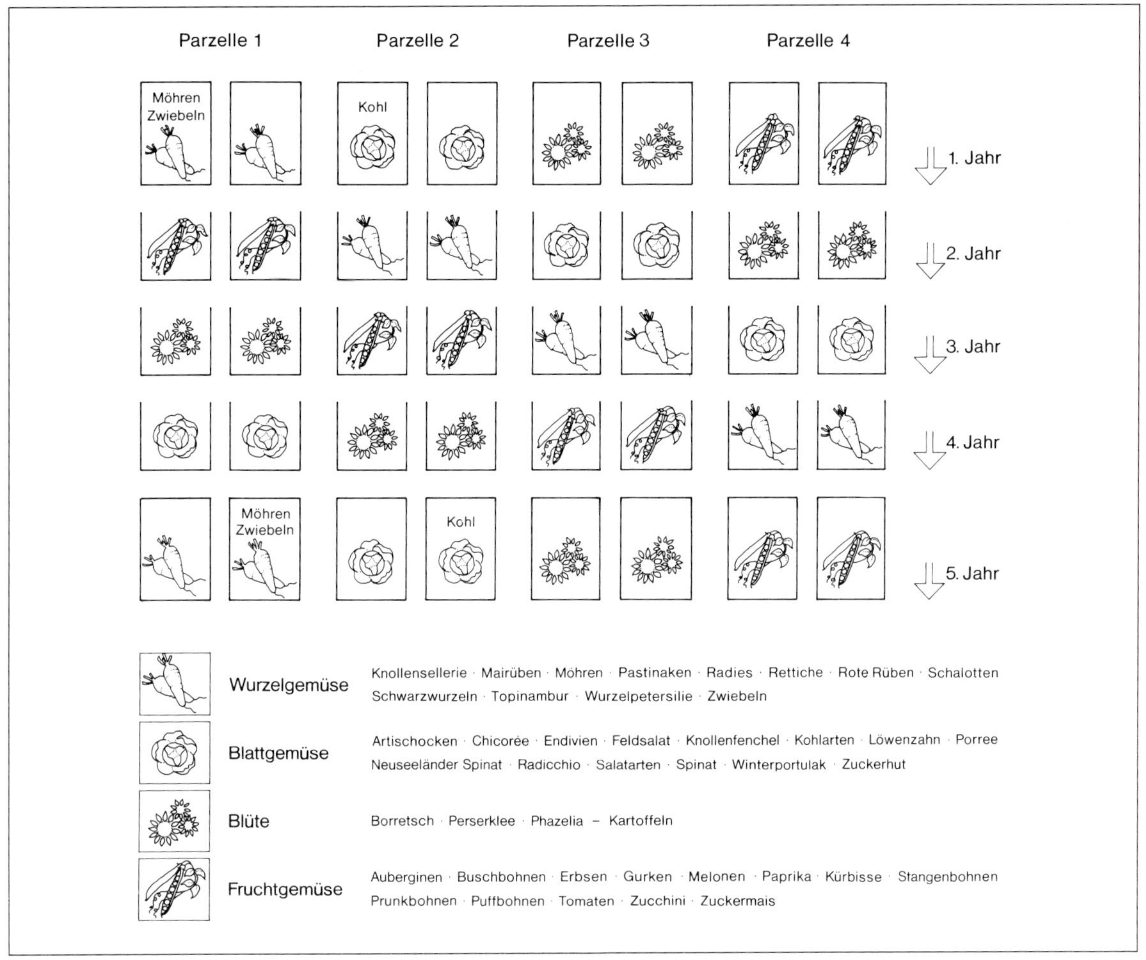

Die dynamische Fruchtfolge verhindert auch die Infektion durch langlebige Erreger, wenn nach 4 Jahren das 2. Beet mit dem gefährdeten Gemüse (Kohl, Möhren) bestellt wird.

Zeit in Anspruch nimmt, ihren Platz finden, während Salate und andere kurzlebigere Blattgewächse als Vor-, Zwischen- und Nachkultur auch auf anderen Parzellen angebaut werden können, so erlaubt es jedenfalls die „Regel".

Die Blüten-Parzelle

Die Blüten-Parzelle wird nicht gerade von jedem, der sich mit der dynamischen Fruchtfolge anfreunden möchte, begeistert begrüßt werden, da es dort nur etwas zu ernten gibt, wenn ersatzweise Frühkartoffeln und in der Folge Blattgemüse angebaut werden. Sinngemäß sollten wir aber den Blüten den Vorrang geben. Wir haben

mit Phacelia (Büschelschön) gleichzeitig Perserklee gesät und dem sich im ganzen Garten selbstaussäenden Borretsch in dieser Parzelle seine uneingeschränkte Entfaltung nicht verhindert. Mit ihm und Büschelschön haben wir den Bienen einen reichen Tisch gedeckt und nach deren Verblühen den zügig wachsenden Perserklee alle 14 Tage als Mulchmaterial geschnitten, das gerade im Sommer recht rar ist.

Wie auch immer man über die Blüten-Parzelle denkt, ein Gewinn und eine Wohltat für den Boden und seine Fruchtbarkeit ist sie gewiß, wenn wir diesen Beeten jeweils ein Jahr lang Ruhe gönnen. Falls wir als ganzjährige Gründüngung eine Kleemischung anbauen, gewinnen wir über die Knöllchenbakterien noch wertvollen Stickstoff, so daß wir den Flächen- und Ertragsverlust durch Mehrerträge im folgenden Jahr wieder einholen.

Die Frucht-Parzelle

Der Frucht-Parzelle ordnen wir in erster Linie die Hülsenfrüchte zu, die den Boden schonen und mit Stickstoff anreichern, um für die nächstjährigen „Vielfraße" gewappnet zu sein. Platzraubenden Großfrüchten wie Auberginen, Gurken, Melonen, Paprika und Zucchini weisen wir besser das Frühbeet zu, da sie ohnehin zu den wärmeliebenden Gewächsen zählen. Tomaten haben ihren angestammten Platz, den sie tunlichst nicht verlassen sollten, und Kürbisse gehören an den Komposthaufen.

Bei der Anlage von mindestens zwei Beeten in jeder Parzelle können wir die Fruchtfolge für pilz- oder schädlingsgefährdete Kulturen, deren Erreger länger als vier Jahre im Boden überdauern, bis zu acht Jahren verlängern, wenn wir diese Gemüse nach einem „Umlauf" auf das zweite Beet setzen.

Mit der dynamischen Fruchtfolge haben wir alle Fruchtwechsel-Probleme mühelos gelöst, die uns sonst gelegentlich erhebliches Kopfzerbrechen bereiten. Wir können eigentlich nichts mehr falsch machen, wenn wir im ersten Jahr die Ausgangslage festgeschrieben haben und dann jedes Jahr die jeweilige Gemüsegruppe um eine Position weiterrücken.

Praxis der Mischkultur

Durch einen vielfältigen und abwechslungsreichen Zwischenfruchtanbau mit Pflanzen verschiedener Art in enger Nachbarschaft auf dem gleichen Beet sollen zur Einseitigkeit neigende gärtnerische Kulturen den naturgegebenen Verhältnissen angeglichen werden. Außerdem können sich durch die Anpflanzung miteinander verträglicher, sich gegenseitig fördernder Pflanzen-

Gemüse für die Mischkultur

Salate eignen sich besonders gut, auch wegen ihrer verhältnismäßig raschen Entwicklung. Sie können nahezu überall und zu jeder Zeit zwischen allen weitständigen Kulturen angepflanzt werden. Sie lassen sich in der dynamischen Fruchtfolge allerorten problemlos unterbringen, da die Blattgemüse fruchtfolge-neutral sind.

Radieschen werden lediglich von Gurken gemieden, aber sonst können die schnellsten unter den Gemüsen allenthalben und je nach Sorte ebenso zu allen Zeiten „zwischengebaut" werden; gleichzeitig helfen sie, mit spät keimenden Gemüsen, wie Möhren, Pastinaken oder Wurzelpetersilie ausgesät, deren Saatreihen zu markieren.

Möhren gehören mit Zwiebeln zur klassischen Mischkultur. Durch die gegenseitige Überlagerung der jeweils arteigenen Düfte finden die „duftgesteuerten" Möhren- und Zwiebelfliegen ihre Wirtspflanzen nicht.

Sellerie, das einzige Gemüse, das sich mit sich selbst nicht verträgt, sollte zu seinem Wohlbefinden und besseren Gedeihen immer Gesellschaft finden. Sein Wuchs und seine Gesundheit werden besonders gefördert, wenn er sich mit dem Blumenkohl anfreunden kann.

Gurken finden, so sie nicht im Frühbeet kultiviert werden, zwischen den Stangenbohnen oder auch neben Puffbohnen einen genehmen Platz.

Rettiche haben nichts gegen Rote Rüben als Nachbarn einzuwenden.

Rote Rüben sind gerne in Gesellschaft; besonders lieben sie Kopfsalat, Radieschen, Rettiche, Schnittsalat, Chicorée; mit Tomaten und Rotkohl vertragen sie sich nicht.

Winterportulak (Postelein) zwischen Winterkohl, wie Rosenkohl und Grünkohl gesät, rundet im gemäßigten Klima das winterliche Gemüsebeet ab, das bei „offenem Wetter" die Ernte frischen Grüns erlaubt und uns von der Sorge um die Lagerung befreit.

Gemeinschaften bestimmte Gemüsearten besser entwickeln und gegen Krankheiten und Schädlingsbefall schützen. Beides geht ineinander über. So sollte bei dem Zwischenbau immer darauf geachtet werden, ob sich die Nachbarn auch miteinander vertragen:

Die Tabelle (S. 96/97) mag weitere Zusammenstellungen erleichtern. Zumindest kann aus ihr entnommen werden, welche Nachbarschaften und Verbindungen wir besser vermeiden sollten.

Das Hügelbeet

Zu den speziellen Mischkulturen zählen auch das Hügelbeet und der gemischte, beetfreie Reihenanbau. Es ist eigentümlich, daß die Begeisterung für diese als besonders ertragreich und naturgemäß gepriesenen Kulturarten über die praktischen und sachgerechten Erwägungen hinaus gelegentlich so hohe Wellen schlägt, daß Argumente, die auch die Nachteile in Betracht ziehen, nicht zu überzeugen vermögen.

Das Hügelbeet soll, falls es nicht an sich als eine Art Weltanschauung gepflegt wird, Gartenliebhabern mit Kleinstgärten trotz Platzmangel volle Ernten bescheren und gleichzeitig den Komposthaufen ersetzen.

Für die Anlage eines Beetes wird eine 1,40–1,60 m breite und beliebig lange Mulde spatentief ausgehoben, in deren Mitte ein schmaler Kern aus langsam verrottenden Stoffen (zerkleinertes Holz, Äste, Strünke, grobe Abfälle) gestapelt wird. Wurden Grassoden ausgestochen, werden sie tunnelartig über das Sperrgut gelegt. Darüber packt man nun Schichten aus feineren Pflanzenrückständen, organischen Küchenabfällen und (falls vorhanden) unfertiger Komposterde, mit organischen Düngern (und eventuell mit erworbenen Mistwürmern: Eisenia foetida) angereichert – im Grunde genommen wird nach den geläufigen Regeln ein Komposthaufen aufgesetzt, nur daß er zum Schluß mit der aus der Mulde ausgehobenen Erde abgedeckt und auf dem zu einer anfänglichen Höhe von etwa 1,00 m angewachsenen Hügel zur Arbeitserleichterung eine Rinne angelegt wird, da die Kulturen gründlich gegossen werden müssen.

Der Hügel wird im Spätherbst bzw. in den Wintermonaten gebaut, wenn sich genügend organische Masse angesammelt hat. Die eigentlichen Rotte-Vorgänge kommen erst mit zunehmender Frühjahrswärme in Bewegung, so daß die sich dabei entwickelnde Haufenwärme zeitigen Aussaaten zugute kommt. Die verschiedenen Gemüsearten werden so angesiedelt, daß die höher wachsenden (Tomaten, Kohl, Dill) den Erdwall krönen. Das Mulchen darf nicht vergessen werden, zuvörderst an der Südseite des Beetes (wenn sich eine Ost-West-Anlage nicht vermeiden läßt), denn das Hacken an der Wand ist mit Schwierigkeiten verbunden.

Hügelbeetler schwärmen von ihren enormen Ernteerträgen. Was Wunder – die Gemüse wachsen ja unmittelbar auf einem Komposthaufen. Aber was da an großartigen Früchten geerntet wird, ist das Ergebnis eines triebigen Wachstums bei dem mehr Stickstoff umgesetzt wird, als die Pflanze zum Wachsen braucht – mit den tunlichst zu vermeidenden Folgen:

- Nitratspeicherung (Luxuskonsum) hauptsächlich bei den als „Nitratsammler" bekannten nitrophilen Gemüsearten wie Salaten, Spinat, Mangold, Rettich, Petersilie;
- hoher Wassergehalt in vergrößerten Zellen;
- unausgereifte oder fehlende Eiweiße;
- Fäulnisanfälligkeit und
- geringe Haltbarkeit –

kurzum: mehr Masse als Klasse.

Zwar harmonisiert sich im zweiten Jahr der restliche Stickstoffgehalt und die organische Masse hat sich in fruchtbare Gartenerde verwandelt. Aber der anfängliche Nährstoffreichtum ist natürlich angegriffen und schrumpft in den nächsten Jahren immer weiter, ohne daß Kompost nachgelegt werden kann, bis der stattliche Hügel nach vier bis sechs Jahren zu einer flachen Bodenschwelle abgewirtschaftet ist. Eigentlich ist es schon nach dem zweiten Jahr mit der ganzen „Herrlichkeit" vorbei und konsequenterweise

Kombinationsmöglichkeiten für Mischkultur

	Artischocken	Auberginen	Blumenkohl	Broccoli	Buschbohnen	Chicorée	Chinakohl	Dill	Endivien	Erbsen	Fenchel	Grünkohl	Gurken	Knoblauch	Kohlrabi	Kopfsalat	Kürbisse	Mairüben	Mangold	Möhren	Neuseel. Spinat
Artischocken																					
Auberginen																					
Blumenkohl																					
Broccoli																					
Buschbohnen																					
Chicorée																					
Chinakohl																					
Dill																					
Endivien																					
Erbsen																					
Fenchel																					
Grünkohl																					
Gurken																					
Knoblauch																					
Kohlrabi																					
Kopfsalat																					
Kürbisse																					
Mairüben																					
Mangold																					
Möhren																					
Neuseel. Spinat																					
Paprika																					
Pastinaken																					
Petersilie/Wurzelp.																					
Pflücksalat																					
Porrée (Lauch)																					
Puffbohnen																					
Rettich/Radieschen																					
Rosenkohl																					
Rote Rüben																					
Rotkohl																					
Schwarzwurzeln																					
Sellerie																					
Spargel																					
Spinat																					
Stangenbohnen																					
Tomaten																					
Weißkohl																					
Wirsing																					
Zucchini																					
Zuckerhut																					
Zwiebeln/Schalotten																					

ungünstig (–)

neutral ( )

günstig (+)

für Nachbarschaftskulturen

	Paprika	Pastinaken	Petersilie/Wurzelp.	Pflücksalat	Porrée	Puffbohnen	Rettich/Radieschen	Rosenkohl	Rote Rüben	Rotkohl	Schwarzwurzeln	Sellerie	Spargel	Spinat	Stangenbohnen	Tomaten	Weißkohl	Wirsing	Zucchini/Zucchetti	Zuckerhut	Zwiebeln/Schalotten
Artischocken																				+	
Auberginen			+	+	+		+	+		+		+		+			+	+		+	
Blumenkohl	+			+	+		+					+		+	+	+					–
Broccoli	+			+	+		+					+		+	+	+					–
Buschbohnen	+			+	–		+	+	+	+		+	+			+	+	+			–
Chicorée									+												
Chinakohl	+			+	+		+					+		+	+	+					–
Dill				+					+				+								+
Endivien					+			+		+					+		+	+			
Erbsen	–	+			–		+	+		+			+		–	–	+	+			–
Fenchel	–			+	+				–						–	–			–	+	
Grünkohl	+			+	+		+		+			+		+	+	+					–
Gurken	–						–	+	+	+		+			+		+	+			+
Knoblauch	+	+			–	–		–	+	–	+				–	+	–	–			
Kohlrabi					+		+		+		+	+	+	+	+	+					
Kopfsalat	+				+	+	+	+		+	+		+		+	+	+	+		+	+
Kürbisse															+						
Mairüben	+			+										+	+	+					
Mangold	+	+					+	+		+						+	+	+			
Möhren					+		+													+	+
Neuseel. Spinat																+					
Paprika			+	+	+		+	+		+		+		+			+	+		+	
Pastinaken					+		+													+	+
Petersilie/Wurzelp.	+						+						+			+					
Pflücksalat	+					+	+	+	+	+	+		+			+	+	+			
Porrée (Lauch)	+	+				–		+	–	+	+	+			–	+	+	+			
Puffbohnen				+	–									+							–
Rettich/Radieschen	+	+	+	+				+		+			+	+	+	+	+	+			
Rosenkohl	+			+	+		+					+		+	+	+					–
Rote Rüben				+	–																+
Rotkohl	+			+	+		+					+		+	+	+					–
Schwarzwurzeln				+	+																+
Sellerie	+				+			+		+		–			+	+	+	+			
Spargel			+	+			+														
Spinat	+					+	+	+		+					+	+	+	+			
Stangenbohnen					–		+	+		+		+		+			+	+	+	+	–
Tomaten			+	+	+		+	+		+		+		+			+	+		+	
Weißkohl	+			+	+		+					+		+	+	+					–
Wirsing	+			+	+		+					+		+	+	+					–
Zucchini/Zucchetti															+						+
Zuckerhut	+	+													+	+					
Zwiebeln/Schalotten		+				–		–	+	–	+				–		–	–	+		

müßte jedes Jahr ein weiteres Beet angelegt werden, das dann nicht länger als vier Jahre genutzt wird, um die Fruchtbarkeit einigermaßen zu erhalten. Danach könnte der Rest noch guter Erde mit für den Aufbau des neuen Hügels verwendet werden. Das heißt, daß fünf Beetplätze vorhanden sein sollten für das „Bäumchen-wechsel-dich-Spiel".

Ob sich dann noch die Mühe lohnt, darf bezweifelt werden, zumal auf dem benötigten Platz nun auch vier normale Beete und ein Komposthaufen angelegt werden können. Durch eine gezielte Versorgung der Beete mit Kompost kann die Fruchtbarkeit besser, gleichmäßig und kontrolliert, fließen, und man muß sich nicht über zweifelhafte und unüberschaubare Vorgänge den Kopf zerbrechen. Letztendlich: so groß ist der Platzgewinn nun auch wieder nicht, daß man Bewährtes verschmäht, und er wird immer geringer, je mehr der Hügel in die Jahre kommt.

Beetfreier Reihenanbau

Der beetfreie Reihenanbau braucht im Gegensatz zum Hügelbeet, das auch auf einem noch so kleinen Raum Platz hat, sehr viel Fläche. Die Reihen werden in einem Abstand von 40 cm angelegt und mit jeweils verschiedenen Gemüsen bestellt, so daß eine bestmögliche Mischkultur, in enger Beziehung und guter Nachbarschaft der einzelnen Arten zueinander, entstehen kann. Die Zwischenräume sind gleichzeitig Trittflächen für die notwendigen Boden- und Pflegearbeiten.

Dem Gewinn einer vorbildlichen Mischkultur mit allen Vorzügen für die Boden-Pflanzen-Gemeinschaft (die aber auf Beeten in nahezu gleicher Weise gepflegt werden kann) steht eine immense Platzvergeudung entgegen, die sich eigentlich nur „Großgrundbesitzer", zumal wenn sie das Gärtnern lediglich als läßliches Hobby betreiben, leisten können. Die Arbeitsflächen nehmen die gleiche Fläche in Anspruch wie die Kulturen. Das bedeutet, daß man sich beispielsweise statt möglicher fünf Reihen Möhren auf

einem normalen Beet von 1,20 m Breite mit nur drei begnügen muß, oder anders gesagt, daß eine vierköpfige Familie statt der 100 m² Gemüse-Anbaufläche für die Selbstversorgung 160 m² für den gleichen Ertrag bräuchte.

Außerdem muß intensiv gemulcht werden, da (im Gegensatz zu den blattreichen Gemüsen auf einem Normalbeet) die Schattengare fehlt und die Wege auf schweren Böden bei regnerischem Wetter ohne Gummistiefel gar nicht betreten werden können. Mulch ist aber im Sommer nur selten in so großen Mengen zu finden. Ist er knapp, muß unverdrossen gehackt werden, um zu lockern, die Wasserverdunstung zu verhindern und das Unkraut in Zaum zu halten. Nicht nur dann, sondern auch im Herbst und Frühjahr ist der Arbeitsaufwand, entsprechend der größeren Fläche, unverhältnismäßig hoch.

Besondere Hinweise für die Gemüsekultur

Ist der Mai kühl und naß,
füllt's dem Bauern Scheun' und Faß

Die Chicorée-Kultur

Vor Zeiten röstete man die Wurzel der Wegwarte (wilde Zichorie) und machte daraus Kaffee-Ersatz. Durch einen Zufall, als belgische Bauern wegen Absatzmangel die Rüben über den Winter im Freien liegen ließen, entdeckte man, daß die Austriebe im Frühjahr sehr wohlschmeckend waren. Seitdem wird „Chicorée", eine besonders zum Treiben gezüchtete Zichorienwurzel angebaut und erfreut sich wachsender Beliebtheit.

Die Treibkultur ist leicht durchzuführen. Im Oktober/November werden die Rüben ausgegraben und mit dem Laub zunächst an einen schattigen Ort ausgelegt, damit Aufbaustoffe aus den Blättern in die Wurzeln einziehen können. Nach einigen Tagen schneiden wir sie 3–4 cm

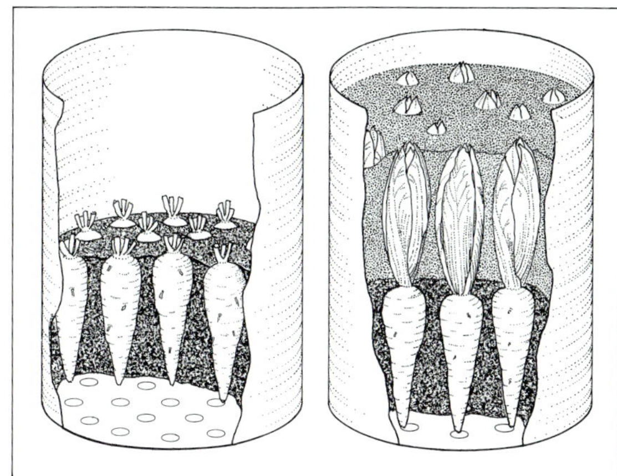

Getriebener Chicorée, Frischsalat im Winter.

über dem Wurzelhals ab, ohne das Herz zu verletzen. Gut entwickelte Rüben haben einen Durchmesser von 5–7 cm, die ideale Größe für eine vielversprechende Ernte. Kleinere Wurzeln treiben auch kleinere, dickere mehrere und offene Schosse, beide taugen nicht viel.

Zum Treiben eignet sich jeder wasserdichte Behälter, wenn er die ausreichende Höhe hat. Werden Sorten mit Deckerde bevorzugt, müssen zur Wurzel-Länge noch 20 cm hinzugerechnet werden. Wir bedecken den Behälterboden handbreit mit Erde, stellen die Rüben senkrecht hinein und füllen bis zum Wurzelhals mit einem Kompost-Sand-Erde-Gemisch auf, das wir mit Wasser einspülen, damit es sich lückenlos um die Wurzeln setzen kann. Vorsorglich in den Boden gebohrte Löcher leiten überflüssiges Wasser ab, um Fäulnis zu verhindern. Alte Sorten werden etwa 18 cm hoch mit der gleichen Erdmischung bedeckt. Sorten, die keine Deckerde benötigen, werden in einen absolut dunklen Raum gestellt. Die Behälter dürfen nicht austrocknen.

Bei günstigster Treibtemperatur von 15–17 °C können wir in etwa drei Wochen knackige Chicorée ernten. Niedere Temperatur verlangsamt den Austrieb, bei höheren Temperaturen öffnen sich (ohne Deckerde) frühzeitig lockere Schosse durch zu schnelles Wachstum. Entweder lagern wir mehrere Behälter an einem kalten Ort aus und stellen sie, wenn sich anderes Grünzeug

erschöpft hat, jeweils nacheinander in den zum Treiben geeigneten Temperaturbereich oder wir schlagen die Wurzeln frostfrei in feuchten Sand ein und füllen den Treibbehälter nach Bedarf. Dann können wir uns den ganzen Winter über an frischem Salat gütlich tun.

Porree lang und weiß

Wer große und schwere Lauchstangen ernten will, sollte dieses Gemüse auf jeden Fall vorziehen, um kräftige Setzlinge für eine spezielle Einzelpflanzung zu erhalten. Zudem wäre es ohnehin vorteilhaft, die Sommersorten bereits ab Februar unter Glas heranzuziehen, um frühzeitig im Juni Erntefreuden entgegensehen zu können. Die späteren Sorten können ab April/Mai in Saatschalen gesät werden.

Nach dem Pikieren werden die gut ausgebildeten Setzlinge, die durchschnittlich 20 cm lang sein sollten, in besonderer Weise ausgepflanzt. Dazu ist das Beet entsprechend vorbereitet worden. Mit der Hacke haben wir in einem Abstand von 30–40 cm mindestens 15 cm tiefe Furchen gezogen. In Abständen von 15–20 cm machen wir nun mit dem Setzholz auf dem Grund der Furche Löcher, in die wir die Wurzeln der Setzlinge hal-

Der Weg zum langen, weißen Porree-Schaft.

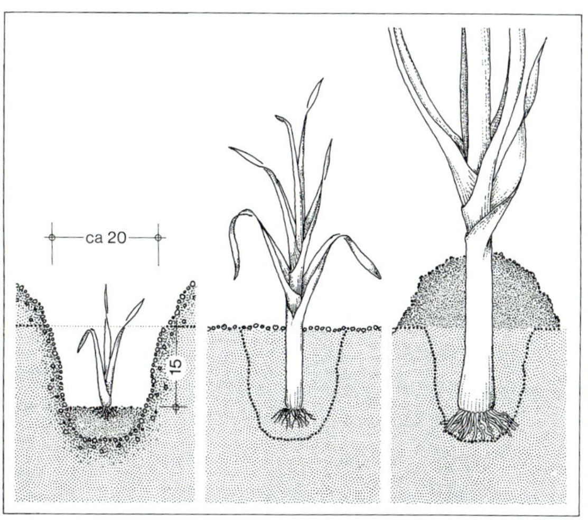

Vegetations-Kalender

		Kult.	F	M	A	M	J	J	A	S	O	N	D	J	F	M	A	Abstand	AR
Artischocken		VS																2 Pfl/m^2	
Auberginen		VSU																3 Pfl/m^2	
Blumen-kohl	– früh	VS																40 × 60	3
	– spät	FA																60 × 60	2
Broccoli	– früh	VS																40 × 50	3
	– spät	FA																60 × 50	2
Buschbohnen		F																40 × 8	3
Chicorée		FZ																40 × 12	3
Chinakohl		FZ																40 × 40	3
Endivien		FAZ																30 × 30	4
Erbsen		F																60 × 3	2
Feldsalat		F																15	7
Frühkartoffeln																		60 × 30	2
Frühlingszwiebeln		FAZ										Mai/Juni						25 × 10	5
Grünkohl		FA																60 × 60	2
Gurken		VSU																7 Pfl/m^2	
		FA																7 Pfl/m^2	
Karotten (Pariser Markt)		U																20 × 3	6
Knollensellerie		VS																40 × 40	3
Kohlrabi	– früh	VSF																25 × 25	5
	– spät	FA																30 × 30	4
Kopfsalat		U																25 × 25	5
		FA																25 × 30	5
Kürbisse		F																3 Pfl/m^2	
Löwenzahn		FZ																30 × 15	4
Mairüben		U																25 × 10	5
		F																25 × 10	5
Mangold		FZ																30 × 25	4
Melonen		FSU																1 Pfl/m^2	
		F																1 Pfl/m^2	
Möhren		FZ																25 × 4	5
Neuseeld. Spinat		VSF																4 Pfl/m^2	
Paprika		VS																40 × 50	3
Pastinaken		FZ																30 × 10	4
Petersilie		FZ																30 × 10	4
Pflücksalat		FA																30 × 30	4
Porée	– früh	VS																30 × 12	4
	– spät	FA																40 × 15	3
Portulak		F																breitwfg.	

	Kult.	F	M	A	M	J	J	A	S	O	N	D	J	F	M	A	Abstand	AR
Prunkbohnen	F				••	•••• •		▬▬▬									6–8/Horst	2
Puffbohnen	FZ	• ••••			▬▬▬												40 × 15	3
Radicchio	FAZ				••	••		▬▬▬▬									30 × 25	4
Radieschen	U	••••	•• ▬▬														20 × 5–10	6
	FZ		••	••••	••••	••••	••••	••									25 × 4	4
				▬▬▬▬▬▬▬▬▬▬▬▬														
Rettiche	FZ		••••	••••	••••	••••	••••										25 × 10–20	5
					▬▬▬▬▬▬▬▬▬													
Römischer Salat	U	••	••••	•	▬▬▬												30 × 30	4
	FA		••••	••••	••••	▬▬▬▬											30 × 30	4
Rosenkohl	FA		••••	••				▬▬	▬▬	▬▬	▬▬						60 × 60	2
Rote Rüben	FZ		••••	••••	••••			▬▬▬									30 × 15	4
Rotkohl – früh	VSF	••••	••		▬▬▬												40 × 40	3
– spät	FA		••••	••••				▬▬▬									60 × 60	2
Rübstiel	U	••	••••		▬▬▬												30 × 15	4
	FZ		••••	••••		••••	••••	▬▬▬									30 × 15	4
Sauerampfer	FZ		••••	••••	••••	••••	▬▬▬					▬▬>					25 × 15	5
Schnittsalat	U	••••	••••	▬▬▬													30	4
	F		••••	••••	••••	••••	▬▬▬▬										30	4
Schwarzwurzeln	FZ		••••	••					▬▬▬▬▬▬▬▬▬▬								30 x 7	4
Spinat	F		••••	••••	▬▬			••••	••••	▬▬	▬▬	▬▬	▬▬				25	5
Stangenbohnen	F				•	•••• •		▬▬▬									6–8/Horst	2
Stangensellerie	VS		•••	••••	•••		▬▬▬										40 × 35	3
Steckzwiebeln			••••			▬▬▬▬											30 × 10	4
Tomaten	VS		••••			▬▬▬											3 Pfl./m^2	
Weißkohl – früh	VS	••	••••		▬▬▬												40 × 40	3
– spät	FA		••••	•			▬▬▬										60 × 60	2
Winterportulak	F					•••• •• ▬▬▬▬▬▬											breitwfg.	
Wirsing – früh	VS	••••	••		▬▬▬												40 × 40	3
– spät	FA		••••	••••	••••	••••		▬▬▬									60 × 50	2
Wurzelpetersilie	FZ		••••	••••					▬▬▬								30 × 10	4
Zucchini	F			••	••••	▬▬▬											1 Pfl/m^2	
Zuckerhut	FZ				••	••		▬▬▬									40 × 50	3
Zuckermais	FZ		••••	••••		▬▬▬											80 × 20	
Zwiebeln	FZ		••••			▬▬▬▬▬											25 × 10	5

Zeichenerklärung

••••	Säen, stecken, legen	FA	Freilandanzucht von Setzlingen im Saatbeet oder in Saatkästen (Multitopfplatten)
▬▬	Ernten	FAZ	Freilandanzucht von Setzlingen oder säen und verziehen
Kult.	Kulturhinweise	F	Säen ins Freiland
U	Unterglas-Kultur	FZ	Säen ins Freiland und verziehen
VSU	Vorkultur unter Glas für Setzlinge, pflanzen nach den Maifrösten oder Unterglas-Kultur	X	Roden zum Treiben im dunklen Keller
VS	Vorkultur unter Glas für Setzlinge, pflanzen nach den Maifrösten	Abstand	Reihenabstand × Abstand in der Reihe
VSF	Vorkultur unter Glas für Setzlinge, pflanzen vor den Maifrösten	AR	Anzahl der Reihen auf dem Beet

ten und mit Wasser einschlemmen. Eine reichliche Kompostgabe beendet die Pflanzung. Bevor sich die Furchen durch Hacken und Regen wieder gefüllt haben, gönnen wir den heranwachsenden Pflanzen noch einen kräftigen Schluck aus der Wundertonne. Später werden sie noch angehäufelt, so daß sich durch die Bleichung im Erdbereich lange, weiße und geschlossene Schäfte bilden können.

Suppengewürz

Unsere Urgroßmütter stellten von den Lauch-Blättern, zusammen mit Sellerie-Laub, einigen Möhren, Zwiebeln, Petersilie und Liebstöckel, ein Salzgemüse für Suppen und Saucen her: Gemüse mit dem Wiegemesser oder im Mixer fein zerkleinern, den gleichen Gewichtsanteil Meer-Salz zusetzen, zwei Tage ziehen lassen, währenddessen wiederholt umrühren, in Gläser füllen, im Dunklen aufbewahren und bei Bedarf damit nach Geschmack würzen.

Frühkartoffeln wollen vorgetrieben werden

Die Kartoffel, ein Nachtschattengewächs, vermehrt sich vegetativ durch einjährige Sproßknollen, deren kälteempfindliche Sproßknospen oder Augen im Frühjahr erst keimen, wenn die Bodenwärme einsetzt. Unabhängig von der Bodentemperatur können wir jedoch Kartoffeln so weit vorkeimen, daß sie beim Auspflanzen, über das heikle Keimstadium weitgehend hinausgewachsen, gegen mögliche Beeinträchtigungen im Erdreich gefeit sind, und die Kultur sich mit einem beträchtlichen Vorsprung so zügig weiter entwickeln kann, daß wir in 60–80 Tagen mit der Ernte beginnen können.

Die Saatkartoffeln werden Anfang März, nach einem Wärmestoß von zehn Tagen in einem beheizten Raum, in flachen Behältern (Gemüsesteigen) oder Eierschachteln mit dem Augenpol nach oben auf feuchte Komposterde gelegt und an einen hellen, 10–15 °C kühlen Platz gestellt.

Im Laufe von etwa 4 Wochen entwickeln sich kurze, dicke, dunkelgrüne Lichtkeime, die besonders stark werden und nicht so leicht abbrechen, wenn der „Tag" durch künstliches Licht auf 16 Stunden verlängert wird. Während dieser Zeit unterstützt eine 2- bis 3malige Spritzung mit Baldrian-Blütenextrakt den Keimprozeß.

Wenn die Sprosse etwa 1 cm lang sind, kann man noch ein übriges tun. In eine Tüte (z. B. Papier-Frühstücksbeutel) wird eine Hand voll gut durchfeuchtete Komposterde getan, die Kartoffel (mit den Keimen nach oben) hineingegeben und mit Kompost aufgefüllt. Die offenen Tüten werden am selben Platz eng aneinandergestellt, damit die Erde nicht austrocknet. Während ca. 14 Tagen entwickelt sich ein kräftiger Wurzelballen, ohne daß die Sprosse wesentlich weiterwachsen. So haben wir die besten Voraussetzungen für den „fliegenden Start" im Erdreich.

Etwa Mitte April werden die vorgetriebenen Kartoffeln auf die im vorausgegangenen Herbst gut mit Kompost, Mulch und Gesteinsmehl versorgten Beete ausgepflanzt. In Abständen von 30–35 cm werden auf einer dick mit Algomin markierten Reihe mit dem Spaten Pflanzlöcher ausgehoben, die Tüten hineingestellt und in reichlich Kompost eingebettet, wobei darauf geachtet werden muß, daß die verletzlichen Sprosse nicht abbrechen. Wir geben noch je eine Hand voll Gesteinsmehl und Holzasche (Kali) dazu und bedecken das Pflanzgut mit dem Erdaushub des nächsten Pflanzloches. Nach dem Pflanzen werden die Reihen leicht angehäufelt, um die Knollen gegen Spätfröste zu schützen. Sollten einige Triebe sich schon zu weit vorgewagt haben, wenn sich die Eisheiligen ankündigen, schützt sie eine Abdeckung mit Blumentöpfen oder Acryl-Folie.

Spätestens dann, wenn die Pflanzen 20 cm groß geworden sind, werden sie vollends angehäufelt, damit die Knollen, von reichlich Erdreich umgeben, ihr „Nest" füllen können. Damit wird die Bildung von Chlorophyll und dem giftigen Solanin verhindert (grün gewordene Kartoffeln sind ungenießbar) und aufgelaufenes Unkraut getilgt. Eine anschließend aufgebrachte Mulchschicht hemmt weiteres Aufkeimen und schützt vor Trockenheit.

Zwei- bis dreiwöchige Güsse mit Brennesseljauche unterstützen das Wachstum. Besonders dankbar sind die „Erdäpfel" für eine Blattdüngung mit Algenextrakten, wenn sich die Reihen geschlossen haben: mehrmalige Spritzungen tragen sowohl zum Gedeihen als auch zur Festigung der Widerstandskraft gegen Pilzbefall bei.

Zu fürchten sind vornehmlich die Krautfäule und andere Erkrankungen, deren Erreger lange im Boden bleiben, weshalb vorsorglich eine vierjährige Fruchtfolge eingehalten werden sollte. In pilzgefährdeten Lagen wird bereits im Herbst und noch einmal im Frühjahr die bewährte Schachtelhalmjauche ausgebracht. Weiterhin können die Stauden vorsorglich mit Gesteinsmehlen gestäubt werden. Bei großer Befallsgefahr während anhaltender feucht-warmer Witterung hat sich eine NAB-Spritzung (siehe S. 134) bewährt. Der Algenkalk, der von der Sonne nach überstandenem „Pilzwetter" in die Blätter „eingebrannt" wird, dürfte auch den Kartoffelkäfern nicht sonderlich gefallen.

Wenn die Stauden vergilben, kann mit der Ernte begonnen werden. Nach Bedarf werden die Knollen, von Mahlzeit zu Mahlzeit, ausgebuddelt. Im Boden sind sie am besten aufgehoben. Erst wenn das Kraut vertrocknet ist, sind sie völlig reif und können dann auch noch eine gewisse Zeit gelagert werden. Geräumt werden die Beete erst, wenn sie für die nachfolgenden Kulturen gerichtet werden müssen.

Insgesamt können wir damit rechnen, von ungefähr 50 Saatkartoffeln, auf zwei 4,00 m lange Normalbeete ausgepflanzt, rund einen Zentner (= 500 dz/ha) zu ernten. Das übertrifft bei weitem die in der Landwirtschaft erzielten Erträge von 300 dz/ha.

Saatgutgewinnung

Trotz beschränkter Lagerzeit sollte es gelingen, einige Kartoffeln über den Winter zu bringen, denn es ist recht mühsam, immer geeignetes Saatgut im Handel zu erhalten. Nicht nur daß der Versand wegen Frostgefahr meistens auf eine Zeit

verschoben wird, die für ein frühes Treiben nicht mehr in Frage kommt. Hinzu kommt, daß gerade die sehr frühen Sorten im Vermehrungs-Anbau wegen Anfälligkeit sehr unbeständig sind und verhältnismäßig schnell abbauen.

Mit dem Überwintern von Saatkartoffeln, das am sichersten in der Erdgrube gelingt, ist es alleine noch nicht getan. Um uns vor Enttäuschungen im Nachbau zu bewahren, sollten wir unsere Lieblingssorte vorsorglich erst einmal so „aufbauen", daß sie ohne Verluste im Garten vermehrt werden kann.

Durch das „Äugeln" wird die Reproduktionskraft nicht nur angeregt, sondern auch lange erhalten. Aus der ganzen Kartoffel werden Stücke mit je einem Auge ausgeschnitten. Die Schnittstellen lassen wir vor der Pflanzung auf ein Saatbeet antrocknen, um Bodenfäulnis zu verhindern. Der Keimling wird so gezwungen, sich ganz auf seine eigene Wuchskraft zu verlassen, ohne von der Mutterknolle ernährt zu werden, aber auch ohne daß deren Müdigkeit auf ihn übergeht. Die heranwachsenden, gesunden Knollen werden trotzdem einer scharfen Auslese unterzogen, bevor sie im nächsten Jahr als Saatgut Verwendung finden.

Eine andere Methode hat sich ebenfalls bewährt, die im Grundsatz dem Äugeln ähnlich ist. Getriebene Sprosse werden ausgebrochen und jeweils zu mehreren in ein Pflanzloch gesteckt. Von den heranwachsenden Trieben bleiben nur die stärksten stehen. Nach dieser ersten Auslese werden wiederum lediglich die größten Knollen als nächstjähriges Saatgut verwendet.

Der in beiden Fällen impulsierte „Erneuerungs-Schub" braucht in den folgenden Jahren nicht mehr wiederholt zu werden. Die Reproduktionskräfte bleiben erhalten, wenn eine gute Kompost-Wirtschaft praktiziert wird.

Die Zwiebel-Sippe

Obwohl die einzelnen Mitglieder der *Allium*-Familie in mancher Hinsicht voneinander verschieden sind, haben sie etwas gemeinsam: die Ansprüche an Boden und Standort. Besonders gut gedeihen Zwiebeln auf mittelschweren, krümeligen, kalkhaltigen Böden, die schon einige Zeit in Kultur gestanden haben, und in vollsonniger Lage, wo sie gut ausreifen können. Rohe Böden behagen ihnen überhaupt nicht. In leichten Sandböden wachsen verhältnismäßig kleine, aber gut lagerfähige Zwiebeln heran, während sie in schweren, nassen Böden zwar größer werden, aber schneller faulen.

Besonders günstig wirkt sich die herbstliche Versorgung der Beete mit Kompost (siehe Seite 72) aus. Die Zwiebeln finden im Frühjahr einen belebten, mürben, milden Boden mit einem ausgeglichenen Nährstoffangebot vor, von dem wir noch die organischen Rückstände abharken (die sie auch nicht mögen). Zwiebeln brauchen weder eine Bodenbearbeitung (eine erneute tiefgründige Lockerung läßt sie in die Tiefe statt in die Knolle wachsen) noch eine Düngehilfe. Sie sind Schwachzehrer. Allenfalls streuen wir den Kali-Liebhaberinnen beim Säen, Stecken oder Pflanzen ein wenig Holzasche aufs Beet. Grundverkehrt wären stickstoffhaltige Gaben. Sie würden das Wachstum in üppiges Laub schießen lassen, das Ausreifen der Knollen hemmen, Zwiebelfliegen anlocken, Fäulnis begünstigen und die Haltbarkeit zunichte machen.

Die einzelnen Zwiebelarten unterscheiden sich neben Kultur, Form, Verwendung und Geschmack vor allem durch die verschiedenen Erntezeiten, die uns in die angenehme Lage versetzen, vom Frühjahr bis zum zeitigen Herbst stets ernten zu können (vorausgesetzt, wir bauen alle Arten an).

 ## Küchenzwiebeln

Sie werden in der Küche am häufigsten verwendet. Seit mehr als 4000 Jahren sind sie als Gemüse-, Würz- und Heilpflanzen bekannt und gediehen schon zur Zeit des Pyramidenbaus unter ägyptischer Sonne und im Nilschlamm nicht minder prächtig als in ihrer innerasiatischen Heimat.

Sie haben sich an unser gemäßigtes Klima gewöhnt. Um aber einem nassen Frühjahr in rauhen Lagen, in denen sich der Boden spät erwärmt, zu entgehen, können sie im Haus vorgezogen werden. Bereits Ende Februar gesät, werden die Sämlinge nach einer Keimzeit von etwa 3 Wochen pikiert und am besten im Frühbeet weiter kultiviert, um dann in der zweiten Aprilhälfte ausgepflanzt zu werden. Die frühe Entwicklung hat auch den Vorteil, daß die Zwiebeln, wenn es an Wärme mangelt, durch eine längere Vegetationszeit besser ausreifen können. Nur völlig ausgereifte Früchte sind gut lagerfähig.

Erst wenn das Laub bei sonnigem Wetter zu zwei Dritteln abgetrocknet und auch abzusehen ist, daß es in den nächsten Tagen nicht regnen wird, ziehen wir die Zwiebeln aus der Erde und lassen sie noch ein paar Tage auf dem Beet liegen, um die Reife beim ersten Trocknen vollends zu beschließen.

Verzögert sich die Erntereife wegen anhaltenden schlechten Wetters, treten wir die Schlotten nicht nieder um eine Notreife zu bewirken, wie es gelegentlich empfohlen wird, sondern heben die Zwiebeln mit der Grabegabel leicht an. So wird die Wasseraufnahme durch die Wurzeln unterbrochen und das Kraut vergilbt.

Zwiebelart	Aussaat Monat	Ernte Monat	Bemerkungen
Winterheckzwiebeln	7/8	4/5	Schnittgrün, ausdauernd
Frühlingszwiebeln	8/9	5/6	Winterschutz, Frischverzehr
Perlzwiebeln	8/9	6	Winterschutz
Schalotten	3	7/8	beste Lagerfähigkeit
Küchenzwiebeln	3	9	gute Lagerfähigkeit

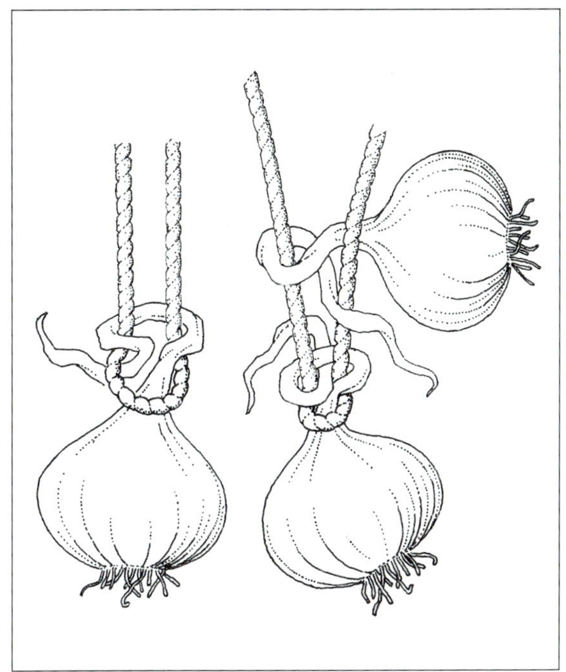

So wird ein prächtiger Zwiebelzopf gefädelt.

Unter Dach und luftig werden Zwiebeln mit dem absterbenden Laub „auf die Leine gehängt" und getrocknet und nach dem Säubern von losen Schalen und Laub kühl gelagert. Sie können sogar leichten Frost vertragen, sollten aber im gefrorenen Zustand nicht berührt werden. Mit etwas Geschick können wir nach altem, ländlichem Brauch Zwiebel-Zöpfe flechten. Auf diese Art lassen sie sich, kühl und luftig aufgehängt, am besten trocknen und aufbewahren. Nicht lagerfähig sind sogenannte Dickhälse.

Ebenfalls nicht lange haltbar sind die neueren, rasch wachsenden, mächtigen Sommer-Gemüse-Zwiebeln, deren Fleisch saftiger und weniger scharf ist. Besonders große Zwiebeln, die bis zu 1500 g wiegen können, erntet man aber nur, wenn sie gepflanzt werden. Für die Pflanzkultur werden die Zwiebeln bereits im Januar im Haus ausgesät, später pikiert und dann Ende April, Anfang Mai ins Freiland ausgepflanzt.

Wenn wir Zwiebeln unregelmäßig säen, gewinnen wir unterschiedliche Größen. Dort, wo sie zu eng stehen, bleiben sie klein, sterben bald ab und

werden dann als Steckzwiebeln verwendet. Entsprechend den weiteren Abständen entwickeln sich die verbleibenden Zwiebeln mehr oder weniger groß (und gerade die kleineren sind oftmals sehr gefragt). Wo es für große Zwiebeln zu eng ist, kann man einige schon als Jungzwiebeln ziehen, die dann mit dem Grün verwendet werden.

Steckzwiebeln

Wenn wir sie durch dichte Saaten selbst gewinnen, sollen sie scharf getrocknet, möglichst eine Zeit lang gedarrt werden, um zu verhindern, daß die zweijährigen Pflanzen, im nächsten Jahr angebaut, zum Blühen kommen. In der Praxis hat sich jedoch gezeigt, daß eine gute Trocknung ausreicht, zumal sich auch durch die Darre der Blühimpuls nicht gänzlich unterbinden läßt. Viele Zwiebeln werden ohnehin vor dem Schossen geerntet. Außerdem können wir den Blütentrieb abschneiden, was allerdings beidzeiten geschehen muß.

Andererseits sind uns die Blühwilligen sehr willkommen, falls wir eigenen Samen gewinnen wollen. Die großen, grünlichweißen Kugeldolden sind überdies wunderschön anzusehen und ein Lebensquell für viele nützliche Insekten. Wir lassen den Samen an der Pflanze ausreifen (bis er schwarz geworden ist). Auch nach der Ernte sollte der Samen zum Nachtrocknen ausgebreitet werden, bevor er trocken aufbewahrt wird.

Beim Pflanzen werden Steckzwiebeln nur leicht eingedrückt. Vor dem Stecken legen wir sie einige Stunden in Regenwasser, damit sie aufquellen. Versäumen wir es, „springen" sie wieder heraus, da sich durch die Aufnahme der Bodenfeuchtigkeit ihr Volumen vergrößert. Falls wir auch dann noch hier und dort einige „Springer" wieder in die rechte Lage bringen müssen, ist das immer noch besser, als sie (wie gelegentlich empfohlen) bis zum „Kragen" in die Erde zu pflanzen und festzutreten. Sie würden sich nicht nur später, sondern auch schlechter entwickeln.

Winter-Steckzwiebeln werden im Oktober gesteckt und können ab Mai des nächsten Jahres geerntet werden.

 Frühlingszwiebeln

Sie sind, aus dem kalten Sibirien in unsere Gärten übergesiedelt, frosthart. In günstigen Lagen werden sie im August, in rauhen in der zweiten Julihälfte gesät. Fehlt es dem Boden noch an der wünschenswerten Humus-Struktur, können sie auch zunächst auf einem Saatbeet vorgezogen und später an Ort und Stelle ausgepflanzt werden. Die Pflanzen müssen mindestens 15 cm hoch sein, um den Winter, gegen den Schneedruck durch überdeckte Reiser geschützt, problemlos überstehen zu können.

Bereits im April können wir Schlottenzwiebeln ziehen und mitsamt dem Laub verspeisen. Wir können sie auch später als Trockenzwiebeln ernten, die dann bis zum Herbst haltbar sind. Neben den altbekannten weißen, runden oder flachen Frühlingszwiebeln gibt es jetzt auch eine rote Sorte.

Schalotten

Mild und fein im Geschmack, gehören sie zur Elite der Feinschmecker-Küche. In Vorderasien beheimatet, mögen sie es gerne wärmer als die Küchen-Zwiebeln. Die Bodenansprüche sind nicht sehr hoch, sie wachsen sogar auf leichten Sandböden besonders gut. Sonst werden sie aber so kultiviert wie gesteckte Küchen-Zwiebeln.

Bei uns kommen Schalotten nur selten zum Blühen. Sie werden daher durch Steckzwiebeln vermehrt. Aus einer Schalotte, die im Herbst oder im zeitigen Frühjahr (bis März) in einem Abstand von 15 x 25 cm so tief gesteckt wird, daß sie gerade verschwindet, entsteht ein ganzes Nest von Zwiebeln, die besonders gut geraten, wenn wir die Pflanzen anhäufeln. Bei der Ernte, Ende Juli, trennen wir die Zwiebeln voneinander und lassen sie noch einige Sonnentage zum Abtrocknen draußen liegen. Aus der Ernte wählen wir gleich gut ausgewachsene Zwiebeln für die nächstjährige Kultur, sonst bleiben womöglich nur noch kleine übrig, die keine volle Ernte erwarten lassen. Sie werden, wie alle Zwiebeln, trocken aufbewahrt. Schalotten sind enorm haltbar, sie können die Zeit bis zur nächstjährigen Ernte ohne weiteres gut überstehen.

 Perlzwiebeln

Perlzwiebeln oder Silberzwiebeln sind kleine, kugelige Zwiebelchen, von einem weißlichen, silbernen Häutchen umschlossen. Wir kennen sie vor allem als Einlegezwiebeln, die in Mixed Pickles unentbehrlich sind.

Im sandigen, humosen Boden entwickeln sich Perlzwiebeln, die sich wie bei den Schalotten als Nebenzwiebeln um die Hauptzwiebel bilden, am besten. Obwohl man die „echten" auch säen kann, werden sie besser durch die Neben- oder Brutzwiebeln vermehrt. Im Gegensatz zu den Schalotten werden sie im Spätsommer gesteckt. Wenn sich im nächsten Frühjahr Blütenstände bilden, müssen wir sie abschneiden, damit sie das Wachstum der Nebenzwiebeln nicht beeinträchtigen. Es sei denn, wir wollen für die Vermehrung Brutzwiebeln gewinnen, die sich im Fruchtstand statt des Samens bilden. Bei der Ernte im Juni werden die größeren Zwiebeln in der Küche verwendet und die kleineren für die nächstjährige Kultur trocken aufgehoben.

„Falsche" Perlzwiebeln sind spezielle Sorten der Küchenzwiebel. Sie bleiben besonders klein, wenn sie auf leichten Böden im April dicht gesät werden. Bereits nach 12–15 Wochen können sie geerntet werden. Das aus Holland kommende Saatgut wird möglicherweise nur in ausgesprochenen Samen-Fachgeschäften zu finden sein. Sorten: 'Baretta' und 'Pompeji'.

Winterheckzwiebeln

Die Zwiebeln mit dem botanischen Namen *Allium fistulosum* sind verhältnismäßig selten in unseren Geschäften anzutreffen, obwohl sie zu den winterlichen Vitamin-Lieferanten gehören. Sie haben viele Namen, nur wenige seien genannt: Lauch-, Röhren-, Schnitt- oder Schlottenzwiebeln, Winterlauch, Johannislauch – die schon darauf hinweisen, daß weniger Zwiebeln als viel mehr Lauch heranwächst, der auch im Winter grün geschnitten werden kann. Er hat einen milden Zwiebelgeschmack und kann in der Küche als Würze für Rohkostgerichte, als Salatbeilage oder auch als Suppengrün verwendet werden.

„Echte" Winterheckzwiebeln stammen ebenfalls

aus Sibirien, sind ausdauernd, frosthart und bilden Horste (die in der Reihe eine „Hecke" bilden). Sie entwickeln keine eigentlichen Zwiebeln, sondern der im Boden sitzende Schaft hat nur eine längliche Verdickung. Zahlreiche Nebenzwiebeln sitzen an einem ausdauernden Wurzelstock, weswegen die Pflanze auch den Beinamen „ewige Zwiebel" hat. Alle 2–3 Jahre wird die Kultur umgepflanzt. Die am stärksten bestockten Büsche werden aufgeteilt und die größten Zwiebelschäfte im Frühjahr oder Herbst wieder ausgepflanzt. Winterheckzwiebeln können auch durch Brutzwiebelchen vermehrt werden, die sich im Fruchtstand bilden.

„Falsche" werden als einjährige Lauchzwiebeln in vielen Sorten angeboten. Sie sind nicht winterhart und bilden auch keine Nebenzwiebeln. Ihre Form, ein porreeartiger Schaft ohne ausgesprochene Zwiebelbildung, und der Geschmack sind aber gleich wie bei den „echten". Lauchzwiebeln werden wie Küchenzwiebeln kultiviert.

Die Kürbisgewächse

Sie kommen, wie auch die anderen Fruchtgemüse, aus dem warmen Süden. Je nach der näheren oder ferneren Heimat stellen sie große bis sehr große Ansprüche an Wärme und Sonne. Allesamt sind sie Vielfraße, brauchen einen nahrhaften Boden, gelegentlich Nachdüngung und reichlich Wasser. Sie sind zwar eine Familie, aber das gesellige Beisammensein meiden sie lieber, denn Melonen mögen es wärmer und Zucchini luftiger als Gurken, und Kürbisse haben sowieso ihren Stammplatz beim Komposthaufen.

Ob sie im Frühbeet oder im Freiland kultiviert werden, die durchschnittlich ungefähr eine Woche dauernde Keimphase sollte, nachdem wir Ende April zwei, drei Samenkörner in 7 cm-Töpfe gestupft haben, zunächst im Haus bei etwa 22 °C abgewartet werden. Für die weitere Anzucht ist ein Frühbeet am besten geeignet. Bis zum Ausplanzen ins Freiland (in der zweiten Maihälfte) halten wir die Setzlinge möglichst

gleichmäßig 16–18 °C warm und feucht, lüften regelmäßig mehr oder weniger je nach Wetterlage und Windrichtung, schattieren bei Sonne und besprühen gelegentlich die Blätter mit temperiertem Regenwasser. Mindestens einmal pflanzen wir sie in größere Töpfe um, damit sich ein kräftiger Wurzelballen bilden kann.

Beim Fruchtansatz muß besonders reichlich gegossen werden. Die flach wurzelnden Kürbisgewächse leiden eher unter Wassermangel als Tiefwurzler. Auch beim Hacken müssen wir an die flach verlaufenden Wurzeln denken. Besser ist es, von Anfang an für eine dicke Mulchschicht zu sorgen. So trocknet auch der für eine Nachdüngung am besten geeignete halb verrottete Kompost nicht ab und bleibt besser wirksam. Neben Düngegüssen sind Blattspritzungen mit Algenextrakten sehr zu empfehlen.

Gurken

Aus feuchtwarmen Gebieten Ostindiens oder Afrikas stammend, sind sie auch über das Jugendalter hinaus gut im Frühbeet aufgehoben, wo sie bei mißlichem Wetter besser geschützt werden können. Ein weiterer Vorteil ist die gute Komposterde, die Nahrung und Wärme bereit hält. Schwerere Böden, die noch lange kalt sind, mögen Gurken nicht. Bei Bodentemperaturen unter 10 °C faulen die Wurzeln.

Eine Frühbeet-Fußbodenheizung für Gurken.

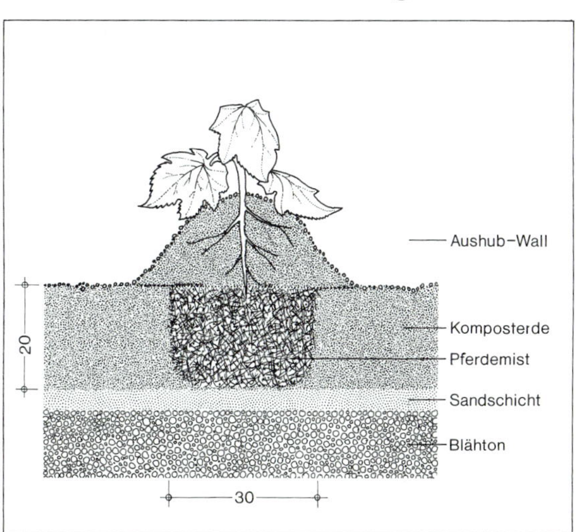

Für die nötigen „warmen Füße" wird ein „Heizkissen" ins Saatbeet gelegt: wir heben in der Mitte des Frühbeetes (in Längsrichtung) eine etwa 20 cm tiefe und 30 cm breite Furche aus und füllen sie mit frischem Pferdemist, den wir festdrücken und mit der ausgehobenen Erde so bedecken, daß ein kleiner Wall entsteht, der oben abgeflacht ist. Unter solchen Bedingungen kann bereits Ende März gesät werden: alle 50 cm 3–4 Korn in die Mitte des Walles. Später lassen wir die beiden stärksten Pflanzen stehen, die mit abnehmender Wärmeentwicklung in der rottenden Mistpackung reichlich Nahrung finden.

Wenn nach dem Erscheinen des 5. Blattes die Spitze abgeknipst wird, bilden sich viele Seitentriebe, die reiche Früchte tragen. Versäumen wir es, sie gleichbleibend feuchtzuhalten, schmecken sie durch den Wachstumsstau bitter. Bei Hitze mögen sie zusätzlich ein Überbrausen mit sonnendurchwärmtem Wasser aus der Vorratstonne. Gurken sollte man niemals mit kaltem Leitungswasser gießen oder überbrausen. Vor allem bei heißem Wetter führen Kälteschocks zur berüchtigten Welkekrankheit, bei der ganze Pflanzen schlagartig zusammenbrechen.

Die Früchte lassen wir nicht zu groß werden, damit sich die Pflanze nicht vorzeitig erschöpft. Nur wenn wir zügig (in den Vormittagsstunden) ernten, werden die Pflanzen angeregt, immer wieder neue Blüten zu bilden. Bei der Ernte dürfen die Ranken nicht verletzt werden. Vorsorglich reißen wir die Früchte nicht ab, sondern brechen sie ab. Werden Einlegegurken ab Mitte Juli etwa zweimal überpflückt, gönnen wir ihnen nach jeder dritten Ernte einen kräftigen Schluck aus der Brennessel- oder Comfrey-Tonne, aber nur einen mäßigen aus der „Wundertonne".

Auch im Freiland können wir bei schweren und nassen Böden die „Fußbodenheizung" anwenden. Die Furche kann hier ruhig noch etwas tiefer sein. Der Erdaushub wird vor der Wall-Aufschüttung großzügig mit Kompost angereichert. Auf wärme-, wasser- und luftdurchlässigen Böden erübrigt sich die Mistpackung. Aber 20 cm hohe Dämme aus Kompost-Erde (halb und halb) sollten wir trotzdem anlegen, da sich die Erde, angehäuft und dunkel, schneller und besser erwärmt. Mit dem Auspflanzen vorkultivierter Setzlinge oder der Aussaat (5 cm Körnerabstand, auf 25–30 cm vereinzeln, Reihenabstand 1,50 m) warten wir, bis die Eisheiligen vorbei sind. Bei kritischem Wetter setzen wir den Jungpflanzen „Sonnenhüte" auf (Seite 88), oder wir lassen sie überhaupt unter einem Folientunnel heranwachsen, bis die Schafskälte im Juni vorüber ist. Für einen Windschutz, zum Beispiel durch eine benachbarte Reihe Zuckermais, Stangenbohnen oder eine Mauer sind Freilandgurken außerordentlich dankbar. Und vergessen wir nicht, daß sich der Dill, den auch die Gurken mögen, im feuchten Gurkenmilieu sehr wohl fühlt.

Schlangengurken

Sie gedeihen nur im Kleingewächshaus oder natürlich auch im selbstgebauten Folienhäuschen. Sie werden an der Schnur oder an Gittern aus Baustahlmatten gezogen. Ebenso klettern Einlegegurken im Freiland an zwei gegeneinandergestellten Gittern hoch, wenn man den Ranken beim ersten „Anfassen" hilft.

Zur Vorbeuge gegen Pilzerkrankungen bringen wir bereits im vorangegangenen Herbst und im zeitigen Frühjahr Schachtelhalmjauche aus. Auch das Verstäuben von Algenkalk auf taunasse Blätter hat sich bewährt, das die Pflanze zusätzlich mit Kalk, Magnesium und Spurenelementen versorgt.

Gegen die gefürchtete Welkekrankheit und andere Pilzerkrankungen sind Gurken mit Sicherheit gefeit, wenn wir sie auf Feigenblatt-Kürbisse *(Cucurbita ficifolia)* veredeln, wodurch wir krankheitsresistente Unterlagen gewinnen, deren kräftigeres Wurzelwerk auch höhere Erträge erwarten läßt:

1. In einen mindestens 11 cm durchmessenden Topf mit Komposterde stecken wir zunächst einen Gurkenkern, halten ihn feucht und 22 °C warm, und stecken nach ungefähr fünf Tagen etwa 3 cm daneben einen Kürbiskern (der Kürbis entwickelt sich schneller, zum Veredeln müssen beide Triebe gleich weit entwickelt sein);

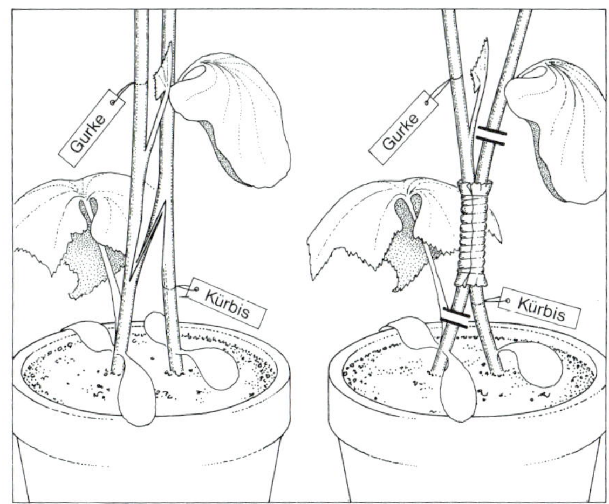

Gurken-Kürbis-Veredlung verhütet Pilzbefall.

2. Wenn sich nach etwa drei Wochen die ersten Laubblätter entwickelt haben, schneiden wir mit einem scharfen Messer (Rasierklinge) bei einem Trieb von oben nach unten, bei dem anderen in gleicher Höhe von unten nach oben bis zur Mitte des jeweiligen Triebes eine Zunge, fügen die Triebe fest zusammen und verbinden sie miteinander (Bleifolie, Wollfaden);

3. Die so „verbandelten" Pflanzen stellen wir bei mindestens 22 °C und hoher Luftfeuchtigkeit in den Schatten (Kunststoff-Beutel mit Löchern überstülpen) und schneiden, nachdem die Schnittstellen verwachsen sind, von der Kürbispflanze die Triebspitze und bei der Gurke die Wurzel ab.

4. Nach dem Auspflanzen – auch bei der Frühbeet-Kultur muß diese Veredelungsmethode angewendet werden – wird die Kürbis-Gurken-Pflanze zunächst nur wenig gegossen und zur besseren Wurzelbildung angehäufelt, was überhaupt allen Gurkensetzlingen gut bekommt.

Kürbisse

Sie sind nicht so empfindlich wie Gurken, obwohl sie in südlichen Ländern beheimatet sind. Haben sie ihre Kindheit in warmer Obhut gut überstanden, tolerieren sie, von robuster Natur, später auch Klimaeinbrüche, vertragen jedoch keinen Frost.

Der bestgeeignete Platz ist der Komposthaufen, den sie gleichzeitig mit ihren Ranken beschatten können. Gegen Ende Mai werden die vorkultivierten Setzlinge an den Fuß und auf der Sonnenseite des Haufens ausgepflanzt oder 2–3 Korn unmittelbar gesät und später ausgedünnt. Jede Pflanze braucht etwa 3–4 m² Platz. Die Starkzehrer finden in dem vom Regen sich bildenden Sikkerwasser reichlich ausgewaschene Nährstoffe. Auf dem Haufen angesiedelte Kürbisse würden den Kompost auslaugen! Setzen wir sie aufs Beet, wo sie unnötig viel Platz wegnehmen, müssen wir für eine ausreichende Mistpackung sorgen. Nach sechs Blättern kappen wir den Haupttrieb. Dadurch wird die Pflanze zur Ausbildung von Seitentrieben angeregt, an denen sich eine bessere Fruchtbarkeit entfalten kann. Je nachdem ob wir kleine oder große Früchte ernten wollen, dünnen wir die Fruchtansätze entsprechend aus. Für die Entwicklung sehr großer Kürbisse ist das Belassen von drei Früchten je Pflanze fast schon zu viel.

Neben den altbekannten gelben Riesen gibt es neuerdings auch andere Sorten. Rondinis oder Ölkürbisse haben schalenlose Kerne, die sich gut zum Verzehr eignen und auch in der Heilkunde Verwendung finden. Von süßem Geschmack sind die glockenförmigen, gelben Früchte des Melonenquash. Das Fruchtfleisch der aus Japan stammenden Spaghetti-Kürbisse, die bis zu 4,00 m lange Ranken entwickeln, zerfällt nach dem Abkochen in lange, nudelartige Fäden, die man wie Spaghetti zubereiten kann. Und die rankenlosen Patison-Kürbisse sind weiß und scheibenförmig („Sperling's Ufo').

Melonen

Die aus Afrika und Südasien stammenden Tropengewächse gedeihen nur in guten Jahren und dann im Weinbau-Klima. Ansonsten ist die Kultur im Frühbeet oder Kleingewächshaus vorzuziehen.

Viel Wärme, volles Licht, ausreichende Bodenfeuchtigkeit, reichlich Kompost und eine lange Kulturzeit (sie setzen erst nach zweimaligem Stutzen der Ranken Früchte an): wenn wir die

Ansprüche erfüllen und der Geduldsfaden nicht reißt, werden wir mit selbstgezogenen Zuckermelonen belohnt, die unvergleichlich aromatischer sind als die übliche Marktware.

Die vorgezogenen Setzlinge werden bei Bodentemperaturen von 14–18 °C ausgepflanzt, wobei die Nachttemperaturen auch nicht wesentlich darunter liegen sollten. Wir stutzen den Haupttrieb nach dem fünften bis sechsten, die Seitentriebe nach dem fünften Blatt und entspitzen den Fruchtansatz, wenn die Früchte, die wir zur besseren Entwicklung bis auf höchstens drei ausgedünnt haben, walnußgroß geworden sind.

Im Kleingewächshaus werden Melonen an Schnüren oder Drähten gezogen. Vorsorglich bestäuben wir die Blüten mit einem Pinsel, da wir uns hier auf Insekten nicht unbedingt verlassen können. Im Freiland und im Frühbeet lassen wir die Pflanzen kriechen, sollten die Früchte aber auf ein Holzbrett legen, um Fäulnis durch die unentbehrliche Bodenfeuchte zu verhindern.

◣ Zucchini

Im europäischen Süden beheimatet, ist ihnen die Anpassung selbst an frische Lagen nicht schwergefallen: sie wachsen in jedem Klima. Ein weiterer Vorteil ist, daß die Pflanze, deren Früchte wie Gurken als Salat oder Gemüse zubereitet werden können, keine Ranken hat. Dennoch beansprucht sie einen etwa 1 m² großen und luftigen Platz.

Wenn Zucchini an das Klima auch keine großen Ansprüche stellen, ein reiches Nährstoffangebot mögen sie gleichwohl nicht entbehren. Einen hohen Ertrag können wir erwarten, wenn wir eine flache Grube ausheben, sie mit halbverrottetem Kompost, der möglichst noch mit Pferdemist angereichert ist, bis zum Rand füllen und die Pflanzen auf den mit dem Erdaushub aufgeschütteten, abgeflachten Hügel setzen. Mit Wasser dürfen wir selbstverständlich nicht knausern. Bei heißem, trockenem Wetter tut ihnen auch ein Überbrausen mit abgestandenem Wasser gut.

Die schnell wachsenden Früchte (bis zu 5 cm je Tag) sollten, ähnlich wie Gurken, fortlaufend geerntet werden. 20–25 cm lang sind sie am feinsten. Lassen wir sie größer werden, stellen die Pflanzen während des Fruchtwachstums das Blühen ein. Halbwüchsig geerntet, wächst die Kultur immer weiter und bildet erneut ihre großen, goldgelben Blüten aus. Gut gepflegt und einmal wöchentlich mit einer Kanne verdünnter Brennnesseljauche versorgt, können wir von jeder Pflanze bis zu 30 junge, wohlschmeckende Früchte in die Küche holen.

Tomaten und Auberginen brauchen Wärme

Die zur Familie der Nachtschattengewächse gehörenden Gemüsearten stammen aus den heißtrockenen Gefilden Mexicos bzw. Asiens. Es ist daher nicht verwunderlich, daß es ihnen schwerfällt, sich unserem Klima gänzlich anzupassen: sie sind sehr wärmebedürftig. Die Kultur gelingt nur, wenn wir es an Wärme nicht fehlen lassen, und mit der Anzucht so früh beginnen, daß wir möglichst zeitig (im Wettlauf mit dem Wetter und den verbleibenden Sonnentagen) in den Genuß reifer Früchte kommen.

◣ Vorkultur

Bereits im Februar (Auberginen) oder März (die schneller wachsenden Tomaten) stupfen wir 2–3 Samenkörner gleich in (mit reifem Kompost gefüllte) 6 × 6 cm kleine Töpfe, um Wachstumsstörungen durch Pikieren zu vermeiden, und halten sie feucht und etwa 22 °C warm. Dazu eignet sich ein Anzuchtkasten mit Abdeckhaube, oder wir können auch gleichgroße Töpfchen mit einer Glasscheibe abdecken. Nach dem Auflaufen des Samens (7–14 Tage) stellen wir die „Pflanzschüler" vor allen Dingen hell, damit sie nicht vergeilen, und sobald wir erkennen können, welche sich am besten entwickeln, entfernen wir die schwächeren. Besonders gut gedeihen sie unter einem liegenden Dachfenster, auf ein daruntergehängtes Brett gestellt. Das von oben kommende Licht verhindert das sonst schiefe Wachstum auf dem Fenstersims. Zum Gießen verwenden wir

Regenwasser, das mindestens Zimmertemperatur haben sollte.

Etwa 6 Wochen später ist der Wurzelballen soweit ausgebildet, daß umgetopft werden muß. Zu dieser Zeit, ungefähr Mitte April, ist es angebracht, die Pflanzen zur Akklimatisierung ins Frühbett umzusiedeln, auch wenn die größeren Töpfe noch auf dem Brett ausreichend Platz hätten. Während kritischer Wetterlagen bedecken wir die Fenster mit Polsterfolie und nachts zusätzlich mit einer Strohmatte. Bis die Pflanzen Ende Mai/Anfang Juni (wenn die nächtlichen Temperaturen über 13 °C liegen) an ihren Standort gesetzt werden, sollten sie nochmals in größere Töpfe umgepflanzt werden, damit sich der Wurzelballen noch besser entwickeln kann.

Tomaten

Sie lieben sich selbst am meisten: sie sind die einzige Gemüsekultur, die am besten gedeiht, wenn sie Jahr für Jahr auf das gleiche Beet gepflanzt wird.

3–4 Wochen vor der Pflanzung auf ihren angestammten Platz, der bereits im Herbst reichlich mit Kompost versorgt wurde, packen wir eine dicke Schicht Brennesseln auf die Pflanzstelle, die von den Regenwürmern als Lieblingsgericht in kurzer Zeit in Humus verwandelt wird. Sodann setzen wir 2,00 m lange Anbindepfähle (etwa 30 cm tief). Das Pflanzloch wird so tief ausgehoben, daß der Wurzelhals ungefähr 20 cm unter der Erdoberfläche zu liegen kommt. Mit Kompost aufgefüllt, bewurzelt sich der unterirdische Teil des Stammes. Die vergrößerte Wurzelmasse kann somit mehr Nährstoffe aufnehmen, was einem gesteigerten Ertrag zugute kommt. Es wird sogar empfohlen, den Stamm mit etwa 2 Blattansätzen (nach Entfernen der Blätter) in eine 20 cm tiefe Furche einzugraben, um noch mehr Wurzeln zu erhalten.

Im Zuge der Pflanzung befestigen wir an der Spitze des Anbindepfahles Schutzhauben. Die aus einem geschlitzten Folienschlauch zugeschnittenen Paßstücke müssen, über die Stauden gehängt, bis auf den Boden reichen. Dieser Kälte- und Regenschutz wird an sonnenfreien Tagen solange angewandt, bis die sommerliche Wärme sich durchzusetzen beginnt. Ohne Wärme gibt es keine Rotfärbung und keine Ausbildung von Fruchtsäure, Traubenzucker und Aromastoffen. Nasse Blätter begünstigen die Entstehung der Braunfäule *(Phytophtora)* (siehe Seite 132), eine Krankheit, die nicht nur die Blätter befällt, sondern in schweren Fällen auch die Früchte angreift. Vorsorglich sollte gegen jeglichen Pilzbefall schon im Herbst und auch vor der Pflanzung Schachtelhalmjauche ausgebracht werden. Um zu vermeiden, daß beim täglichen Gießen die unteren Blätter durch Spritzwasser naß werden und damit die Gefahr eines Braunfäule-Befalls droht, kann man sie abschneiden oder unmittelbar an die Pflanze einen Blumentopf eingraben, der jeweils sachte mit Regenwasser gefüllt wird. Es wäre natürlich ideal, wenn man im Sommer, allseitig 1,00 m über die Pflanzung hinausgehend, ein Gerüst erstellen würde, auf dem mit Folie bespannte Dachlattenrahmen befestigt werden, um gegen Gewitter- oder Dauerregen gefeit zu sein. Die sich darunter bildende Zugluft könnte außerdem für eine bessere Be-

Tomaten-Geiztriebe müssen entfernt werden.

stäubung sorgen und der weißen Fliege die Bleibe vermiesen.

Falls die Pflanzen dennoch von der Braun- oder Krautfäule heimgesucht werden, hilft eine Magermilch-Spritzung: 125 ml Magermilch auf 1 Liter Regenwasser. Die Behandlung sollte öfter in Abständen von jeweils acht Tagen wiederholt werden.

Tomaten sind Fresser. Wir sollten uns aber nicht verleiten lassen, ihren Hunger mit stickstoffreichem Dünger zu stillen. Viel wichtiger ist die Versorgung mit Kali und Phosphor, die aber beide in einem guten Kompost ausreichend vorhanden sind. Im Zweifel helfen eine Handvoll Holzasche und ein paar Tropfen Baldrian-Blütenextrakt ins Gießwasser, die die Blütenbildung anregen.

Selbstverständlich sparen wir nicht mit Brenneseljauche und als Nachdüngung mit reichlich halbfertigem Kompost. Auch Güsse aus der „Wundertonne" (Seite 131) unterstützen ein kräftiges, aber harmonisches Wachstum. Tomaten lieben ihren „eigenen Mist". Abgesehen davon, daß ihnen Kompost aus ihren eigenen Rückständen am besten bekommt, können wir auch die Geiztriebe (die wir der größeren Masse wegen etwas länger werden lassen) in einem bereitstehenden Eimer mit Regenwasser laufend verjauchen und als willkommenes „Stärkungsmittel" verwenden. Eine Blattdüngung mit Algenextrakt fördert nicht nur das Gedeihen, sondern stärkt auch die Widerstandskraft gegen Pilzbefall. Und wenn wir noch ein übriges tun wollen, dann mulchen wir dick mit Brennesseln: unsere Paradeiser werden prächtig gedeihen und ein wunderbares Aroma erhalten.

Tomaten blühen zwar zeitig, aber erst im Juli können wir bei guten Wachstumsbedingungen die ersten Tomatenscheiben aufs Butterbrot legen. Dann aber reißt der Erntesegen nicht mehr ab, während wir regelmäßig die Geiztriebe entfernen und die Spitze des Haupttriebes nach dem fünften Fruchttrauben-Ansatz kappen, bis an einem ersten kalten Herbsttag die Pracht ein Ende hat.

Zahlreiche Früchte sind noch grün, wenn die Stauden gerodet werden. Da sie ein den Nacht-schattengewächsen eigenes giftiges Alkaloid, das Solanin, enthalten, müssen sie für den Genuß rot werden. Unreif gegessen, wären sie unbekömmlich. Entweder hängen wir die ganzen Pflanzen mit den Tomaten im Keller an ein Heizungsrohr oder wir pflücken die Früchte und bewahren sie dunkel und nicht zu kalt in einer Pappschachtel oder in Holzwolle auf, bis sie rot geworden sind. Mit Ausnahme der Cocktail-Tomaten, die dann fast noch besser schmecken als an der Pflanze gereift, eignen sie sich noch gut zum Kochen. Wenn sich die Rückstände nur weniger Pflanzen für die Herstellung eines mit Mist angereicherten Kompostes nicht lohnt, verwenden wir sie, falls die Kultur von Pilzkrankheiten verschont geblieben ist, (gehäckselt) als Mulchdecke für den im Herbst ausgebrachten Kompost.

Auberginen

Ins Freiland ausgepflanzt, brauchen Auberginen ebenfalls einen Kälteschutz, vor allem in frischen Lagen. Es genügt ein einfaches, mit Folien abgedecktes Gerüst aus Dachlatten oder ein entsprechend hoher Folientunnel. Beide werden dann im Sommer wieder beseitigt. Man kann Auberginen auch in große Blumentöpfe (Durchmesser 28–34 cm) pflanzen und sie an die südliche Hauswand stellen. Auch hier sollte man einen Folienschutz für kalte Tage und Nächte parat haben.

Die tief in den Boden gesetzten Pflanzen halten wir weiterhin gleichmäßig feucht, gießen ab und an mit verdünnter Brennesseljauche und sorgen für eine gute Mulchdecke. Größer werdende Pflanzen binden wir an. Um die Bildung fruchttragender Seitentriebe zu fördern, wird der Haupttrieb entspitzt. Die Seitentriebe (höchstens drei je Pflanze) entwickeln sich rascher, wenn das Blatt, aus dessen Achsel sie sprossen, abgeschnitten wird. Auch die Geiztriebe werden entfernt. Auberginen blühen im Juli, wenn die Tage kürzer werden. Je nach Klimalage wird auf 3–5 Fruchtansätze ausgedünnt, sonst bleiben die Früchte klein. Die Seitentriebe sollten ebenfalls entspitzt werden. Ist der Sommer reich an Sonnentagen und haben wir eine frühe Sorte gewählt, werden

Mitte August die ersten Früchte reif. Sie haben dann eine glänzende, je nach Sorte tiefrote oder dunkelviolette Schale. Zu früh geerntete Auberginen enthalten noch Solanin. Andererseits sollte man sie auch nicht zu lange hängen lassen. Wenn die Schale matt wird oder gar schon Falten bekommt, ist das Fruchtfleisch kein Genuß mehr.

Der Mais, unser Gartengetreide

Das Ursprungs- und älteste Anbaugebiet des Maises liegt auf dem Hochland der peruanischen Anden. Heute ist er in der ganzen Welt verbreitet. Vor allem in Nordamerika ist er fast so etwas wie ein Nationalgericht geworden. Bei uns werden vornehmlich die jungen Kolben der Zuckermais-Sorten, in Salzwasser gedämpft, mit einem Klacks Butter und Kräutersalz abgeknabbert. Sie schmecken so köstlich wie die feinsten jungen Erbsen, deren Beete zu dieser Zeit geräumt sind. Eine Vorkultur lohnt sich nicht, da die Saat rasch aufläuft (zumal wenn wir die Körner 12 Stunden in angewärmtes Regenwasser eingeweicht haben) und die Jungpflanzen ziemlich schnell wachsen. Zudem verträgt Mais Störungen durch Verpflanzen nicht gut. Wir legen frühestens Anfang Mai jeweils zwei Korn und entfernen später den schwächeren Sämling. Getreidegras ist ein Windblütler. Um eine gute Befruchtung zu erzielen, säen wir in Blöcken 6–7 Pflanzen je m^2, oder eine dreizeilige Hecke in den Wind. Um die Ernte zu verlängern, können wir bis Anfang Juni in Staffeln säen.

Mais liebt einen freien Stand. Vor einer Mauer verschießt er seine Kraft, die der Frucht zugute kommen sollte, in die Länge. Frei stehend kann eine Hecke, jährlich den Standort wechselnd, windempfindlichen Kulturen Schutz bieten und das Kleinklima fördern, außerdem klappt die Bestäubung im Wind besser.

Durch Anhäufeln der Jungpflanzen wird die Wurzelbildung noch gefördert. Ein starkes, tiefgehendes Wurzelwerk kann den gierigen Zehrer besser versorgen. Von Anfang an muß die Kultur zügig (aber nicht triebig) wachsen können. Im Lauf seiner Entwicklung schätzt der Mais besonders flüssige Dünger: Brennnesseljauche und solche, die besonders kalihaltig (Holzasche) und phosphorhaltig (Hühnerdung) sind. Mit Stickstoffgaben sollte man zurückhaltend sein. Die von Natur aus stark wachsende Pflanze würde auf Kosten der Fruchtqualität wuchern. Brennesseljauche und die (präparierte) „Wundertonne" tun, in angemessenen Verdünnungen, das ihrige. Ackerbautreibende peruanische Indianer, die den Mais kultiviert haben, nutzten natürliche Zusammenhänge für eine harmonische Stickstoffversorgung. Sie bauten Mais in Mischkultur mit Bohnen an. Die Knöllchenbakterien der Leguminose sind eine reiche Stickstoff-Quelle, andererseits können sich die Bohnen an den Maisstangen hochranken.

Zuckermais wird geerntet, wenn die an der Kolbenspitze erscheinenden seidigen Fadenbüschel zu trocknen beginnen. Das goldgelbe Korn muß noch voll und saftig sein, so daß beim Eindrücken mit dem Daumen Milch hervortritt. Wir pflücken die Kolben kurz vor der Mahlzeit, denn der Zucker wandelt sich nach dem Pflücken spontan in Stärke um. Bei neuen ‚extra süßen‘ Sorten soll dieser Prozeß langsamer ablaufen. Nach wie vor ist aber ausgesprochenen Feinschmeckern des ungeschmälerten Genusses wegen eine zügige Zubereitung zu empfehlen.

Sind alle Früchte geerntet, können wir uns noch über eine ganze Menge Grünzeug freuen. Wir lassen es etwas abtrocknen, häckseln es und haben dann ein vorzügliches Material für den Komposthaufen oder zum Mulchen der im Herbst mit Kompost versorgten Beete.

Die Schmetterlingsblütler

Die Hülsenfrüchte tragenden Leguminosen, deren Blüten gleich kleinen Schmetterlingen über dem rankenden Laub stehen, haben die Fähigkeit, den freien Stickstoff der Luft zu binden und ihn für die Bodenfruchtbarkeit nutzbar zu machen (siehe Seite 62). Das klappt aber nur, wenn nicht mit Stickstoffsalzen gedüngt wird und ausreichend Kalk zur Verfügung steht. Wir werden es also bei mäßigen Kompostgaben belassen und allenfalls auf kalkschwachen Sandböden mit Algenkalk nachhelfen. Weiteres an Düngung wäre schon des Guten zuviel.

Brauchen wir uns auch um die Ernährung nicht weiter zu kümmern, so lassen wir es doch an Pflege nicht fehlen. Da Bohnen und Erbsen gerne „gestiefelt" werden mögen, beginnen wir mit dem Anhäufeln schon, wenn die Sämlinge aufgehen. Des weiteren sorgen wir für eine gleichmäßige Feuchtigkeit. Besonders gutes Wässern vor der Blüte fördert den Ertrag. Bei Trockenheit siedelt sich, besonders bei den Puffbohnen, in rauhen Mengen die schwarze Bohnenlaus an. Hacken oder Mulchen verhindern ein Verdunsten der Feuchtigkeit und lassen kein Unkraut aufkommen.

Wer viel pflückt, erntet am meisten: diese Devise gilt für alle Hülsenfrüchte, denn durch fortlaufendes Pflücken wird die Pflanze zum gesteigerten Blühen und Fruchten angeregt. Das heißt auch, daß wir immer junge Früchte ernten, ehe Bohnen und Zuckerschoten zäh und Erbsen mehlig werden. Bohnen müssen knackig brechen, Erbsen haben noch eine frischgrüne Hülse und bei den Zuckerschoten bilden sich gerade die Kerne.

Bohnen

Bohnen sind, mit Ausnahme der Puffbohne, die seit eh und je in Europa zu Hause ist, in den subtropischen Gebieten Amerikas beheimatet. Es ist daher verständlich, daß eine Art weniger, die andere mehr gegen Kälte empfindlich ist. Dementsprechend ist die zeitliche Folge der Aussaat. Die genügsamen Puffbohnen vertragen noch Frost. Während Feuerbohnen auch ein kaltes Frühjahr nicht übelnehmen, sehnen sich Busch- und besonders die anspruchsvollen Stangenbohnen nach der Wärme des Vorsommers. Naßkaltes Wetter, klamme Böden mit Temperaturen unter 10 °C, kalte Ostwinde, Bodenverdichtungen und frische organische Stoffe sind für

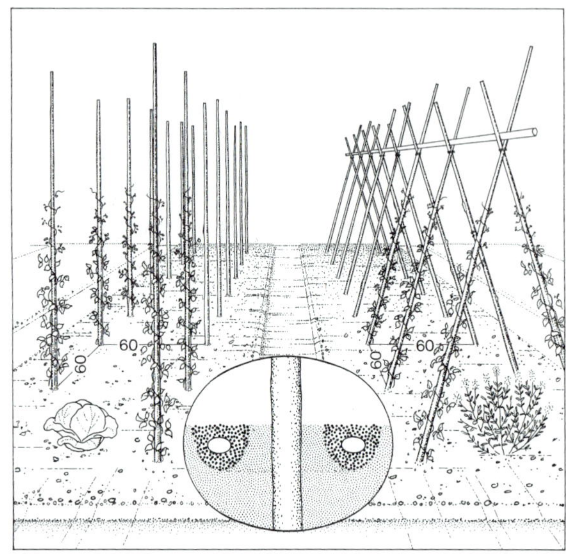

In windgefährdeten Lagen wäre auch eine zeltförmige Stangenaufstellung zu empfehlen.

Busch- und Stangenbohnen in der Keimphase absolut unverträglich. Kommen nur kahle Stengel aus dem Boden, dann hat die Bohnenfliege gute Bedingungen gefunden, ihre Eier am Hals des Sämlings abzulegen, bevor die Keimblätter aus dem Boden kommen.

Bohnen wollen einen belebten, warmen Boden. Entweder wir warten, bis der Boden abgetrocknet ist und die Bodenwärme, womöglich erst Ende Mai, eingesetzt hat und säen nicht zu tief (Bohnen wollen die Glocken läuten hören) oder wir nutzen (vor allem in rauheren Lagen) eine gut verträgliche Vorkultur in Töpfen und Pflanzen unter besseren Bedingungen aus. In der Praxis bewährt es sich immer wieder: lieber abwarten, bis sich ein widriges Frühjahrswetter geklärt hat. Bohnen sind Langzeitpflanzen. Sie können gar nicht zu spät gesät werden, denn sie blühen und fruchten ohnehin erst, wenn das Tageslicht länger als 12 Stunden dauert.

Ehe wir die **Stangenbohnen** legen, werden die Stangen für das Rankgerüst gesetzt. Anstatt etwa 2,50 m lange Stangen zeltförmig gegeneinanderzustellen und sie mit einer Querstange zu verbinden, ist es leichter (und den Bohnen lieber), sie senkrecht 30–50 cm tief (je nach Bodenstruktur) in mit einem dünneren Stock vorgebohrte Löcher zu rammen. Stangenbohnen mögen einen freien Stand, viel Luft und viel Sonne. Zu enge Bestände oder ein am „Zeltdach" entstehendes Rankdickicht mindern die Fruchtqualität und erhöhen das Krankheitsrisiko wegen langsamerer Abtrocknung. Die Stangen-„Füße" werden gegen Bodenfeuchtigkeit mit einem pflanzenverträglichen Bio-Asphalt gestrichen.

Buschbohnen kann man auch in Horsten säen. Dann legen wir 4–6 Bohnen in kleine, Handteller-große und 4 cm tiefe Mulden und füllen sie mit reifem Kompost auf, Abstände 40 × 40 cm. 6–8 Stangenbohnen werden kreisförmig mit einem Radius von 12 cm in eine um die Stange verlaufende Rinne gelegt, die ebenfalls mit Kompost aufgefüllt wird. Gut zu wissen, daß Stangenbohnen linkswindend sind. „Verirrten" Pflanzen legen wir ihre Ranken dementsprechend um die Stangen, um ihnen den rechten Start zu erleichtern.

Zwischen die Stangenbohnen säen wir Bohnenkraut, das gleichzeitig Schädlinge abwehrt. Niemand sollte auf den Gedanken kommen, Bohnen roh zu verzehren: sie enthalten ein giftiges Glucosid, das Phasin, das erst beim Kochen zerfällt.

Erbsen

Sie sind anspruchsloser als Bohnen. Außer den etwas kälteempfindlichen Markerbsen, die nicht vor Ende April gesät werden sollten, gilt, im Gegensatz zu den Bohnen, der Grundsatz: je früher, desto besser, zumal Erbsen gegen einen feuchtkühlen Boden nichts einzuwenden haben. Erbsen sind Kurztagspflanzen, die bei Tageslichtdauer unter 12 Stunden blühen und fruchten. Deshalb ist es auch nicht ratsam, Markerbsen noch bis Mitte Juli, wie häufig für Folgesaaten angegeben, zu säen. Nach Mitte Mai ausgesäte Markerbsen werden auch in aller Regel heftig von Mehltau befallen.

Alle Erbsen, auch niedrig wachsende, müssen gereisert werden. Allerdings werden wir Reiser, also kleine Äste mit möglichst vielen Verzweigungen, nur bei niedrigen Sorten vorsehen: z. B. bei der 'Kleinen Rheinländerin', die besonders früh

im Frühbeet kultiviert werden kann. Auf Freilandbeeten und für die hohen Sorten bewährt sich besser ein Rankgitter, das jedes Jahr wieder verwendet werden kann. Am besten werden Baustahlmatten, für die Beetlänge und die Rankhöhe entsprechend zugeschnitten, aufgestellt und an dünnen Pfählen befestigt. Sie lassen sich nach der Ernte gut aufbewahren. Natürlich kann man auch einen kunststoffbeschichteten Maschendraht verwenden, der allerdings weniger stabil ist.

Ertragreicher Spargel

Stangenspargel oder Bleichspargel

Ausschlaggebend für den Ertrag dieses Starkzehrers ist ein reichliches Nährstoffangebot. Dennoch darf die Frage nach der Bodenbeschaffenheit nicht vernachlässigt werden. Zwar gedeiht Spargel in jedem guten Gartenboden, aber durchlässig und tiefgründig muß er sein. Schwere Lehmböden sollten mit einer reichlichen Fuhre Sand gemischt werden, um den Spargelpfeifen das Durchdringen des Erdreiches zu erleichtern.

Zunächst heben wir in der Mitte eines 1,50 m breiten Beetes einen 40 cm breiten und 30 cm tiefen Graben aus. Bei mehreren Reihen betragen die Abstände 1,50 m. Dann wird in die mit der Grabegabel tiefgründig aufgelockerte Grabensohle gut verrotteter Mistkompost (am besten aus Rinderdung) eingearbeitet.

Gepflanzt wird im April. Kräftige, einjährige Sämlinge, die mindestens 5–6 Knospen und wenigstens 10 kräftige Wurzeln haben, bieten die besten Voraussetzungen für eine ertragreiche Kultur. Auf der Grabensohle machen wir in Abständen von jeweils 50 cm etwa 10 cm hohe Häufchen aus guter Gartenerde, die wir noch mit Kompost angereichert haben. Obenauf werden die Spargelpflanzen gesetzt. Eine Spargelpflanze hat, beim näheren Hinsehen, eine „Vorder-" und eine „Rückseite". Achten wir beim Setzen auf die

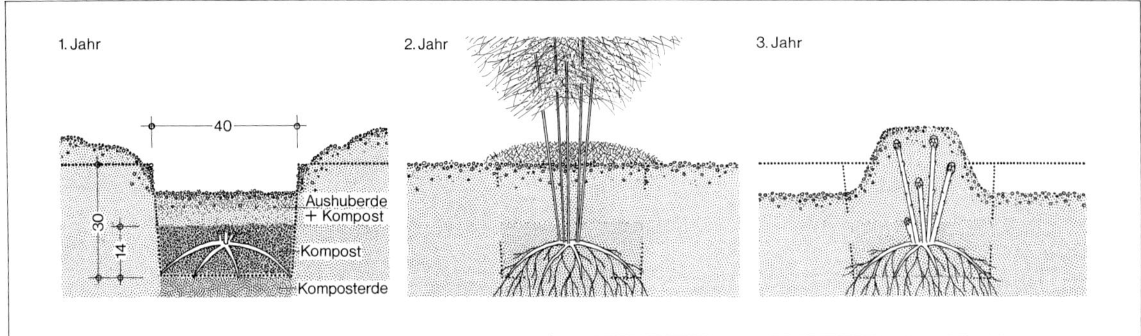

Bleichspargel wird erst im 3. Jahr schnittreif.

„Marschrichtung", bleiben die „vorwärtswachsenden" Pflanzen schön in der Reihe. Die sternförmig ausgebildeten Wurzeln werden nach allen Seiten ausgebreitet und mit einer dünnen Schicht Gesteinsmehl bedeckt. Der Graben wird dann so mit Komposterde (halb Aushub, halb Kompost) aufgefüllt, daß die Knospen des Spargelkopfes, die nun etwa 16–18 cm unter dem Bodenniveau liegen, 5 cm bedeckt sind. Angießen nicht vergessen und mulchen!

Im ersten Jahr bleibt der Graben offen. Zur Pflege der heranwachsenden Pflanzen gehören das Wässern nach Bedarf, gelegentliche Gaben linder Brennesseljauche und vor allem das gründliche Jäten jeglichen Unkrautes. Im Spätherbst wird das Kraut so tief wie möglich unter der Erdoberfläche abgeschnitten und die Erde über den Schnittstellen geschlossen. Wie alle anderen Beete werden die Pflanzreihen mit Kompost, einer Mulchdecke und (obenauf) mit Gesteinsmehl versorgt. Auf den Rand- und Zwischenstreifen, auf denen noch ein Teil des ausgehobenen Bodens liegt, können verschiedene Gemüsearten angebaut werden.

Das zweite Vegetationsjahr unterscheidet sich vom ersten lediglich dadurch, daß nun die Gräben mit der restlichen Aushuberde vollends aufgefüllt werden – und daß, nachdem die Pflanzung wieder gut für den Winter versorgt wurde, unsere winterlichen Mußestunden mit Träumen von herrlichen Spargelgerichten erfüllt und wir von der Hoffnung beflügelt werden, daß die Geduld reichlich belohnt werden möge.

Dann ist es soweit. Vor dem Austrieb (Ende März/Anfang April) werden über den Spargelreihen vom benachbarten Boden etwa 35 cm hohe Wälle aufgeschüttet und mit einer Streichkelle geglättet. Die Ernte beginnt (je nach Wetterlage Mitte bis Ende April), wenn Risse auf der glatten Oberfläche des Walles andeuten, daß die ersten Köpfe die Erdkruste durchstoßen wollen. Die Pfeifen werden freigebuddelt und über dem Wurzelstock mit einem scharfen Messer gestochen, ohne daß nachtreibende Sprossen verletzt werden. Das Loch wird wieder aufgefüllt und die Erde mit der Streichkelle glattgestrichen. Geerntet wird jede Stange, und wenn sie auch noch so dünn ist, um Krankheiten und Schädlingsbefall vorzubeugen. An warmen Tagen kann zweimal gestochen werden. Die geernteten Pfeifen werden auf etwa 22 cm eingekürzt, da der untere Teil, vor allem bei älteren Pflanzen, bereits zu verholzen beginnt.

Die Ernte dauert bis Johanni. Darüber hinaus würden sich die Pflanzen so erschöpfen, daß bereits im nächsten Jahr der Traum vom Spargel-Boom ausgeträumt wäre. Deshalb ist es auch ratsam, im ersten Erntejahr die noch jungen Pflanzen nur bis zum 10. Juni zu stechen.

Nach der Ernte werden die Wälle sogleich eingeebnet, ohne daß ein Trieb abgebrochen wird, der Boden gelockert und die Pflanzen mit Kompost und gelegentlichen Güssen milder Jauche wieder gestärkt und aufgebaut. Eine Mulchdecke ist immer förderlich. Da es an entsprechendem Material stets mangelt, wäre auch an den Anbau einjähriger Kleesorten zu denken, die gleichzeitig die Stickstoffversorgung sicherstellen.

Hilfreich ist die Ausbringung der biologisch-dynamischen Spritzpräparate zur Belebung der Wachstumsvorgänge und zur Stärkung der Widerstandskraft. Das Hornmist-Präparat wird im zeitigen Frühjahr (vor Aufschüttung der Wälle) über die ganze Fläche und Hornkiesel mehrere Male über den Sommer und den Herbst auf das grüne Kraut verteilt. Sie fördern die Gesundheit der Kultur und machen sie widerstandsfähig gegen Schädlinge und Krankheiten. So werden wir uns gut 16–20 Jahre an ausgiebigen Erträgen eigenen Spargelanbaus erfreuen können.

Eine neue Kultur muß dann auf einem anderen Platz angelegt werden.

Grünspargel

Er ist wesentlich einfacher zu kultivieren und der Platzbedarf nicht so hoch. Für einen üblichen Satz von 24 Pflanzen, die für einen Vierpersonen-Haushalt ausreichen, benötigt man etwa eine Fläche von 12 m^2.

Es genügen 15–20 cm flache und 40 cm breite Furchen mit jeweils 1,20 m Abstand. Auch hier wird der Grund aufgelockert und mit Mistkompost angereichert. Stauende Nässe verträgt der

Grünspargel-Anbau ist weniger aufwendig.

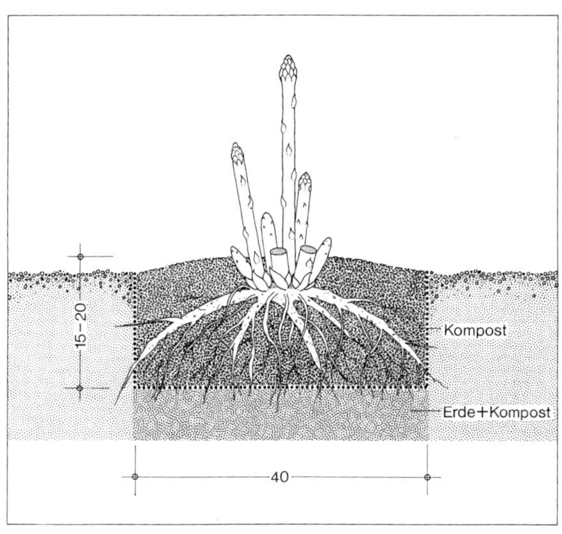

grüne Spargel ebenso wenig wie der weiße. Ebenfalls im April werden die sternförmigen Wurzeln alle 40 cm unmittelbar auf der Sohle ausgebreitet, mit Gesteinsmehl bestreut und reichlich mit Kompost eingedeckt. Furchen auffüllen, angießen und mulchen – fertig.

Nach den uns nun schon geläufigen Pflegemaßnahmen und der Winterversorgung beginnt im 3. Kulturjahr die Ernte. Bis Johanni schneiden wir die grünen Stangen dicht unter der Erde ab, wenn sich die Spitzen zu entfalten beginnen. Dann sind sie 20–25 cm lang und so zart, daß sie nur wenig geschält und höchstens 10 Minuten gekocht zu werden brauchen.

Das Kraut kann auf etwa 1,00 m Höhe gekürzt werden. Zum einen ist die Kultur dann nicht so windanfällig und zum anderen treiben aus den Blattachseln Nebentriebe, so daß die Grünmasse größer wird und über eine verstärkte Assimilation mehr Nährstoffe angereichert werden.

Die Freude über die Grünspargel-Kultur währt nur 7–10 Jahre. Eine eigene Anzucht für die nächste Pflanzung lohnt sich insofern, als wir dann Pflanzen selektieren können, die besonders ertragreich sind. Erfahrungsgemäß sind in dem erworbenen Satz immer ein paar Pflanzen, die zwar viele, aber nur spindeldürre Stangen hervorbringen (wenn wir nicht von vorneherein mehr bestellen, um die kräftigsten auslesen zu können).

Die Anzucht ist ganz einfach. Wenn wir im Herbst das abgeschnittene (früchtetragende) Spargelkraut häckseln und mit anderen zerkleinerten Rückständen als Mulchdecke für die zu versorgenden Beete verwenden, sprießen im Frühling zahlreiche Spargelsämlinge, die sich leicht entfernen lassen. Beginnt der Ertrag der Spargelanlage nachzulassen, können wir diese Sämlinge über den Bedarf hinaus auf ein Anzuchtbeet pflanzen und dann die kräftigsten Jährlinge für die neue Anlage aussuchen. Wenn wir rechtzeitig zu Werke gehen, kann die Ernte von der alten zur neuen Kultur nahtlos übergehen.

Spargelhähnchen, mit 6 gelben Punkten auf tief blaugrünen Flügeldecken, oder Spargelkäfer, mit

12 schwarzen Punkten auf leuchtend roten Flügeldecken, sind recht hübsch anzusehen. Haben sie sich eingestellt, sollten wir sie regelmäßig ablesen, ehe die Larven sich am Kraut gütlich tun. Da sie sich bei der leisesten Berührung des Krautes blitzschnell fallen lassen und dann im Erdbereich nicht mehr zu finden sind, fangen wir sie bei vereinzelten Vorkommen mit einem Auffangbehälter. Bei stärkerem Auftreten schütteln wir sie auf ausgelegte Tücher ab.

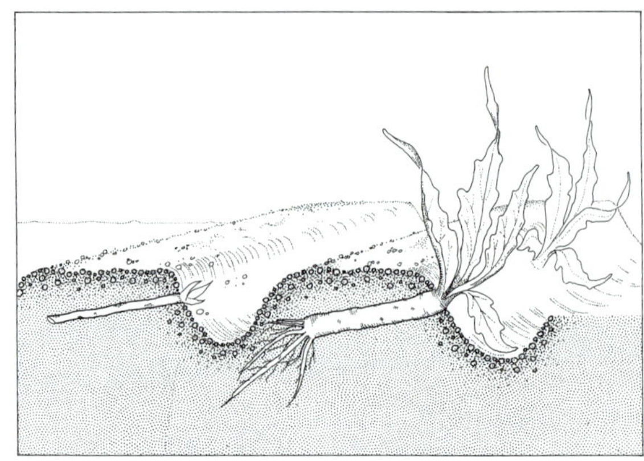

Die Meerrettich-Kultur, etwas für Liebhaber.

Scharf wie Meerrettich

Mit einem lebenszähen Wurzelwerk greift der ausdauernde, vitale Kreuzblütler tief in den Boden und bildet über der Erde ein üppiges, 1,00 m hohes Laub aus. Der herzhaft-würzige Geschmack der Rettiche ist bei ihm durch den höheren Gehalt an schwefelhaltigem Senföl zu beißender Schärfe gesteigert. Auch der Anteil an Mineralstoffen ist wesentlich größer. Zudem ist Meerrettich reich an Vitaminen, besonders an Vitamin C.

Wir können dem Meerrettich für den gelegentlichen Bedarf wegen seiner starken Wuchskraft einen etwas abgelegenen Platz im Garten geben und ihn dort verwildern lassen. Für die Küche buddeln wir dann für die jeweilige Mahlzeit eine der seitlichen Wurzeln aus. Dabei müssen wir in Kauf nehmen, daß sie nur dünn und, falls wir das Wässern vernachlässigt haben, holzig sind.

Liebhaber werden jedoch Meerrettich kultivieren, um dicke und fleischige Stangen ernten zu können. 30–40 cm lange und 1 cm dicke Wurzelschnittlinge, sogenannte Fechser, werden im Frühjahr, Ende März bis Mitte April, in einem Abstand von etwa 30 cm in einem Winkel von ungefähr 30° so tief in einen tiefgründigen, lockeren Boden gelegt, daß die „Köpfe“ (die dickeren Enden) nur leicht mit Erde bedeckt sind. Wenn wir etwa 30 cm hohe und ungefähr 50 cm breite Wälle aus guter, mit Kompost angereicherter Erde anlegen, erleichtert das wesentlich die Pflege und Ernte.

Im Laufe des Sommers, zunächst im Juni, legen wir die sich zu Wurzelstangen entwickelnden Fechser frei, ohne die Fußwurzeln zu stören, schneiden alle Nebenwürzelchen ab und reiben sie mit einem groben Lappen (Jutesack) gründlich ab. Anschließend decken wir sie wieder mit Erde ab und wässern. Diese Prozedur wiederholen wir jeweils im Juli und August. Auf diese Weise wird der Wurzelschnittling immer dicker (falls wir die Kultur gut feucht halten). Sollten die Stangen im ersten Jahr noch zu dünn sein, lassen wir sie noch ein Jahr stehen. Wir müssen dann aber die sich frühzeitig entwickelnden Blütenstengel entfernen.

Im Oktober werden die Stangen mitsamt dem ganzen Wurzelstock sorgfältig ausgegraben, um zu vermeiden, daß Wurzelreste im Boden bleiben, die im nächsten Jahr neu austreiben und verwildern. Selbst kurze Teile von Seitenwurzeln reichen zur Entwicklung einer neuen Pflanze aus. Die Stangen werden zum Verbrauch eingeschlagen. Von den Fußwurzeln gewinnen wir neue Fechser, wenn sie mindestens bleistiftstark sind. Wir können sie bis zum nächsten Frühjahr frostfrei überwintern oder auch bereits im November erneut stecken.

Nebenbei bemerkt: Im Garten ist die Pflanze gegen *Monilia* (Spitzendürre) bei Stein- und Kernobst von Nutzen. Drei auf die Baumscheibe gepflanzte Stauden können einen Befall von Monilia während einer verregneten Blüte verhindern. Allerdings sollte man bedenken, daß sich das vitale Gewächs leicht ein-, aber so gut wie gar nicht mehr ausbürgern läßt.

Weitere Kulturhinweise in Kürze

Blumenkohl: Das anspruchsvollste Kohlgemüse liebt die Ausgeglichenheit: Nässe oder Trockenheit, Kälte oder Hitze bekommen ihm nicht; abgehärtete Setzlinge der frühen Sorten erst Ende April, in rauhen Lagen nach den Maifrösten auspflanzen; späte Sorten bis Ende Juni pflanzen.

Bohnen: In ein feuchtes Tuch gelegt, können sie vorgekeimt werden; wenn sie vor dem Säen kurz in Salatöl gelegt werden, wird der Befall von Bodenschimmel verhindert.

Broccoli: Blüht in der warmen Jahreszeit verhältnismäßig schnell, Aprilaussaaten sind daher riskant.

Chinakohl: Ist sehr anfällig gegen Kohlhernie, daher auf gute Kalkversorgung im Boden achten.

Endivien: Lieben reichlich Wasser und Kali (Holzasche).

Erbsen: Aussaaten ab Ende April vermeiden, siehe Seite 115; sie mögen es, nach dem Auflaufen „gestiefelt" (angehäufelt) zu werden.

Feldsalat: Bei zu frühen Aussaaten besteht erhöhte Gefahr für Mehltau-Befall.

Grünkohl: Pflanzzeit von Juli bis Mitte August; besonders zarte (aber kleinbleibende) Pflanzen erntet man, wenn unmittelbar in Reihen gesät und auf 15 cm Abstand vereinzelt wird; gedeiht auch im Halbschatten, wird in voller Sonne aber kräftiger.

Knollensellerie: Nicht vor März säen, sonst schießt er; nicht zu tief pflanzen, die Setzlinge sollen lose auf den Wurzeln schwanken; das beliebte Rupfen der Blätter (Abblatten) muß unbedingt vermieden werden, es schwächt die Pflanze, auch das Suppengrün sollte man maßvoll pflücken; als Zwischenkultur eignet sich besonders früher Blumenkohl.

Kohlrabi: Er gerät am besten in warmen Sand-

böden in alter Kultur; günstige Keimtemperatur 18–20 °C, einige Tage nach dem Pikieren auf 12 °C absenken.

Kopfsalat: Mag für eine schnelle und eine gute Keimung Wechseltemperaturen zwischen 10–18 °C, bei gleichmäßigen Temperaturen über 20 °C kann es zu Keimhemmungen kommen: im Sommer Saatschalen nach der angefeuchteten Saat etwa 48 Stunden in einen entsprechend kühlen Raum stellen, nach Beginn der Keimung „Entwarnung"; Aussaaten nach Johanni gedeihen nicht mehr so gut.

Löwenzahn: Das frische Frühjahrs-Grün ist reicher an wertgebenden Inhaltsstoffen und kräftiger im Geschmack; wer das gebleichte Kraut vorzieht, kann einen kleinen Eimer über die sprießende Pflanze stellen.

Mangold: Fruchtfolge auf dem gleichen Beet: nach mindestens 4 Jahren.

Möhren: Der Erfolg der oft empfohlenen Aussaat im Spätherbst ist zweifelhaft; selbst wenn die Saat gut aufläuft, steht sie im zeitigen Frühjahr als erstes frisches Grün auf dem Speiseplan der Schnecken; dagegen würde sich eher der Versuch einer Spätsommer-Aussaat von Wintermöhren ins Frühbeet für die Ernte über den Winter lohnen; wenn zu dicht stehende Pflanzen erst im Jugendstadium verzogen werden, können sie schon als zartes Gemüse geerntet werden; um zu verhindern, daß die Möhrenfliege ab Mitte Mai (1. Generation) ihre Eier in die Wurzelhälse ablegt, müssen die Pflanzen gut angehäufelt werden.

Neuseeländer Spinat: Der hartschalige Samen sollte vor der Aussaat einen Tag lang eingeweicht werden und bei 20 °C keimen; der Geschmack ist feiner als der des herkömmlichen Spinats und sein Ertrag mit etwa 3 kg/m² wesentlich höher; fleißig schneiden, sonst werden die Triebe hart.

Pastinaken: Sie bringen einen geringeren Ertrag, wenn sie nach April gesät werden.

Petersilie: Samt sich (im August) selbst aus; die Pflänzchen überwintern frosthart, nachdem sie an den neuen Standort (vor der Ausbildung der Pfahlwurzel) verpflanzt wurden (4jährige Fruchtfolge beachten!), und bringen eine zeitige

Ernte; die der Petersilie nachgesagte schwierige Anzucht ist zumeist darauf zurückzuführen, daß vor Ablauf von 4 Jahren auf den alten Standort gesät wird, zudem ist ein Saatgut aus eigener Vermehrung mit hoher Keimgewähr immer der Samentüte vorzuziehen, zumal die Doldenblüte viele nützliche Insekten anzieht und „bewirtet".

Porree: Freilandaussaaten so früh wie möglich, sobald der Boden abgetrocknet ist; die erste Generation der Lauchmotte fliegt ab Juni.

Puffbohnen: Durch Kappen der Pflanzenköpfe nach ersten Fruchtansätzen bestocken sich die Pflanzen zu buschigem Wuchs mit größeren und vermehrten Früchten, außerdem wird der Befall der schwarzen Bohnenlaus verhindert.

Radieschen: Sie müssen gut feucht stehen, dürfen nicht zu tief gesät (0,5–1,0 cm) und müssen verzogen werden (5–10 cm); zu dichter Stand und Lichtmangel führen zu frühzeitigem Schossen und schlechter Knollenbildung; Radieschen eignen sich wegen ihres schnellen Auflaufens und Wachstums gut als Markierungssaat für sehr langsam keimende Gemüsearten (Möhren, Pastinaken, Petersilie).

Rettiche: Sie wollen einen mürben und feuchten Boden, reichliches Gießen zahlt sich aus; nach dem Auslichten sollte Winterrettich angehäufelt werden.

Rosenkohl: Nicht im Frühbeet aufziehen, sonst entwickeln sich die Röschen zu früh und werden zu groß und schlotterig; beste Pflanzzeit im Juni, zu spät gepflanzter Rosenkohl treibt zu kleine Röschen.

Rote Rüben: Bei Aussaaten vor April besteht die Gefahr der Schosserbildung; zu dicht stehende Pflänzchen kann man gut in Lücken verpflanzen; wenn *Tagetes* (Studentenblumen) zwischen den Reihen wachsen, wird der Befall von Rübenälchen (Nematoden) verhindert; Fruchtfolge 4 Jahre.

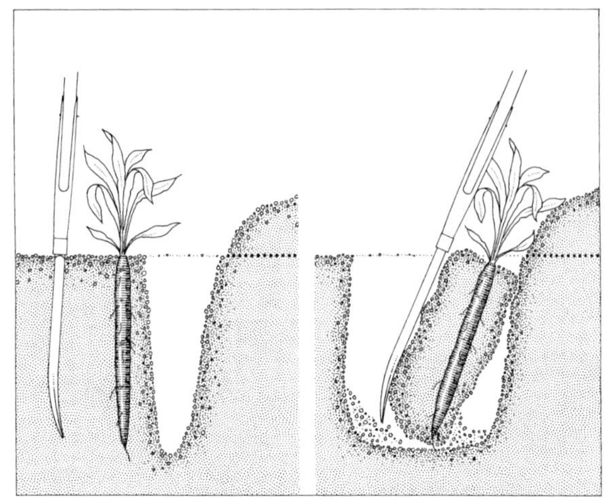

So werden Schwarzwurzeln schonend geerntet.

Salate: Wenn stets eine gute und gleichbleibende Bodenfeuchtigkeit vorhanden ist, gedeihen sie besonders gut.

Schwarzwurzeln: Das stäbchenförmige Saatgut darf beim Säen (in 4 cm tiefe Rillen) nicht zerbrechen; Aussaat so früh wie möglich, sobald der Boden abgetrocknet ist; schöne, lange und glatte Wurzeln bilden sich nur in einem tiefgründigen und ungedüngten Boden, sonst verzweigen sie sich; damit die Wurzeln bei der Ernte nicht abbrechen, heben wir dicht neben der Reihe einen wurzeltiefen, keilförmigen Graben aus und drücken die Wurzeln mit dem Spaten in den Aushub hinüber.

Spinat: Nicht zu spät im Herbst säen: bei zunehmender Feuchte und abnehmender Wärme erhöht sich durch mangelnde Stoffumwandlungen der Nitratgehalt, was im Frühjahr bei zunehmender Wärme nicht der Fall ist; Herbstaussaaten für Frühjahrsernte überwintern am besten mit 2–4 Blättern; Fruchtfolge 4 Jahre.

Weißkohl: Frühe Sorten rechtzeitig ernten, da sie zum Platzen neigen.

Der fruchtbare Sommer

Wenn kalt und naß der Juni war,
verdirbt er meist das ganze Jahr

Wenn die Erde ihre ganze Fruchtbarkeit ausatmet, die Blütenfülle farbenprächtig überquillt, die Düfte nuancenreich verströmen und alles zur Reife strebt, erleben wir den Sommer in seiner ganzen Vielfalt. Als Gärtner wünschen wir uns nächtens einen lauen und sanften Regen und am Tag einen blanken Himmel, während wir uns, die gepflegten Hände in der Gartenschürze, genüßlich an dem prächtigen Gedeihen der Gemüse-Kulturen erfreuen und die Körbe allzeit bereithalten, um sie mit köstlichen Früchten füllen zu können.

Natürlich sieht die Wirklichkeit ein bißchen anders aus. Das Wetter kann uns ganz schön zusetzen, wenn die „Schafskälte" zwischen dem 10. und 20. Juni voll zuschlägt, wochenlange Ostwinde oder sengende Hitze eine Dürre im Gefolge haben, Gewitter uns zwar wieder erleichtert durchatmen lassen, aber auch von Hagel und Sturm begleitet werden können, und wir froh sein dürfen, wenn uns anschließend nicht ein ausgewachsener Landregen heimsucht. Dann können wir uns kaum die Muße gönnen und in aller Ruhe zuwarten, bis uns schwellende Früchte „in's Maul wachsen". Aber auch ein erfreuliches Sommerwetter, bei dem sich Sonne und Regen wohltuend abwechseln, läßt uns nicht müßig gehen. Denn die zunehmende und in den „Hundstagen" gipfelnde Wärme schwächt das stürmische Wachstum des Frühjahrs langsam ab. Wir werden darauf bedacht sein müssen, den Wachstums-Schwung durch eine fürsorgliche Pflege noch lange, möglichst bis zum Beginn der Reife, zu erhalten, und die Gesundheit der Gewächse weiter zu fördern, nachdem wir bereits im vergangenen Herbst und im Frühjahr einiges für ein gutes Gedeihen getan haben.

Und wieder ist es der Boden, dem wir uns besonders widmen, wenn es darum geht, die Fruchtbarkeit für ein gesundes und frohwüchsiges Gedeihen zu erhalten. Überdies kann es nicht schaden, wenn wir uns bemühen, nach gängigen Methoden und mit bewährten Mitteln die Widerstandskraft der Kulturen zu stärken und eventuellem Schaden zuvorzukommen sowie alles, was da wohltuend „kreucht und fleucht", in unserem kleinen Naturreich, in dem die duftenden Kräuter nicht fehlen dürfen, heimisch werden zu lassen.

Die Pflege des Bodens

St. Veit bringt Regen mit
(15. Juni)

Pflanzen können von sich aus nicht krank werden. Sieches Wachstum, Krankheitsanfälligkeit oder Schädlingsbefall sind immer auf eine mangelnde oder gehemmte Lebendigkeit des Bodens zurückzuführen und wir tun gut daran, zunächst das Übel dort zu suchen und zu überlegen, was wir eventuell falsch gemacht haben, ehe wir versuchen, mit unzulänglichen Mitteln die Symptome zu kurieren.

Hacken und „rühren"

Wenn Regen- oder Gießwasser den Boden verschlemmen, Sonne und Wind ihn anschließend austrocknen, bildet sich eine harte, feste Kruste an der Oberfläche, die um so härter wird, je spröder und lehmiger die Erde ist. Selbst eine leichte Kruste schließt den Boden schon so gründlich ab, daß weder Sauerstoff zugeführt werden noch Kohlensäure entweichen kann. Die Folgen für die Pflanzen sind nicht abzusehen, wenn der Boden nicht mehr atmen kann, den Bodenlebewesen elementare Lebensbedingungen entzogen werden und er überdies durch die Kapillarwirkung noch austrocknet. Wir müssen uns also fortgesetzt bemühen, die oberste Bodenschicht durch Hacken in einen lockeren Krümelzustand zu versetzen. Sie trocknet zwar aus, aber durch die Unterbrechung der feinen Steigkanäle bleibt das Wasser im Wurzelbereich erhalten.

Andererseits mobilisiert der durch das lockernde und belüftende Hacken eingebrachte Sauerstoff die Bodenlebewesen. Durch ihre regere Tätigkeit wird mehr Humus abgebaut, und stärker fließen die Nährstoffquellen. Dabei werden nicht nur Mineralstoffe pflanzenverfügbar, sondern es wird auch mehr Kohlensäure freigesetzt. „Bodenbürtig" strömt sie in die bodennahe Luftschicht und kann unmittelbar die Assimilation des Pflanzenbestandes für die „Zucker- und Stärkeproduktion" verbessern. Nicht von ungefähr haben gerade „Hackfrüchte" einen hohen Düngebedarf, der womöglich schon durch regelmäßige Bodenlockerungen hinreichend gedeckt werden kann.

Für die Lockerung der Erde brauchen wir, je nach Bodenart und Verwendungszweck, verschiedene Hack-Geräte. Für die Frühjahrsbestellung eines schwereren Bodens, der erst urbar gemacht wurde, wird sich die Mühe nicht vermeiden lassen, die mit der Grabegabel gehobenen Schollen zunächst mit dem Krail und dann mit der Doppelhacke zu zerkleinern. Weniger anstrengend ist die Verwendung einer kleinen Fräse, die mit einer Bohrmaschine betrieben werden kann. Sandige und mürbe Böden in alter Tracht bearbeiten wir mit dem Verstellkultivator, dem Krümler oder mit dem Haken aus Federstahl mit einer schwalbenschwanzförmigen Schneide, der auf Seite 81 erwähnt worden ist. Diese Geräte werden gezogen. Dadurch kann die Arbeit leichter und flotter von der Hand gehen. Beim späteren Bodenkrümeln in den Kulturen gehen wir behutsamer zu Werke. Zwischen den Reihen flachwurzelnder Gemüsearten wird nur eine dünne Oberschicht, 3 cm und weniger, zerbröckelt, damit die Wurzeln nicht beschädigt werden, während Wurzelgemüse wie Möhren, Radieschen, Chicorée oder Mairüben auch etwas tiefer gelockert werden können. Zum flachen Hacken, das im süddeutschen Raum

bezeichnenderweise „rühren" genannt wurde, eignen sich am besten schmale Ziehgeräte, insbesondere der Federstahlhaken, der ganz flach gezogen werden kann. Das Krümeln gelingt besser, wenn die Erde nach dem Regen oder dem Gießen abzutrocknen beginnt. Je mehr sich die Reihen schließen und das Laub den Boden beschattet, desto weniger braucht gehackt zu werden. Die Schattengare bleibt mürbe und gut durchlüftet.

Mulchen ist bequemer

Bei weitständigen Kulturen, wie allen Kohlarten, können wir uns das mühselige Hacken durch Mulchen ersparen.

Der Mulch hat viele Vorteile und sollte nicht nur wegen der Arbeitserleichterung eine Hauptrolle spielen. Auch in natürlichen Biotopen gibt es keinen Fleck Erde, der nicht mit Bewuchs oder Streugut (Wald) überzogen ist.

Durch eine Schicht aus organischen Stoffen wird

- die Verschlemmung oder Verkrustung des Bodens verhindert;
- das Erdreich für eine günstige Wasserführung und den notwendigen Gasaustausch offengehalten;
- der Nachttau eingefangen;
- das Keimen oder Durchwachsen von Samenunkräutern unterdrückt;
- starkes Temperaturgefälle ausgeglichen, was besonders wärmeliebenden Gewächsen zugute kommt, und Wachstumsstockungen verhindert, die in der Regel einen Blattlausbefall zur Folge haben.

Zudem entsteht für die Bodenlebewesen eine „dunkle Feuchtigkeit" und zugleich eine unversiegbare Nahrungsquelle, die besonders gut genutzt werden kann, wenn der Boden, des besseren Kontaktes wegen, vor dem Aufbringen des

Mulches gut gelockert wird. So bleibt durch die rege Lebenstätigkeit und die ständige Zufuhr organischer Substanz eine stabile Krümelstruktur erhalten.

Der Erfolg des Mulchens ist abhängig von der Art des Materials, der ausreichenden Menge und seiner Handhabung. Es sollte für die Bodenwelt eine leicht verwertbare Futterquelle sein und so angewandt werden, daß alle Vorteile – ein agiles Bodenleben, ein gesundes, kräftiges Pflanzenwachstum und ein hoher Ertrag – voll zur Geltung kommen können. So ist es besser, öfter etwas nachzulegen, als eine zu dichte Schicht aufzutragen, die den Boden verschließt, zusammenklebt und aus Sauerstoffmangel (wie bei der Silage) zu gären beginnt. Besonders im Frühjahr muß saftiges Grün einen Tag lang abwelken, sonst entstehen nicht nur Fäulnis und Luftmangel, sondern auch die Schnecken werden magisch angezogen. Sehr gut eignen sich kleinblättrige oder gehäckselte Grünabfälle.

Obwohl es so aussieht, als seien im Sommer kaum zureichende Mulchquellen zu finden, weil ja auch die Sammlung organischer Rückstände für den nächsten Komposthaufen wachsen soll, gibt es bei entsprechender Vorsorge und geschickter Platzausbeute eine ganze Palette mehr oder minder geeigneten Mulchmaterials.

Grünmasse

Sie wird am häufigsten als Mulch verwendet. Sie ist gut anzuwenden und für die Bodenlebewesen leicht verwertbar:

- Große Blätter (Rhabarber, Kohl), Strünke oder überständige Staudenstengel häckseln wir am besten und lassen das etwas hitzige Gut zunächst einmal „abdampfen", ehe wir es, möglichst mit derberem gemischt, auf die Beete bringen;
- Rasenschnitt sollte wegen der Gefahr des Verklebens und Faulens nicht höher als 3 cm, aber auch nicht zu dünn gelegt werden, sonst ist er im Hochsommer sehr schnell verschwunden; vorteilhaft ist eine Mischung mit gröberem Material; blühender Weißklee im Schnittgut geht in Samen über (Verunkrautungsgefahr);

- Jätunkraut darf ebenfalls nicht blühen; bereits knospend gejätete Beikräuter, wie Kreuzkraut, entwickeln unter Umständen noch Samen; bei feuchtem Wetter wachsen viele wieder an, wenn sie mit dem Boden in Berührung kommen.

Heilkräuter

Sie ergeben einen vortrefflichen Mulch. In erster Linie zählen wir zu ihnen Brennesseln (vor der Blüte!) und den an Kali reichhaltigen Comfrey oder Beinwell (Wildform), der jede Woche geschnitten werden kann und sich gut vermehrt. Beide sollten so reichlich im Garten anzutreffen sein, daß sie neben ihrer Verwendung als Jauche (Seite 129 ff) auch noch gelegentlich zum Mulchen reichen. Sie haben darüber hinaus eine ausgezeichnete Düngewirkung und werden von den Schnecken verabscheut. Aber auch Borretsch, Löwenzahn, Kamille, Ringelblumen, die sich gerne selbst aussäen und besonders der wuchs- und schnittfreudige Perserklee und die Phacelia auf der Blütenparzelle (Seite 93) eignen sich als Mulchmaterial.

Kompost

Halbverrottet und nährstoffreich, ist er ein vorzügliches Mulchmaterial für starkzehrende Tomaten, Gurken, Zucchini, Sellerie oder Porree. Mindestens 5 cm hoch aufgetragen, sollte er mit einer Schicht Grünzeug geschützt werden.

Weniger oder nur für bestimmte Zwecke als Mulch geeignet sind Stoffe, die zu langsam verrotten, sperrig sind oder als „Müll" auf dem abgeernteten Beet übrig bleiben. Da sie aber immer wieder empfohlen werden und zum Mulchen „wie geschaffen" sein sollen, erwähnen wir sie und ihre typischen Eigenschaften.

Rindenkompost

Er wird mit Zusätzen von Blut-, Knochenmehl und kompostiertem Mist gehandelt. Abgesehen davon, daß er ziemlich teuer ist, ist die Düngewirkung schlecht kontrollierbar. Da er außerdem säuert, ist er zumindest für leicht saure Sandböden völlig ungeeignet.

Rindenmulch

Für die Beetkultur ist er untauglich, weil er auch gekörnt immer noch zu grob ist und zu langsam verrottet. Für Beerensträucher ist er aber bestens geeignet. Er muß aber 1–2 Jahre abgelagert sein, damit durch die angehende Rotte der Gehalt an pflanzenschädlichen Gerbstoffen und Säuren abgeschwächt wird. Dagegen verwenden wir frischen Rindenabfall als Belag für Ziergartenwege. Sie bleiben durch die frei werdenden Hemmstoffe und den Lichtmangel unkrautfrei und können lange Zeit trockenen Fußes begangen werden.

Heu

Soweit es nicht mehr als Futter verwendet werden kann, ist es an sich ein recht gutes Mulchmaterial, man riskiert aber, daß sich das Gemüsequartier in einen Grasgarten verwandelt.

Stroh

Insbesondere Weizen- und Gerstenstroh verrottet ebenfalls sehr langsam, außerdem braucht es für die Rotte eine Menge Stickstoff, der eher den Pflanzen zugute kommen sollte, und schließlich ist es ein idealer Unterschlupf für Wühl-, Feldmäuse und Schnecken. Dennoch: wenn wir 1 Ballen Stroh häckseln, mit 1 Karre feuchter Erde mischen, maßvoll Hornspäne zugeben, abdecken und etwa 3 Wochen anrotten lassen, können wir das Substrat recht gut als Mulch für Beerensträucher und auch für Starkzehrer verwenden.

Hobelspäne

Sie versauern den Boden, sind sperrig, fliegen im Garten herum und gehören gleichfalls zu den „Langweilern", schrecken aber die Schnecken ab. Wenn man zuviel davon hat, kann man es im Herbst 1:1 mit Laub aufsetzen, wobei das stark gerbsäurehaltige von Eichen, Nußbäumen und Holunderbüschen gemieden werden sollte.

Papier, Zeitungen und Pappe

Diese Materialien eignen sich eher zur Abdeckung und Ausrottung von lebenszähen Wurzelunkräutern wie Giersch. Auf keinen Fall darf man Buntdruck-Papier verwenden, das Schwermetalle enthält. Auch das „Mulchpapier von der Rolle" mit Aussparungen für Setzlinge ist nicht nach unserem Geschmack. Es soll zwar verrotten, aber bis dahin fehlt es den Bodenlebewesen womöglich an Futter und Luft.

Ganz und gar untauglich für ein sinnvolles Mulchen sind schwarze Mulchfolien, Sägemehl und Torf. Erstere lassen, ganz abgesehen von der Energieverschwendung bei der Herstellung, keine atmosphärischen Wirkungen zu und beeinträchtigen die Bodenatmung. Sägemehl hat ähnliche Nachteile wie Hobelspäne. Hinzu kommt noch, daß das Holz soweit aufgeschlossen ist, daß der Holzstoff Lignin frei werden kann. Gelangt es in den Boden, blockiert es den Stickstoff, so daß auch eine Kompostierung nicht in Frage kommt. Über die Verwendung von Torf haben wir schon auf Seite 65 einiges gesagt.

Erdklee, ein lebender Mulch

Mit dem einjährigen bodenfrüchtigen Klee *(Trifolium subterraneum)* haben wir auf den Kohlbeeten sehr gute Erfahrungen gemacht. Er läuft unter günstigen Bedingungen bereits nach 4–5 Tagen auf, wächst zügig weiter, breitet sich durch Ausläufer aus und vermehrt sich durch Selbstaussaat, indem sich die relativ frühen Blütenstände nach der Selbst-Befruchtung in die Erde bohren, wo sich die reifen, klettenartigen Früchte fest verankern. 6–8 Wochen nach der Aussaat ist ein dichter Bestand herangewachsen, der nicht nur den Boden beschattet und für die Starkzehrer reichlich Stickstoff spendet, sondern noch den Unkrautwuchs verhindert. Der Klee wird etwa 20 cm hoch, kann aber auch geschnitten werden. Er begleitet (voraus gesät) den Kohl bis zur Ernte und friert bei länger andauernden Frösten ab, wenn wir ihn nicht als Gründüngung einbringen. Die im Mittelmeerraum beheimatete Pflanze ist an sich etwas kälteempfindlich, was gelegentlich zu Ausfällen führte. Inzwischen ist die Sorte ‚Nuba' gezüchtet worden, die sich durch eine besonders rasche und kräftige Jugendentwicklung auszeichnet, wobei auch kalte und nasse Witterungen toleriert werden.

Vom Gießen und Wässern

Die Bodenfeuchtigkeit ist nicht überall und schon gar nicht zu jeder Zeit in der gewünschten ausreichenden und gleichbleibenden Menge vorhanden. Wieviel Wasser den Pflanzen zur Verfügung steht, hängt von unterschiedlichen Gegebenheiten ab:

- den globalen Wetterlagen und Witterungsrhythmen im Verlauf des Jahres;
- einem geschützten/ungeschützten Standort;
- der Wasserspeicherfähigkeit des Bodens;
- der Höhe des Grundwassers sowie
- dem täglichen Wetter mit der Niederschlagsmenge, dem Tau, der Luftfeuchte, Sonnenscheindauer oder den Temperaturen.

Unsere wählerischen Gemüsekulturen stellen hohe Ansprüche an gleichmäßige Feuchtigkeit. Starke Schwankungen oder gar Wassermangel wirken sich als Wachstums-Stau auf das Gedeihen aus, sind kaum wiedergutzumachen und beeinflussen letztlich auch die Qualität. Wenn wasserspeichernder Humus, Hacken und Mulchen sowie ein gut gestaltetes Kleinklima (Seite 139 f) die Feuchtigkeit nicht mehr zureichend zu bewahren vermögen, muß gewässert werden.

Im allgemeinen speichert der Boden die Winterfeuchtigkeit, von der Frühjahrsnässe flankiert, bis in den Mai. Falls der Tau nicht ausreicht, genügt es, lediglich des besseren Bodenschlusses wegen, die Saaten behutsam in den Vormittagsstunden (da Gießwasser den Boden auskühlt) zu berieseln. Während wir bis Johanni das Wachstum durch Wässern unterstützen können, vermögen wir vom Juli bis zu den heißen Hundstagen im August kaum mehr auszurichten, als den Pflanzen durch Gießen gerade das Überleben zu sichern. Dann werden die Nächte wieder länger und kühler, der Tau fällt reichlicher und Morgennebel senken sich herab, so daß mit einem erneuten Wachstumsschub das Gießwasser auch wieder besser anschlägt, was den heranwachsenden Wintergemüsen zugute kommt.

Regenwasser bekommt unseren Pflanzen am besten. Es ist außerdem kostenlos zu haben. Von

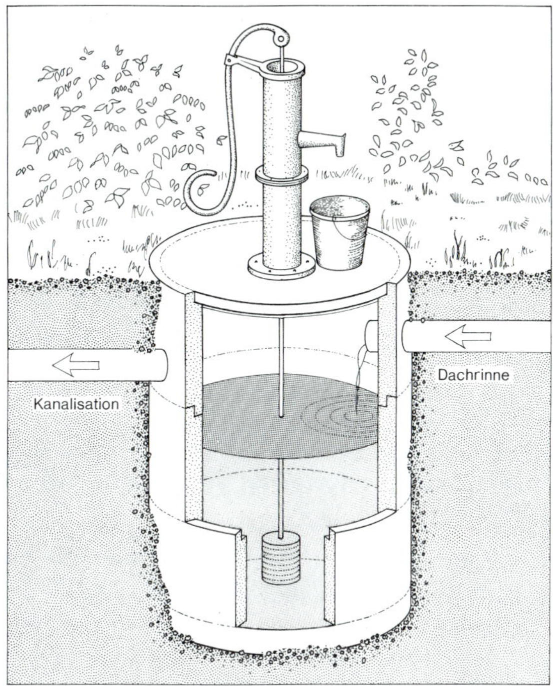

Bei einem Neubau lohnt sich die Anlage eines Brunnes aus Betonringen, die je nach Bedarf beliebig tief ausgeführt werden kann.

der einfachen Klappe im Regenabfallrohr bis zum Brunnen aus Betonringen mit Überlauf in die Kanalisation und hand- oder motorbetriebener Pumpe gibt es verschiedene Möglichkeiten, das Wasser vom Dach des Hauses zu sammeln. Freilich kann sich nach niederschlagsarmer Zeit auf dem Dach auch – je nach Lage – mit Schwermetallen angereicherter Staub angesammelt haben. In diesem Falle stellen wir besser die Klappe erst aus, nachdem der erste Regenguß vorbeigerauscht ist. Im Brunnen setzt sich der Schmutz ab und bleibt dort liegen, wenn das mit einem Filter versehene Saugrohr einen gehörigen Abstand vom Boden hat. Mit Indikatorpapier (aus der Apotheke) können wir feststellen, wie sauer der Regen jeweils war, um eventuell mit Kalkgaben entgegenwirken zu können.

Für die Entnahme von Grund- oder Oberflächenwasser (Bach) bedarf es nach dem ‚Wasserhaushalts-Gesetz‘ einer Genehmigung. Es ist gut, sich über eine mögliche Schadstoff- oder

Nitratbelastung kundig zu machen. Kaltes Grundwasser lassen wir in einer ständig gefüllten Tonne von der Sonne durchwärmen, um Kälteschocks beim Gießen zu vermeiden. Ebenso wird kaltes Leitungswasser in einer Tonne aufbereitet. Nach dem Füllen wird das teure Naß, über dessen Härtegrad (Kalk) das Wasserwerk informiert, gelegentlich umgerührt, damit sich zugesetztes Chlor besser verflüchtigt.

Einen hohen Wasserbedarf haben Gurken, Tomaten, alle Kohlarten, Sellerie, Porree und Rhabarber. Genügsamer sind Kopfsalat, Spinat, Feldsalat, Bohnen, Erbsen, Möhren und Zwiebeln. Relativ trockenresistent sind die wärmeliebenden Kürbisse, Auberginen, Melonen und Paprika.

Im allgemeinen ist es besser, von Zeit zu Zeit ordentlich zu gießen als öfter mit kleinen Gaben. 15–20 l Wasser je m² Beetfläche alle 3–4 Tage auf leichten und alle 6–7 Tage auf schwereren Böden reichen für eine gute Bodendurchfeuchtung aus. Das sind etwa 2 Gießkannen voll; es sei denn, es regnet so reichlich, daß das Wasser im Regenmesser 15–20 Strich hoch steht (1 Strich = 1 mm = 1 Liter Wasser auf 1 m²). Werden mit einem üblichen Gartenregner 100 m² berieselt, fallen auf 1 m² in einer Stunde etwa 10 l Wasser. Die jeweilige Leistung kann beim Kauf erfragt werden. Allerdings muß auch ein Zuviel vermieden werden. Die Wurzeln bleiben sonst flach, ohne sich kräftig zu entwickeln, erreichen nicht die Nährstoffe im tieferen Erdbereich und verlangen ständig nach Wasser, da die obere Erdschicht schneller austrocknet (falls nicht gemulcht wird).

Ein noch mäßig feuchtes Beet (nachscharren!) ist schneller durchgegossen als ein ausgetrocknetes. Es ist scheinbar widersinnig, nach trockenen Tagen vor dem Durchzug einer Regenfront zu gießen. Aber durch den fallenden Luftdruck, der auch im Krumenbereich nachzuweisen ist, dringt das Wasser gut in den Boden ein und der nachfolgende Gewitterguß wirkt sich nachhaltiger aus und hält besser an.

Grundsätzlich wird in der Zeit von 10–17 Uhr nicht gegossen. Morgens bestehen zwischen dem Wasser, der Luft und dem Boden kaum Temperaturunterschiede, so daß keine Verdunstungskälte entstehen kann. Deshalb kann zu dieser Zeit auch am besten mit dem Gartenschlauch aus dem Leitungsnetz gewässert werden. Über die Mittagszeit kann auch abgestandenes Wasser schocken und durch die starke Verdunstung wird viel Wasser vergeudet. Außerdem wirken die Wassertropfen wie Brenngläser. Abends sollte so zeitig gegossen werden, daß das Blatt noch abtrocknen kann, um möglicher Pilzgefahr vorzubeugen.

Tropf-Bewässerung

Eine Tropf-Bewässerung hat viele Vorteile. Von den Tropfstellen des Schlauches fällt das Wasser von Zeit zu Zeit auf den Boden und breitet sich in der Erde, ohne die Oberfläche zu nässen, so aus, daß eine halbe Beetbreite versorgt wird. Die Krume verschlemmt und verkrustet nicht und das Wasser durchfeuchtet gründlich und nachhaltig den Wurzelbereich. Durch die langsame und sanfte Bewässerung werden Kälteschocks vermieden. Selbst in mittäglicher Hitze kann die Tropfleitung betrieben werden, da das Wasser sich in den schwarzen Schläuchen erwärmt und eine Verdunstungskälte ohnehin nicht entstehen kann, weil die Erdoberfläche nicht benetzt wird. Von einem Hauptschlauch ohne Tropfstellen, der mit einem Druckreduzierer an die Gartenleitung angeschlossen wird, um ein gleichmäßiges Tropfen auch bei großen Anlagen zu ermöglichen, werden Verteiler-Tropfschläuche so verlegt, daß der ganze Gemüseteil lückenlos bewässert werden kann. Durch Ventile an den Abzweigstellen kann die Versorgung der Beete mit weniger wasserbedürftigen Gemüsearten, wie Zwiebeln, zeitweise abgestellt werden.

Von einer Perfektionierung mit teueren vollautomatischen Bewässerungsanlagen halten wir nicht viel. Selbst wenn wir einen längeren Urlaub antreten, ist es ratsamer, den freundlichen Nachbarn zu bitten, ab und an den Wasserhahn für eine Weile aufzudrehen, als während der Ferien den schrecklichen Gedanken nicht loszuwerden, ob denn das wundersame Steuersystem auch wirklich funktioniert.

Unkraut vergeht nicht

Daß in unserem Garten robuste Wildkräuter zu unvergänglichen Un-Kräutern werden können, wenn sie, sich schnell und übermächtig ausbreitend, den Kulturpflanzen Licht, Nahrung und Wasser wegnehmen, und daß wir uns wohl oder übel dauernd damit auseinandersetzen müssen, ist seit eh und je eine Binsenwahrheit. Sie begleiten die Kulturpflanzen und den Gärtner ein Leben lang.

Millionen Samen dieser „Begleitkräuter" schlummern jahrelang im Boden unseres Gartenlandes und warten auf eine günstige Gelegenheit, ihre Aufgabe zu erfüllen: jedes Fleckchen Erde zu begrünen und Einseitigkeiten auszugleichen. Dabei sind sie den wählerischen (und womöglich überzüchteten) Gemüsepflanzen an schneller Keimfähigkeit, Vitalität, Widerstands- und Reproduktionskraft (eine einzige Vogelmiere fruchtet mit über 10 000 Samen) und durch eine Vermehrungsfähigkeit in mehreren Generationen während einer Vegetationsperiode haushoch überlegen.

◤ Samenunkräuter

Samenunkräuter sind verhältnismäßig harmlos. Dennoch wäre es müßig zu hoffen, sie jemals ausmerzen zu können. Gebärden wir uns also nicht als verbissene Ordnungsfanatiker und kümmern wir uns auch nicht um lästernde Nachbarn, sondern nehmen wir das Unvermeidliche gelassen hin und bemühen uns lediglich, sie in Grenzen zu halten. Wöchentlich sollten zwei bis drei Jät-Stunden genügen, damit es nicht zu einer ungeplanten üppigen Bodenbedeckung kommt.

Samenunkräuter im Zaum zu halten, gelingt, auch ohne sich ein müdes Kreuz zu holen, recht gut, wenn wir nach einfachen, bewährten Regeln vorgehen, deren einige auch schon gelegentlich erwähnt wurden. Auch das einjährige Rispengras, das auf einem guten Gartenboden fast zu jeder Jahreszeit blüht und fruchtet, ist gut in Schach zu halten, zumal es recht klein ist und sich gut jäten läßt.

◤ Wurzelunkräuter

Unkräutern, die ein weitreichendes Wurzelnetz mit Ausläufern und Sprossen haben, müssen wir unverzüglich auf den Leib rücken, sobald sie sich einzunisten beginnen. Es lohnt sich, täglich den Garten zu beobachten, ob nicht hier oder da etwa eine Winde aus dem Boden spitzt. Dann können wir sie gerade noch daran hindern, mit den Wurzeln in ergründliche Tiefen abzutauchen, um von dort ungestört ihr Unwesen zu treiben. Treffen wir „Altlasten" an, werden wir uns mit Hingabe und Ausdauer um deren „Rodung" bemühen müssen. Dabei lassen wir tunlichst die ausgegrabenen Wurzeln auf dem Plattenweg trocknen, ehe wir sie auf den Kompostsammelplatz werfen.

Ackerschachtelhalm (Zinnkraut, Katzenschwanz) wächst mit Vorliebe dort, wo Bodenverdichtungen und stauende Nässe anzutreffen

Das Franzosenkraut, das die Landwirte überhaupt nicht mögen, kann auch im Garten wegen seiner Vitalität äußerst lästig werden.

sind. Liegt die verdichtete Schicht verhältnismäßig hoch, ist es eher das Bodenproblem, das uns Kummer bereitet, als das Kraut, dem mit seinen meterlangen und -tiefen Wurzeln ohnehin nicht beizukommen ist. Da hilft nur eine Drainage oder man versucht es mit der Aussaat von Ackerbohnen oder Ölrettich, die mit ihren tiefgehenden Wurzeln den verdichteten Boden durchbrechen. Werden die Kulturen durch einen tiefer liegenden Nässestau nicht behindert, ist das feingliedrige Kraut, leicht abgerissen, in der Jauchetonne stets willkommen.

Ackerwinde, die zu den gefürchtetsten Gartenunkräutern zählt, ist, wenn sie einmal (vornehmlich in fruchtbarer Erde) Fuß gefaßt hat, wegen ihres sehr tiefgreifenden Wurzelsystems und infolge einer ausgiebigen vegetativen Vermehrung kaum ausrottbar: wehret den Anfängen!

Giersch (Geißfuß, Bodäpfele) zu jäten, ist recht mühevoll; mit unglaublicher Vitalität wuchert auch das kleinste Wurzelstückchen, das beim Auslesen übersehen wird, weiter:

- ein akribisches Ausgraben ist dennoch am sichersten, um den Störenfried loszuwerden;

- „aushungern" durch Licht- und Luftmangel (Abdeckung) oder durch Blockieren der Assimilation (ständiges Abreißen der Blätter) dauert zumindest lange, wenn man nicht überhaupt diese Methode bei dem Überlebenswillen der Pflanze mit Skepsis betrachten sollte;

- eventuell lohnt sich der Versuch, übriggebliebene Kartoffeln zu pflanzen, die der Giersch nicht vertragen soll.

Quecken sind relativ leicht in den Griff zu bekommen:

- wenn wir beim Ausgraben sorgsam mit der Grabegabel umgehen, können wir, langsam und vorsichtig, meterlange Ausläufer aus dem Boden ziehen;

- mehrmalige flache Bearbeitung im Spätsommer und Frühherbst bei trockenem Boden vertragen sie nicht, aber bleiben beim Auslesen abgetrennte Wurzelenden zurück, entwickelt sich aus ihnen eine neue Pflanze.

Straußgras wandert häufig von den Gartenwegen, auch unter Gehwegplatten, in die Beete; die flach treibenden Ausläufer sind gut zu beseitigen und die häufige Bodenlockerung auf den Beeten verhindert eine Ausbreitung.

Das Gedeihen fördern und Schaden verhindern

Wie die sieben Brüder das Wetter gestalten,
so soll es noch sieben Wochen halten
(10. Juli)

Nicht jeder Garten ist in einem so guten biologischen Gleichgewicht, daß sich besondere Förder- oder Schutzmaßnahmen erübrigen; hochgezüchtete Gemüsesorten erfreuen uns zwar durch respektable Erträge, sind aber wesentlich anfälliger gegenüber Pilzerkrankungen und Schädlingen, und in einer zunehmend geschädigten Umwelt wachsen auch die Gefährdungen. Wir tun daher gut daran, mit geeigneten Mitteln die Wachstumsfreude zu steigern sowie die vorsorgliche Abwehr von Pilzen und Schädlingen nicht zu vernachlässigen.

Im naturgemäß gepflegten Garten wenden wir Mittel an, die aus Natur-Substanzen hergestellt werden. Die Wirkungen beruhen vornehmlich darauf, daß sie ein gesundes Wachstum und die Widerstandskraft der Gewächse so unterstützen, daß sie gegen Pilz- und Schädlingsbefall gefeit sind. Vorbeugen ist bekanntlich besser als heilen. Zum naturgemäßen Pflanzenschutz gehört es ebenso, ein natürliches Gleichgewicht zwischen „Nützlingen" und „Schädlingen" herzustellen. Schaden entsteht ja erst, wenn fressende und saugende Insekten übermächtig auftreten. Kommt es dann zu einem Schädlings- oder durch widrige Witterung zu einem Pilz-Befall, greifen wir mit schonenden Mitteln und Maßnahmen ein.

Neben Altbewährtem gibt es eine Reihe von Empfehlungen, hauptsächlich zur Anwendung von Kräuter-Spritzbrühen, die, insbesondere bei akuten Fällen, nicht in jedem Garten den gleichen Erfolg haben. Das kann daran liegen, daß in den Gärten unterschiedliche Boden- oder Klima-Bedingungen und andere Fruchtfolgen anzutreffen sind und die Mittel jeweils anders reagieren. Eventuell hilft ein anderes Mittel. Dabei könnten wir allgemeine Erfahrungen mit eigenen Beobachtungen zu verknüpfen suchen und die reizvolle Gelegenheit wahrnehmen, im eigenen Garten jedweden hartnäckigen Störenfrieden auf die Schliche zu kommen und durch eigene Versuche wirksame Mittel gegen sie zu finden.

Kräuterjauchen halten das Wachstum in Schwung

Während Kompost, im Herbst ausgebracht und im Frühjahr zum Säen und Pflanzen verwendet, die Fruchtbarkeit des Bodens belebt, wirken Jauchen durch die Vielzahl ihrer Inhaltsstoffe unvermittelt und verhältnismäßig rasch wie richtige Volldünger, ohne es jedoch zu sein. Sie haben den großen Vorteil, daß sie leicht, schnell und billig in jeder beliebigen Menge hergestellt und den

Pflanzen, ihren jeweiligen Bedürfnissen entsprechend, mehr oder weniger häufig und in einfach zu bemessenden Konzentrationen verabreicht werden können. Von allen Kräutern tragen besonders die Brennessel und der Komfrey zum Gedeihen unserer Gemüse-Kulturen bei.

Die Brennessel

Brennesseln *(Urtica dioica)* sind, wie keine anderen Pflanzen, alles umfassende Wohltäter:
- sie machen dort, wo sie wachsen, einen mürben Boden;
- fördern, als Jauche zubereitet und als Mulch verwendet, das Wohl der Pflanzen;
- sind ein hervorragendes Aufzuchtfutter, vor allem für Geflügel, und eine spezifische Futterpflanze für die Raupen von Admiral, Tagpfauenauge, Kleinem Fuchs und weiteren Schmetterlingen;
- finden auch als Heilmittel Verwendung und dienen wegen ihres besonders hohen Gehaltes an Blattfarbstoffen zur industriellen Gewinnung von Chlorophyll und
- lassen sich im Jugendalter sowohl als Spinat zubereiten als auch als Würze- und Küchenkraut für Salate und die Frühlingssuppe verwenden.

Nach ihrem Einzug in die Küchen der Feinschmeckerlokale hätte die Brennessel es eigentlich verdient, im Bild-Teil erwähnt zu werden, wenn nicht ihr Hauptanwendungs- und Wirkungsbereich der naturgemäße Garten wäre, wo sie geradezu unentbehrlich ist.

Sollte sie in einem Garten nicht heimisch sein, wäre sie durch Stecklingsvermehrung von Mitte Mai bis Mitte Juni anzusiedeln. An Rändern, in Ecken und auf Baumscheiben lassen wir sie gerne wachsen, im Gegensatz zu jenen „Gärtnern", die sie immer noch mit Heizöl zu vernichten suchen und dadurch den Boden auf Jahre, wenn nicht für immer, verseuchen. Für die Verwendung als Mulch oder die Zubereitung der Jauche kann sie 2- bis 3mal im Jahr, jeweils vor der Blüte, geschnitten werden. Für den Einsatz größerer Mengen müssen wir allerdings in der Umgebung einen dichten, unkrautfreien Bestand suchen.

Das Kraut fördert als Mulch alle Starkzehrer und bekommt den Tomaten besonders gut. Wenn wir bereits 3–4 Wochen vor der Pflanzung eine dicke Schicht auf die Pflanzstelle legen, wird sie, schnell welkend, von den Regenwürmern als besonders reichhaltiger Nährboden für die „Unersättlichen" aufbereitet. Und ein gut gelungener Brennnessel-Kompost ist das beste, was wir den Saaten und Setzlingen als Starthilfe anbieten können.

Die Jauche ist ein Dünge-, Pflege- und bewährtes Allheilmittel und unersetzlich für den naturgemäß arbeitenden Gärtner.

Wenn wir das Kraut kleinhacken, verläuft die Gärung schneller und wir vermeiden lästige lange Stengel in der Jauche. Sie ist fertig, sobald sich (je nach Witterung) ein kräftiger Duft entwickelt hat, den Uneingeweihte auch als Gestank bezeichnen mögen. Sollte der Nachbar eine empfindliche Nase haben, genügen einige Tropfen Baldrianextrakt oder auch Holzkohle, um den Geruch zu kultivieren. Ebenso harmonisieren die biologisch-dynamischen Düngerzusatz-Präparate, am „Fadenkreuz" schwimmend, nicht

> **Brennesseljauche**
> **Rezept:** 1 kg frisches Kraut (etwa einen Arm voll) auf 10 Liter Regenwasser oder einfach die Tonne mit Kraut füllen, leicht andrücken und mit Regenwasser auffüllen;
> **Anwendung:** 1:5 bis 1:10 verdünnen, je nach Bedarf.

nur die Gärung, sondern auch die Geruchsentwicklung. Auf jeden Fall decken wir unser „Goldgrüble" zu, was bei eingegrabenen Tonnen ohnehin geboten ist.

Bei der Anwendung muß die Konzentration sorgsam abgewogen werden. Die Verdünnungen müssen dem Bedarf und der Verträglichkeit der jeweiligen Gemüseart und dem Entwicklungsstadium angemessen sein. Die Jauche wirkt nachhaltig und verhältnismäßig rasch. Überdüngung

An einem schwimmenden Holzkreuz hängen die Kompost-Präparate, jeweils in Stoffsäckchen gehüllt und mit einem Kiesel beschwert, an Fäden mitten in der Brennessel-Jauche.

> **Brennesseljauche** ist reich an Calcium (29%), Kalium (13%), Phosphor, Magnesium, Eisen, Kieselsäure (jeweils etwa 5%) und Spurenelementen
> - unterstützt die Wuchsfreudigkeit der Pflanzen;
> - stärkt ihre Widerstandskraft;
> - eignet sich gut als Blattdüngung;
> - kann die Stickstoff-Bildung im Boden fördern und hilft der Pflanze, den Stickstoff zu verwerten;
> - wirkt heilend auf ausgelaugte Böden;
> - tut für Böden mit Eisenmangel wahre Wunder, wie auch ein 24 Stunden-Auszug Blatt-Chlorosen (Bleichsucht) heilt, die durch Eisenmangel entstehen, und
> - soll gegen Blattläuse, ebenfalls als 24 Stunden-Auszug, besonders wirken, wenn rhythmisch, d. h. an drei aufeinanderfolgenden Tagen zur gleichen Tageszeit, gespritzt wird.

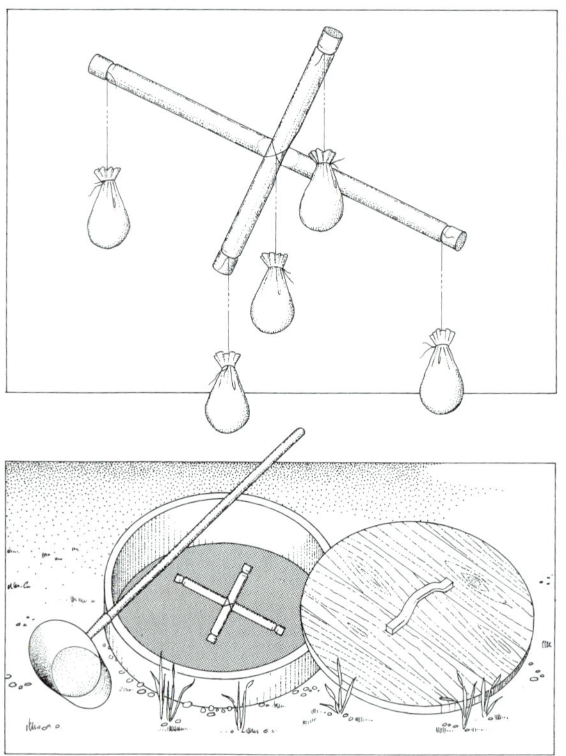

und Blattverbrennungen können daher die Folge sein.

Besonders vorsichtig dosieren wir, wenn die Düngekraft noch durch Zusätze von stickstoffhaltigen Stoffen, etwa einem (strohlosen) Kuhfladen, ein, zwei Händen voll Hornmehl oder einem organischen Mischdünger verstärkt werden soll. In eine solche „Wundertonne", die gesondert hergerichtet werden sollte, geben wir noch ein paar Hände voll Bentonit, das den Stickstoff daran hindert, flüchtig zu werden.

Brennesseljauche läßt sich gut mit Schachtelhalmjauche kombinieren, wenn es darauf ankommt, der Kraut-(Braun-)fäule der Kartoffeln und Tomaten sowie dem echten Mehltau vorzubeugen, deren Pilze ständig auf der Lauer liegen. Neuerdings hat man entdeckt, daß die Wurzeln der Brennessel einen bis zu 85% wirkenden Hemmstoff gegen pflanzenschädigende Pilzfäden enthält. Es wäre also einen Versuch wert, aus kleingehackten Wurzeln eine Jauche zuzubereiten und durch eine vorbeugende Anwendung pilzgefährdete Kulturen resistent zu machen oder sie bei einem akuten Pilzbefall einzusetzen.

Komfrey

Der Komfrey *(Symphytum peregrinum)*, eine Hybrid-Züchtung wildwachsender Beinwellarten, ist in ähnlicher Weise wie die Brennessel eine „wahre Gabe Gottes" (nicht nur, weil die Nonnen der Abtei Fulda sich um den Anbau und die Ver-

Komfrey-Jauche
Rezept: 1 kg frisches Kraut mit 10 l Regenwasser ansetzen.
Anwendung: 3- bis 5fach verdünnt gießen oder spritzen.

breitung verdient gemacht haben) und ein Gesundbrunnen für Boden, Pflanze, Tier und Mensch. Das über einen Meter hoch wachsende Kraut ist vollkommen winterhart und kann über 30 Jahre alt werden.

Komfrey läßt sich nicht durch Samen vermehren, da die Hybride nicht sortenbeständig ist. Wir müssen uns also um Jungpflanzen kümmern, wenn uns nicht ein freundlicher Nachbar einen Wurzelstock überläßt. Eine gut drei Jahre alte Staude wird mit dem Spaten etwa 10 cm unter dem Wurzelhals durchgetrennt und die gewonnenen Kopfstücke werden in so viele Teile zerlegt wie Sproßansätze vorhanden sind. Sie werden in Abständen von 1 m gepflanzt und etwa 5 cm mit Erde bedeckt. Im 1. Jahr nach der Pflanzung können wir die Blätter bereits zweimal, im 2. Jahr drei bis vier und danach vier bis fünfmal 5–10 cm über dem Boden von Ende April bis Ende Oktober schneiden.

Die Jauche wirkt wachstumsfördernd und anregend. Nicht nur selbst reich an Kali (6%), soll sie die Nachlieferung von Kali aus dem Boden fördern. Das kommt besonders den kaliliebenden Wurzelgemüsen zugute, aber auch Kartoffeln und Tomaten. Wegen des geringen Rohfasergehaltes zersetzen sich die Blätter recht schnell.

Komfrey
- ergibt nicht nur ein ausgezeichnetes Mulchmaterial und eine vorzügliche Jauche, sondern
- eignet sich auch bestens als Vieh- und speziell als „Medizinal"-Futter gegen Verdauungsbeschwerden;
- kann in der Küche als Spinat Verwendung finden und
- ist ein hervorragendes Heilmittel, das, aus der Wurzel zubereitet, vortrefflich bei Prellungen, Zerrungen, Schwellungen, Verstauchungen und Knochenbrüchen wirkt.

Die Auseinandersetzung mit den Pilzen

Pilze haben ihren angestammten Lebensraum im Erdreich, wo sie sich von toter, aber auch von lebender, organischer Substanz ernähren. Die Vermehrung erfolgt durch Sporen, für deren Keimung die meisten Pilze viel Feuchtigkeit und Wärme benötigen.

Bei feuchtwarmer Witterung, ihrem vertrauten Milieu, gelüstet es sie, den Boden zu verlassen und sich an widerstandsschwachen, anfälligen oder schutzlosen Pflanzen schadlos zu halten, wobei sich einige Pilzarten auf bestimmte Gemüsearten spezialisiert haben. Mit ihren Pilzfäden (Hyphen) wachsen sie in das lebende Pflanzengewebe hinein, um ihm Nährstoffe zu entziehen. Dabei werden giftige Stoffe ausgeschieden, die in der Regel zum Absterben des Gewebes führen.

Die Schadbilder

Blattfleckenkrankheit
Vorkommen: Sellerie, Tomate;
Schadbild: helle bis braune Flecken; das Gewebe trocknet ein, Pflanzenteile sterben ab.

Grauschimmel
Vorkommen: Gurken, Salat;
Schadbild: grauer Schimmelbelag; große, rotbraune Flecken auf Laub und Früchten, spontanes Absterben der Pfanzen.

Kohlhernie (auch Kropfkrankheit)
Vorkommen: alle Kohlarten, Rettiche, Radieschen, Rüben (Kreuzblütler);
Schadbild: (verursacht durch Bodenpilz) Wucherungen an Wurzeln; Fäulnis; vermindertes Wachstum und Welke.

Kraut- oder Braunfäule (auch Knollenfäule)
Vorkommen: Tomaten, Paprika, Auberginen, Kartoffeln;
Schadbild: braune Flecken auf Laub, Stengeln und Früchten; weißlicher Pilzbelag auf der Blattunterseite; Knollen faulen; Kraut stirbt ab.

Echter Mehltau
Vorkommen: Gurken, Tomaten, Erbsen (die Pilze treten auch bei trockenem Wetter auf);
Schadbild: mehlartiger, grauweißer Belag, zunächst als Punkte auf der Blattoberseite, auf Blättern, Trieben und Früchten.

Falscher Mehltau
Vorkommen: alle Kohlarten, Salat, Spinat, Zwiebeln;
Schadbild: weißlich-gelbe Flecken auf der Blattoberseite, die später eintrocknen; weißes bis grauviolettes Pilzgeflecht auf der Blattunterseite; Fäulnis.

Schwarzbeinigkeit (Umfallkrankheit)
Vorkommen: alle Kohlarten, Gurken, Tomaten, Salat (tritt besonders gerne bei der Frühbeet-Anzucht auf);
Schadbild: eingeschnürte Stellen an der Stengelbasis, die eintrocknen und zum Umfallen der Pflanze führen.

Schwarzfäule (auch Möhrenschwärze)
Vorkommen: zuvörderst an Möhren
Schadbild: braunes, schwarzwerdendes Laub, das verdorrt oder verfault; schwarze Flecken an den Wurzeln; Lagerfäulnis.

Pilzabwehr

Pilzabwehr ist in erster Linie Vorbeuge. Tritt ein Befall auf, müssen wir uns fragen, was wir falsch gemacht oder versäumt haben. Naturgemäßer Anbau läßt Pflanzen in bestmöglicher Gesundheit und Widerstandskraft entfalten. Dabei werden auch spezielle Abwehrstoffe aufgebaut.

Vorbeugende Pilzabwehr
- richtigen Standort wählen (Sonne, Wind);
- Saatzeiten einhalten (siehe z. B. Erbsen Seite 115);
- gesundes Saat- und Pflanzgut verwenden (z. B. Kartoffeln!);
- Sorten anbauen, die sich für die Boden- und Klimaverhältnisse bewährt haben, weniger anfällig oder gegen Pilzbefall resistent sind (aber es gibt keine absolute Resistenz, sondern nur eine Verzögerung des Pilzbefalls);
- weite Pflanzabstände vorsehen, sie fördern die Durchlüftung der Kulturen sowie das schnellere Abtrocknen;
- weite Fruchtfolgen einhalten: gegen Kohlhernie bis 7, gegen Falschen Mehltau mindestens 3 Jahre;
- Überdüngungen vermeiden; triebige Pflanzen sind besonders anfällig;
- befallene Pflanzenteile frühzeitig entfernen und besser vernichten, als zu riskieren, daß in einem schlecht geführten Komposthaufen die Sporen überleben.

Biologischer Pflanzenschutz

Bei der Anwendung von biologischen Pflanzenschutzmitteln sind keine Wartezeiten zu beachten, d. h. die Früchte können unmittelbar nach der Ernte, natürlich gewaschen, verzehrt werden.

Ackerschachtelhalm

Equisetum arvense, Zinnkraut, Scheuerkraut, Katzenwedel, wächst vornehmlich an Feld- und Wiesenrainen, Grabenrändern, Bahndämmen oder im Garten, wo er sich in verdichteten, staunassen Böden besonders wohl fühlt. Nur der Ackerschachtelhalm, nicht der Sumpf-, Wald- oder Riesenschachtelhalm hat den hohen Gehalt an Kieselsäure, in der ausgereiften Pflanze bis zu 90%. Des Kiesels wegen wurde er früher als Scheuermittel für Zinngeschirr verwendet und aus dem gleichen Grunde ist er als bewährtes Mittel zur vorbeugenden Pilzbekämpfung von Nutzen.

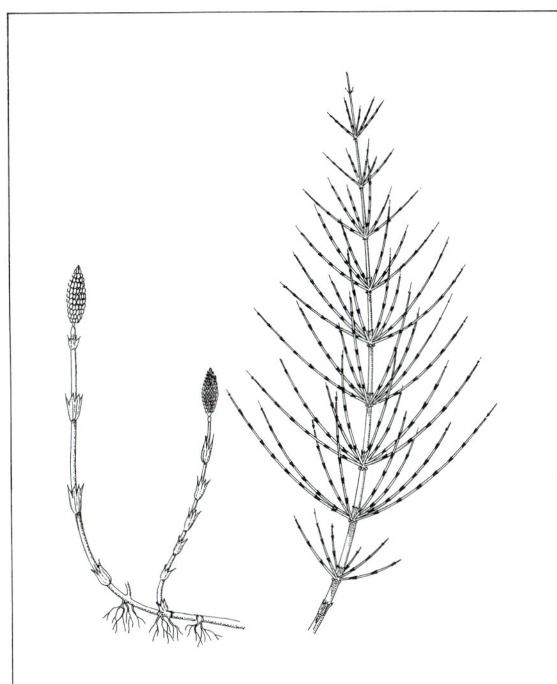

Der Ackerschachtelhalm, als Tee oder Jauche zubereitet, ist wegen seines hohen Kieselgehaltes für den naturgemäßen Pflanzenschutz eine unentbehrliche Hilfe gegen Pilzbefall.

Als Jauche ausgebracht, kräftigt Silizium das Pflanzengerüst, festigt vor allem die Blattoberfläche und veranlaßt die Pflanze, eine dickere Wachsschicht zu bilden, so daß das „Fußfassen" der Pilzfäden verhindert werden kann. Für die Zubereitung der Jauche sammeln wir den Ackerschachtelhalm erst ab August, dann sind die Wedel ausgereift und der Kieselgehalt am höchsten. Einfacher ist es, ihn als gemahlene Droge oder gar als Extrakt zu kaufen. Wer allerdings einen großen Garten hat und eine zweimalige Anwendung im Jahr für notwendig hält, wird sich wohl eher, schon aus Kostengründen, die Mühe machen, die Jauche selbst herzustellen.

Schachtelhalmjauche
Rezept: 500 g Kraut oder Droge einen Tag lang in 5 Liter Regenwasser einweichen, dann 1 Stunde lang auf kleiner Flamme köcheln (erst dann ist der Kiesel herausgelöst!);
Anwendung: 1:5 verdünnen und zwischen Februar und Anfang Mai sowie zwischen Oktober und November jeweils etwa 1 l je m² auf den Boden gießen.

In ausgesprochen pilzgefährdeten Gebieten mit häufigem Nebel oder einer Tendenz zu feuchter Witterung sollte man die gewissenhafte Ausbringung nicht versäumen. In lichtdurchfluteten (höheren) Lagen werden Erfahrungen über möglichen Pilzbefall den Ausschlag für die Häufigkeit oder Notwendigkeit der Anwendungen geben. Allerdings sollte auch hier das Frühbeet, ein besonders günstiges Pilzmilieu, wenn das Lüften vernachlässigt wird, gut mit Ackerschachtelhalmjauche versorgt werden.

Eine verstärkte Wirkung der Jauche erzielen wir durch eine Anreicherung mit schwefelhaltigen Zwiebel-Abfällen.

So können wir z. B. Schnittlauch, wenn wir ihn zur Blütezeit abschneiden, das Laub und die äußeren Schalen abgetrockneter Speisezwiebeln oder überhaupt jegliche Zwiebelabfälle in die Tonne geben.

Steinmehl

In Steinmehlen haben wir sozusagen den Kiesel aus erster Hand. Seine Wirkung konnte schon zu Zeiten beobachtet werden, da noch die Pferdewagen über Kopfsteinpflaster aus Granit oder Basaltgestein rasselten. Kulturen, die unmittelbar am Straßenrand wuchsen, wurden, im Gegensatz zu entfernter stehenden, nie von Pilzen oder Schädlingen befallen. Die kieselhaltige Schutzschicht kräftigte das Blattgewebe und verwehrte Pilzen das Eindringen und der feine Staub verstopfte Schädlingen die Atemwege.

Aufgrund dieser Erkenntnisse wurden Mittel entwickelt, deren Anwendung die seinerzeit beobachteten Wirkungen bestätigen. Sie bestehen aus einem ultrafein vermahlenen Gemisch aus verschiedenen Mineralien. Der Silikatgehalt beträgt über 80%. Zusätzlich versorgen Meereskalkalgen die Pflanze über das Blatt mit Spurenelementen, und aufbereitete Tonmineralien verbessern die Haftung des Mineralstaubes auf dem Blatt. (Siehe unter Bezugsquellen.)

> **Steinmehlpräparate**
> **Rezept:** 50 g auf 10 l Regenwasser; empfohlen wird ein Ansatz mit etwa einem Fünftel der benötigten Wassermenge, die 20 Minuten stehen bleibt, ehe unter kräftigem Rühren aufgefüllt wird;
> **Anwendung:** 7- bis 21tägig, je nach Witterung und Infektionsdruck; nach langen oder stärkeren Regenfällen unmittelbar nach Wetterbesserung eine Zusatzspritzung ausbringen.

Schwefelpräparate

Schwefelhaltige Mittel können neben ihrer vorbeugenden auch eine heilende Wirkung haben und eine sich entwickelnde Krankheit aufhalten. Bio-S wurde ursprünglich als biologisches Pilzbekämpfungsmittel im Obstbau entwickelt und wird seit langem auch erfolgreich in der naturgemäßen Gartenpraxis angewandt. Es besteht hauptsächlich aus feinstgemahlenen Kräutern, die reich an Schwefelverbindungen (Zwiebelgewächse) sind, sowie Algen, Steinmehlen und einem geringen Anteil an Netzschwefel. Bio-S hat sich bei einer regelmäßigen Anwendung als ein die Wachstumsvorgänge ausgleichendes und blattkräftigendes Pflegemittel mit guter Pilzwirksamkeit bewährt.

> **Schwefelpräparat Bio-S**
> **Rezept:** 60–80 g auf 10 l Regenwasser, je nach Infektionsdruck, zur vorbeugenden und direkten Behandlung; etwa 3 Tage vorher anteigen (das Präparat wirkt noch besser, wenn es etwa in einem Viertel der Wassermenge verjaucht und dann, entsprechend verdünnt, ausgebracht wird);
> **Anwendung:** etwa 14tägig bei trübem Wetter oder gegen Abend spritzen.

Schwefelpräparate haben sich, in Verbindung mit einem Netzmittel, vor allem bei der Bekämpfung des echten Mehltaus bewährt. Die Behandlung mit reinem Netzschwefel ist aber nicht ganz unbedenklich. Bei intensiver Anwendung wirkt er lichtverstärkend bis zur Brennfleckenbildung, besonders wenn bei heißem Wetter gespritzt wird. Im biologisch-dynamischen Obstbau wurde diese Gefahr durch den Zusatz von Algomin zur Spritzbrühe stark herabgesetzt und die „aggressive" Eigenschaft des Schwefels weitgehend entschärft.

Die sogenannte ‚NAB-Mischung' besteht aus Netzschwefel, Algomin und Bentonit (als Haftmittel) und kann auch im Garten gegen Mehltaubefall verhältnismäßig empfindlicher Gemüsearten wie Gurken und Salat eingesetzt werden.

> **NAB-Mischung**
> **Rezept:** je 20 g der drei Grundstoffe (also ca. 60 g) trocken mischen, anteigen, mit 10 l Regenwasser, gut verrührt, auffüllen und abseihen;
> **Anwendung:** je nach Infektionsgefahr spritzen, niemals in der Sonne, am besten bei trübem Wetter oder gegen Abend.

Wenn Kolbenspritzen benutzt werden, sollten alle Spritzbrühen, die Algomin enthalten, vor dem Ausbringen stets gut abgeseiht werden, da der im Algomin enthaltene Sand die Kolben in kurzer Zeit ruiniert.

Propolis

Die Propolis-Lösung ist ein Mittel zur Pflanzenstärkung und Pilzabwehr, das sich die Eigenschaften des Bienenproduktes zunutze macht. Propolis (Kittharz) besteht aus einer harzähnlichen Masse, welche die Bienen hauptsächlich aus den harzigen Überzügen der Knospen verschiedener Baumarten einsammeln.

Von besonderer Bedeutung sind die im Kittharz enthaltenen vielfältigen organischen Verbindungen – von denen wir z. B. die Benzoesäure in synthetischer Form als Konservierungsstoff für Nahrungsmittel kennen – mit desinfizierenden, antibakteriellen und keimtötenden Eigenschaften, die wesentlich zur Aufrechterhaltung des bieneneigenen Immunsystems beitragen und den Ausbruch seuchenartiger Krankheiten verhindern.

Dieser Eigenschaften wegen seit altersher als Heil- und besonders wirksames Mittel gegen Infektionen bekannt, ist Kittharz auch in vorzüglicher Weise zur Herstellung eines Mittels mit natürlichen Wirkstoffen gegen Pilzbefall im Obst- und Gemüsebau geeignet. Da es in Wasser gar nicht und in Alkohol nur teilweise löslich ist, muß bei der Herstellung von Spritzbrühen Lecithin (pflanzlichen Ursprungs) als Emulgator zugesetzt werden.

Propolis-Spritzbrühe
Rezept: 100 g Propolis, 1 l Regenwasser, 1 g Lecithin 6 Tage (jeweils morgens) 2 Minuten schütteln, die Lösung filtern und in eine Flasche füllen.
Rückstand + 1 l Brennspiritus + 1 g Lecithin 4–5 Tage (jeweils morgens) 2 Minuten schütteln, abfiltern und in eine Flasche füllen.
Anwendung: jeweils 5–10 cm³ (je nach Pilzbefall) der wässerigen und der alkoholischen Lösung auf 10 l Wasser.

Kampf den Schädlingen

Das Schädlingsproblem ist mehr als alles andere eine Frage des biologischen Gleichgewichtes. Wenn sich „Nützlinge" und „Schädlinge" auf natürliche Weise die Waage halten, d. h. wenn genügend Tierarten im Garten heimisch sind, die sich von den möglichen Schädlingen ernähren können, werden wir von den Schmarotzern weitgehend verschont bleiben.

Gleichwohl gibt es auch Unzulänglichkeiten im Pflanzenwachstum (an denen wir meistens nicht ganz unschuldig sind), die zu einem Schädlingsbefall führen können. Schwache oder triebige Pflanzen sind besonders anfällig für Läuse. Wir erleben aber auch ausgesprochene Läuse- oder Schneckenjahre, denen wir hilflos ausgeliefert sind, und an die wir uns noch nach Jahren mit Schrecken erinnern.

Die vorbeugende Abwehr möglicher Schädlinge beruht also auf gesunden und ausgewogenen Wachstumsverhältnissen und auf der Förderung, Schonung und sorgsamen Pflege „nützlicher" Tierarten.

Zur unmittelbaren Abwehr ist zunächst zu sagen, daß wir nicht schon in Panik geraten sollten, wenn die ersten Blattläuse auftreten. Sie gehören zur Tierwelt unseres Gartens und dienen bestimmten Insektenarten als Nahrung. Vernichten wir die Läuse vorzeitig, verhindern wir auch die Vermehrung der natürlichen Feinde. Ein Beispiel sind die Eulen, die nur so viele Eier legen, daß sie bei der jeweiligen Populationsstärke der Mäuse ihre Jungen problemlos aufziehen können. Dennoch müssen wir die Entwicklung an der „Schädlingsfront" gut im Auge behalten, um einem räuberischen Überfall rechtzeitig und mit gezielten und möglichst schonenden Maßnahmen zuvorzukommen.

Wird die Lage kritisch, ist also der Befall mit vorbeugenden Maßnahmen und gemäßigten Mitteln nicht mehr in den Griff zu kriegen, muß die „Feuerwehr" heran: ein Pyrethrum-Blütenauszug (Chrysanthemenart), der als Berührungs- und Nervengift auf alle Insekten (außer Bienen) wirkt. Durch den Ansatz mit warmem Wasser wird die Wirkung des Mittels verbessert.

Auf die Angabe der Inhaltsstoffe ist zu achten, denn wenn Synergisten (gleichgerichtete synthetische Stoffe) zugemischt sind, ist die Anwendung äußerst bedenklich. Auch ein natürlicher Pyrethrum-Auszug sollte nur in größter Not ausgebracht werden, da er auch die Nützlinge tötet, selbst auf Regenwürmer und ganz besonders auf Fische (bei der Anwendung auf Wasserpflanzen) giftig wirkt. Er darf niemals vorbeugend, regelmäßig oder großflächig eingesetzt werden. Mehrfach wiederholte Spritzungen können außerdem zu Geschmacksbeeinträchtigungen führen.

Dagegen ist ein Bakterienpräparat des *Bacillus thuringiensis* ein biologisch einwandfreies und sehr wirksames Mittel gegen Schmetterlingsraupen oder Erdraupen. Fressen die Raupen die behandelten Pflanzen, verenden sie nach kurzer Zeit. Ansatz der Spritzbrühe: 10 g auf 10 l Regenwasser, wiederholt spritzen.

Werden Stäubemittel eingesetzt (Gesteinsmehle, Algenkalk, Asche), eignet sich zum Stäuben, wenn man von der Anschaffung eines Stäubegerätes absehen will, vorzüglich ein mit dem jeweiligen Material hinreichend gefüllter Nylon-Strumpf. Durch leichtes Schlagen oder Schütteln kann man die Mittel recht gut verteilen.

Blattläuse

Die Tiere überwintern als Eier. Aus dem Winterei schlüpft im Frühjahr die Stamm-Mutter. Bis zum Herbst gebären die Läuse nun lebende weibliche Nachkommen. Da die geborene Larve bis zum ausgewachsenen Tier nur 8 Tage (bei 20 °C) braucht, können sich vom Frühjahr bis zum Herbst 13–16 Generationen entfalten. Zudem können sich ab Mai geflügelte Tiere entwickeln, die bei schönem Wetter zu anderen Wirtspflanzen wechseln, wenn die Population zu dicht geworden ist. Im Herbst werden dann beide Geschlechter ausgebildet, von denen die Weibchen nach der Befruchtung die äußerst widerstandsfähigen, schwarz glänzenden Wintereier legen.

Schaden
- Schwächung der Pflanzen durch Entzug von Nährstoffen und durch Rußtau, einem Pilz, der sich auf den zuckerhaltigen Ausscheidungen der Läuse ausbreitet;
- Blattverformungen;
- Übertragung von Viruskrankheiten.

Abwehr
- natürliche Feinde fördern: Marienkäfer, Schwebfliegen, Schlupfwespen, Florfliegen, Ohrwürmer, Spinnen;
- Ameisen bekämpfen (siehe dort);
- mit den Fingern zerreiben oder befallene Pflanzenteile wegnehmen;
- mit Gesteinsmehlen (SilKaBen, PC-Pulver), Algenkalk oder Asche stäuben;
- dreimal hintereinander mit 24stündigem Brennesselauszug spritzen (Eimer mit Brennesseln füllen und mit Regenwasser bedecken);
- gegen Bohnenblattlaus Rhabarbertee (500 g frische Blätter auf 3 l Wasser) unverdünnt spritzen;
- mit Schmierseifenlösung spritzen (150–300 g Schmierseife auf 10 l Wasser, in heißem Wasser auflösen);
- im äußersten Falle mit einem Pyrethrum-Auszug (Spruzit) spritzen.

Schnecken

Schnecken sind ein unerschöpfliches, abendfüllendes Thema mit Variationen. Es gibt unzählige Empfehlungen, sie loszuwerden: vom einfachen Einsammeln bis zum Elektrozaun. Dabei sollten wir bedenken, daß Schnecken sinnvolle Aufgaben haben. Sie produzieren eine Menge für den Boden wichtiger Schleimstoffe und sind als Spezialisten im Zerkleinern von organischer Substanz ein wichtiges Glied in der Kette der Nährstoffaufbereitung.

Was wir nicht so besonders an ihnen lieben, ist ihre ungezügelte Freßlust. Sie fressen aber auch liebend gerne angewelkte oder kranke Pflanzen und fühlen sich im Mulch zu Hause. Wir sollten deshalb lieber mit dem Mulchen zuwarten, bis unsere Setzlinge aus dem Gröbsten heraus sind. Statt dessen können wir Kresse als Schneckenfutter einsäen, um sie von den Jungpflanzen abzuhalten.

Wir kennen nur wenige Möglichkeiten, um uns mit Erfolg gegen eine Plage wehren zu können. Indische Laufenten sind professionelle Schnekkenvertilger. Wer sie hütend gegen Abend oder an trüben, nassen Tagen (wenn die Schnecken zu Gange sind) um die Beete mit Saaten und Jungpflanzen führen kann, damit sie nicht mit ihren Plattfüßen mehr Schaden anrichten als es die Schnecken tun würden, kann sich noch zahlreicher Eier und eines wohlschmeckenden Bratens erfreuen.

Eine sehr große Hilfe sind Kröten, die nächtens reiche Beute machen können, wenn die Weichtiere aus ihren Verstecken kommen. Aber um Kröten im Garten heimisch werden zu lassen, bedarf es neben dem geeigneten Unterschlupf eines Teiches, in dem sie im zeitigen Frühjahr laichen können, denn Kröten und Frösche werden nur im Umkreis ihres Geburtsortes „seßhaft". Selbst wenn wir sie als Kaulquappen einsetzten, würden sie als erwachsene Tiere den Garten verlassen. Weinbergschnecken sind geschützt, sie fressen vorwiegend Verfaultes und gehören zu den Nützlingen, da sie die Eier der Nacktschnecken fressen.

Schaden
- durch Fraß an Laub, Stengeln, Früchten und Knollen;

Abwehr (mit ziemlich guten Erfolgsaussichten)
- natürliche Feinde fördern: Kröten, Spitzmäuse, Igel, Blindschleichen und Eidechsen; Laufenten halten;
- Fang- und Futterpflanzen säen;
- Bretter auslegen und unterkriechende Schnecken einsammeln;
- eingesammelte Schnecken (außer Weinbergschnecken) verjauchen lassen und mit der Brühe, 1:5 bis 1:10 verdünnt, gefährdete Kulturen wiederholt überbrausen, Jauche regelmäßig ergänzen (der Eimer, in den die Schnecken laufend, auch über Tag, hineingeworfen werden, muß bis oben mit Wasser gefüllt sein und wegen der Fluchtgefahr und des ungewöhnlichen Geruches zugedeckt werden);

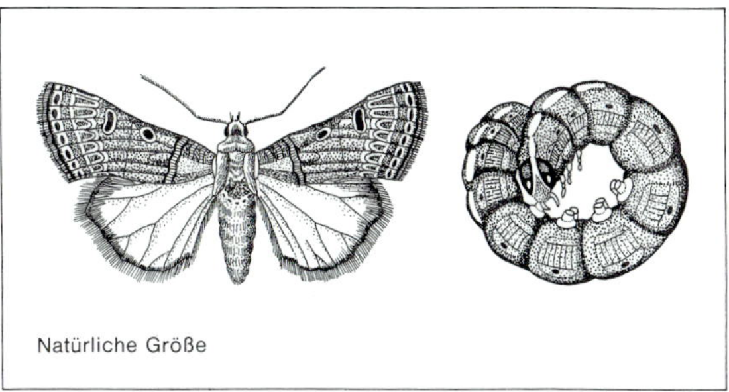

Da Erdraupen besonders junge Salatpflanzen lieben, sollten wir für Reserven an Setzlingen sorgen, um nach der gezielten Vernichtung der Raupe die Ausfälle ersetzen zu können.

- im Frühbeet Fallen einrichten: Quark- oder andere Becher bis zum Rand eingraben und mit Bier füllen, in dem die angelockten Schnecken ertrinken.

Raupen

Erdraupen können vor allem im Frühbeet zu einer Plage werden. Am häufigsten ist die Larve des Wintersaateulenfalters; eine dickwalzige, mattglänzende, schmutzig-grünlich bis rötlichgraue Raupe mit bräunlichem Kopf und helleren Längsstreifen, die sich spiralig einrollt, wenn man sie erwischt.

Schaden
- durch Fraß vor allem am Wurzelhals von Salat- und Kohl-Setzlingen;

Abwehr
- Vögel schützen und fördern, vor allem Amseln fressen viele Erdraupen;
- im engen Umkreis der morgens abgefressen daliegenden Pflanze im Erdreich (bis 5 cm tief) ablesen;
- Bretter als Unterschlupf auslegen und Raupen einsammeln;
- Falter mit Fruchtsaft-, Bier- oder Melasse-Lockfallen fangen;
- abends mit *Bacillus thuringiensis* spritzen.

Maulwurfsgrillen

Werren, Erdkrebse, Maulwurfsgrillen sind 35–50 mm große, heuschreckenartig geformte, schwarzbraune Insekten mit großen Grabschaufeln, die in unterirdischen Nestern leben. Grillen sind gute Läufer, Flieger und Schwimmer.

Schaden

- durch Fraß, vor allem im Frühjahr, an Wurzeln und Knollen; Pflanzen welken;
- fingerdicke Gänge unter der Erdoberfläche;

Abwehr

- natürliche Feinde fördern: Spitzmaus, Star, Amsel, Ringelnatter, Maulwurf, auch Katze;
- Boden genügend feucht halten;
- Fallen (Töpfe, Gläser, Büchsen) bodeneben eingraben, vor allem im April bis Mai;
- in die Löcher Salatöl gießen (Mineralöl verseucht den Boden!);
- im Spätherbst eine kleine Grube mit frischem Pferdemist füllen und im Frühjahr die Tiere aus dem warmen Winterquartier absammeln.

Mottenschildläuse („Weiße Fliege")

Dies sind 2–4 mm große, weiß geflügelte, von oben wie ein spitzes Dreieck aussehende Motten, die beim Anrühren der Pflanze in hellen Scharen aufschwirren. Eier und gelbgrüne Larven befinden sich auf der Blattunterseite. Sie sind hauptsächlich im Gewächshaus, aber auch bei sommerlichen Temperaturen im Freiland anzutreffen.

Schaden

- Saugflecken und Rußtau auf zuckerhaltigen Ausscheidungen;
- hohe Befallsdichte durch rasante Vermehrung in ununterbrochener Generationsfolge;

Abwehr

- Anzucht von *Nicandra physaloides* (Giftbeere), einem einjährigen Nachtschattengewächs, das etwa 1,30 m hoch wird und von Juli bis Oktober hellblau blüht, in Töpfen und in die Nähe von befallsgefährdeten Pflanzen (Tomaten, Kohl) auspflanzen, gute Wirkung ab Blühbeginn, die Pflanze wächst schnell und ist leicht durch Samen zu vermehren;
- unter Glas ausreichend lüften, gleichmäßige Boden- und Luftfeuchte einhalten und die Schlupfwespe *Encarsia* einsetzen;
- in größter Not mit 40 ml Pyrethrum-Auszug auf 10 l Wasser, vor allem die Blattunterseite, gezielt spritzen.

Erdflöhe

Es handelt sich um etwa 2 mm kleine Käfer, denen bei akutem Befall nur schwer beizukommen ist, da sie ausgezeichnet springen können. Die Abwehr ist daher vornehmlich vorbeugend.

Schaden

- durch Fraß an Keim- und Laubblättern (Löcher) von Kohlarten, Rettichen und Radies;

Abwehr

- da sie es trocken lieben, Boden gut feuchthalten (Mulch!);
- Pflanzen mit Wermut- oder Rainfarn-Brühe (jeweils 500 g Frischkraut auf 10 l Wasser) spritzen;
- taunasse Pflanzen mit Algomin, Gesteinsmehl oder Holzasche bestäuben.

Ameisen

Ameisen (Rasen- und Wegameisen) können zu einer echten Plage werden, weil sie ganz wesentlich zur Verbreitung der Läuse beitragen.

Schaden

- durch Ansiedlung von Blattläusen, die sie durch Betrillern der Hinterleiber anregen, schneller zu saugen und entsprechend mehr Honigtau abzugeben;
- durch Benagen und Durchbeißen der Wurzeln und des Stielgrundes;

Abwehr

- stark riechende Kräutertees von Wermut, Pfefferminze, Thymian oder Nesseljauche ausgießen;
- Feldsalat als Zwischenkultur säen;
- Algenkalk stäuben;
- Nester mit kochendem Wasser durchtränken;
- frische Hefe, mit Honig gemischt, in Tellern aufstellen.

Asseln (Keller-, Mauerasseln)

Sie leben an feuchten, dunklen Orten und zuvörderst dort, wo sich Einrichtungen aus Holz befinden. So sind sie immer an den bodentiefen, hölzernen Teilen des Frühbeetes zu finden.

Schaden

- durch Fraß an Keimlingen (hauptsächlich im Frühbeet), Blättern, Stengeln und Wurzeln;

Abwehr

- Bretter als Köder auslegen und absammeln;
- mit Gesteinsmehl stäuben.

Gemüsefliegen

Die Bohnen-, Kohl-, Möhren- und Zwiebelfliegen sind von Ende April oder Anfang Mai bis Anfang September in mehreren Fluggenerationen unterwegs und verursachen hauptsächlich Schäden durch Madenfraß.

In erster Linie ist dieser Schädlingsbefall ein Duftproblem. Die Insekten fliegen jeweils zur Eiablage auf ganz bestimmte Gemüsearten, die ihnen die besten Bedingungen für die Entwicklung und Ernährung ihrer Brut bieten. Sie finden diese Wirtspflanzen durch ihren spezifischen Duft. Selbst unsere groben Nasen können den prägnanten Geruch, zumindest bei den Zwiebel- und Kohlgewächsen, wahrnehmen und unterscheiden.

Wenn wir so die Zusammenhänge erkannt haben, könnten wir versuchen, den Anflug durch Duftüberlagerungen zu verhindern. Geeignet für diese Möglichkeit der Abwehr sind Tees von stark duftenden Kräutern, die etwa zweimal in der Woche über die gefährdeten Gemüsearten gebraust werden. Wir können auch die frischen Kräuter als Mulch in die Kulturen legen. Eine klassische und durchaus erfolgreiche Methode, die Schädlinge in die Irre zu führen, ist die Mischkultur von Möhren und Zwiebeln, bei der die Lockdüfte sich gegenseitig überlagern.

Kohlsetzlinge sollte man tief pflanzen und, wie auch die Möhren, gut anhäufeln, da die Fliegen die Eier an den Wurzelhals legen, sowie die Erntelöcher zudecken, wenn Möhren nacheinander gezogen werden.

Wer sichergehen will, hüllt die gefährdete Kultur mit Gemüse-, speziell mit Kohlfliegennetzen ein. Sie brauchen, ringsum leicht eingegraben, nur während des Aufwuchses aufgelegt zu werden, später erschwert der verhärtete Wurzelhals den Maden das Einbohren. Die Bohnenfliege gefährdet sowieso nur den Keimling (s. Seite 114). Bei Rettichen und Radieschen (Kohlfliege) sollten die Netze allerdings bis zur Ernte verbleiben.

Der Gemüsegarten als Lebensraum

Schöner Laurentiustag – trockener Herbst (10. August)

Es gibt Gärten, die sind immer aufgeräumt. Eine tüchtige Hausfrau waltet in ihnen, die alles aufbietet, um im lustvollen Kräftemessen mit der Natur zu obsiegen. Vielfältige Mittel machen es möglich, jegliches Geziefer und Getier auszurotten, das als schädlich empfunden wird. Andererseits kennen wir Gartenliebhaber, die meinen, der Natur freien Lauf lassen zu müssen. Aber statt des erhofften Gartens Eden wird ihnen die stetig zunehmende Verwilderung Mühsal und wenig Nutzen bringen.

Eine sinnvolle Gartenkultur wird das eine und das andere maßvoll zu verbinden suchen: soviel Natur wie möglich, aber dort, wo es notwendig ist, gelenkt und geordnet. So kann ein in sich geschlossener Lebensraum mit einer zusammenwirkenden Pflanzen- und Tierwelt und sogar mit einem Eigenklima entstehen, in die wir nur bei Unzuträglichkeiten behutsam eingreifen.

Haben wir das Glück, daß sich eine vielfältige Fauna einfindet und sich heimisch fühlt, brauchen wir uns um die Schädlingsfrage kaum mehr zu kümmern. Freilich müssen wir gelegentlich auch in Kauf nehmen, daß mancher „Nützling" ebenso gerne einen anderen frißt.

In einem kleinen Garten wird eine sich ergänzende Vielfalt nicht immer möglich sein, es sei denn, wir haben gleichgesinnte Nachbarn mit Zäunen, die durchlässig sind für einen größeren Lebensraum, oder der Garten grenzt an die Flur.

Das gestaltete Kleinklima

Unter dem Begriff Kleinklima verstehen wir die Temperaturen, Feuchtigkeitszustände, Licht- und Windverhältnisse, die innerhalb eines Gartens, ja auf einem Beet, herrschen. Als ideales

Kleinklima wünschen wir uns den ganzen Tag Sonne, ausgeglichene Temperaturen, mäßig feuchte Räume und vor allem den Schutz vor scharfen, austrocknenden Winden, die empfindlichen Gemüse-Kulturen erheblich zusetzen können, wenn sie von Osten, womöglich wochenlang, durch den Garten pfeifen. Nicht nur im offenen Gelände oder gar auf der Höhe, sondern auch in weniger gefährdeten Gartenbereichen ist daher die Anlage eines geschlossenen Gartenraumes die Voraussetzung für ein erquickliches Dasein aller Lebewesen.

Einen wirksamen Windschutz, der die Windgeschwindigkeit und die kälteerzeugende Verdunstung unserer gepflegten Feuchtigkeit verringert sowie die Boden- und Lufttemperatur erhöht, erreichen wir durch die Anpflanzung einer Hecke aus verschiedenartigen Sträuchern, die gleichzeitig den Vögeln Wohnplätze und nützlichen Kleingetier Unterschlupf bietet. In einem windgeschützten Raum sind die Böden nicht nur wärmer, sondern sie bleiben auch feuchter, zumal hinter Hecken die Taubildung, die immerhin 10–15% der lokalen Niederschlagsmenge ausmachen kann, wesentlich begünstigt wird.

Die Sträucher sollten keine einheitliche Höhe haben und auch nicht zu dicht sein, damit sie vom Wind durchströmt werden können. Der Windschutz sollte keine größeren Lücken haben, aber zu etwa 40% durchblasbar sein. Dadurch wird die Geschwindigkeit und Turbulenz des Windes herabgesetzt, und auf der Windschattenseite werden Wirbelbildungen vermieden, die bei einer gleichmäßig hohen und dichten Hecke, wie auch hinter einer hohen Mauer, entstehen.

Wir neigen dazu, die zunächst noch kleinen Büsche zu eng zu pflanzen. Für den richtigen Abstand gibt es eine einfache Regel: wir addieren die Höhen zweier benachbarter (ausgewachsener) Büsche und teilen die Summe durch zwei. Wird z. B. ein Busch 1,50 m, der andere 2,00 m hoch, ergibt die durch zwei geteilte Gesamthöhe von 3,50 m einen Pflanzabstand von 1,75 m.

Neben blühenden Schmucksträuchern eignen sich auch Haselnuß, Holunder, Sanddorn, Schlehe oder Weißdorn, die zugleich unseren Vorrat an Saft und Marmelade abrunden. An weniger windgefährdeten Seiten können wir eine Reihe Apfelbäume setzen. Mit 1,30 m Abstand als Pillar- oder Spindelform auf schwacher Unterlage gepflanzt, sind sie eine hervorragende raumbildende Einfriedung. Auch mit einer Brombeerhecke, einem Himbeerspalier oder Reihen von Beerensträuchern, womöglich in Verbindung mit einem blütenberankten Zaun (Prunkwinde, Schwarzäugige Susanne, Wohlriechende Wicke, Kletternde Kapuzinerkresse), kann der Einfluß des Windes reguliert und der Garten geschlossen werden.

Innerhalb des Hags wird das Kleinklima durch höher wachsende Pflanzen wie Stangenbohnen, gereiserte Erbsen, Tomaten, Zuckermais, Topinambur oder eine Reihe Sonnenblumen gefördert und durch Kleinsträume abgestuft. Dadurch kann die dem Boden entströmende „bodenbürtige" Kohlensäure am Verwehen gehindert werden. Denn unmittelbar über dem Boden können die Pflanzen es in höherer Konzentration aufnehmen als es in der Luft enthalten ist und werden zu vermehrter Assimilation angeregt.

Zur Gartenwelt gehört auch Wasser

Ein Teich gehört zum Lebensraum mancher Getiers, das uns für die „Schadensregulierung" nützlich sein kann. Zudem können wir mit einem Kleingewässer gleichzeitig einen Beitrag für die Erhaltung gefährdeter Tierarten leisten.

Ein Gewässer sollte mindestens 10 m² groß und wenigstens an einer Stelle etwa 70 cm tief sein, damit im Wasser überwinternde Tiere dort überleben können. Wie auch immer das Ufer mit Übergängen in den angrenzenden Pflanzenbereich gestaltet wird, es muß eine flach auslaufende Verlandungszone geschaffen werden, so daß Festland-Bewohner sich leicht zu retten vermögen, wenn sie ungewollt ein Bad nehmen; Vögel, Igel und andere Kleinsäuger gefahrlos ihren Durst stillen können; Amphibien nächtens landwärts auf Nahrungssuche gehen und lai-

Ein Teich erweitert den Bestand an nützlichen Tieren, sofern eine Verlandungszone den leichten Ausstieg erlaubt und Kröten den Laich nahe der Oberfläche anheften können (im zeitigen Frühjahr geschnittene Simse).

chende Frösche und Kröten wieder Boden unter die Füße bekommen.

Wenn der Teich groß genug angelegt ist und, artgerecht bepflanzt, sich in seine Umgebung einfügt, kann sich eine mannigfache und durchaus stabile Lebensgemeinschaft einstellen: Vielfältige Insektenarten ebenso wie die Larven der Libellen und vor allem die „doppellebigen" Lurche, die uns in hohem Maße helfen, die Schnecken zu bewältigen.

Von einem Fisch-Besatz sollten wir allerdings absehen, wenn wir das Wasserleben vielfältig erhalten und vor allen Dingen den Kaulquappen eine gefahrlose Entwicklung gönnen wollen. Sie sind ohnehin schon genug gefährdet, solange sie noch nicht erwachsen sind. Obwohl sich der Teich jedes Frühjahr vor lauter Kaulquappen schwarz färbt, ist es immer wieder erstaunlich, wie viele Tiere, kaum daß sie als winzige Geschöpfe das wässrige Element verlassen haben, eine schmackhafte Beute für alle möglichen Jäger werden.

Nützliche Tierwelt

In einem artenreichen Biotop gibt es weder Schädlinge noch Nützlinge. Kommt ein ökologisches Gleichgewicht zustande, sind Blattläuse und Schnecken ebenso nützlich, weil sie einer ganzen Reihe von Tieren als Nahrung dienen, wie der Igel schädlich ist, wenn er einen Frosch oder eine Blindschleiche verspachtelt. Je länger und konsequenter wir naturgemäß arbeiten, desto weniger Probleme treten auf, und mit immer weniger Aufwand können wir ihnen begegnen. Aber Gleichgewichte bauen sich nicht so ohne weiteres auf, stehen ständig unter einer gewissen Spannung und sind störanfällig.

Tiere, die uns nützlich sein können, siedeln sich nur an, wenn wir ihnen die geeigneten Lebensbedingungen bieten. An Nahrung mag es gewiß nicht mangeln. Aber sie brauchen auch den ihnen zusagenden Lebensraum mit geeigneten Schutz- und Schlafstätten. In einem „auf- und ausgeräumten" Garten werden sie keine Bleibe finden können. Selbst gefangene und ausgesetzte Tiere (was ohnehin nicht zulässig ist) suchen wieder das Weite, wenn ihnen das Revier nicht gefällt. Dabei ist es schon aus ökologischer Sicht wichtig, der allgegenwärtigen Faunenverarmung entgegenzuwirken und so manch schutzloser Tierart in (wenn auch kleinen) Oasen das Überleben zu sichern. Ränder und Winkel bieten sich als geeignete Unterschlupf- und Aufenthalts-Plätze an. Unter der Windschutzhecke bleibt das Laub im „Unterholz" liegen. Schneiden wir gelegentlich alte Äste aus, lassen wir sie dort. Gestapelte alte Bretter, die bei der Erneuerung des Frühbeetes schon mürbe oder morsch waren, oder ein Haufen Steine sind ein wahres Paradies für alles mögliche Getier. Und wenn ordnungsliebende Nachbarn die Nase rümpfen, einen Flecken lassen wir so verwildern, daß nicht nur die Brennesseln aufs prächtigste gedeihen. Im übrigen können wir solche „verwahrlosten" Plätze auch mit rankenden und blühenden Gewächsen „kaschieren" oder auch als Standort für manches Küchenkraut geeignet halten.

Lurche

Lurche können uns besonders unterstützen, wenn es darum geht, Weichtiere in Schach zu halten. Sie sind unermüdliche Räuber, die sich außerdem von Würmern, Raupen und Insekten ernähren. Wenn sie am Gartenteich, ohne den sie als Amphibien nicht leben können, heimisch geworden sind, sollten wir auf die Verfolgung von Schnecken ganz verzichten, damit sie genügend zu fressen haben.

Erdkröten schlucken alles, was an tierischer Nahrung in ihr breites Maul hineinpaßt. Am Tage leben sie sehr zurückgezogen in Erdlöchern, im feuchten Laub oder unter Steinen, während sie nachts auf Jagd gehen. Sie können sehr alt werden und bleiben ihrem Tümpel treu.

Frösche brauchen das Wasser als Lebensraum. Der grüne, braunschwarz gefleckte Wasser- oder Teichfrosch lebt tagsüber im Teich und geht nachts, wenn der Tau gefallen ist, auf Insektenfang. Während der eher hellolivgrün gefärbte Gras- oder Taufrosch auch tagsüber an Land lebt, jedoch ab und an ins Wasser springt, um seine Haut zu netzen.

Teich- und Bergmolche mit ihren leuchtend blauen und orangeroten Bäuchen können sich an einem Teich einfinden. Sie leben tagsüber im Teich, wo sie unter anderem alle Mückenlarven verputzen, und wandern in der Nacht an Land, um sich besonders an den kleinen Nacktschnekken gütlich zu tun.

Insektenfressende Säugetiere

Der Igel liebt Oasen der (geplanten) Unordnung mit vielen Versteckmöglichkeiten, während die Spitzmaus, die zu den kleinsten Säugetieren überhaupt zählt, überall, auch in der Erde, ihr Unterkommen findet.

Der Igel bleibt bei uns, wenn es ihm behagt, aber selten für immer. Er braucht ein sehr großes Jagdrevier und wandert nur dort zu, wo er neben der geeigneten Unterkunft auch reichlich Nahrung finden kann.

Entspricht die Größe des Gartens nicht den Lebensgewohnheiten des Tieres, müßte man ein oder zwei etwa 30 cm große Schlupflöcher in den ansonsten undurchlässigen Zaun machen, die der Ortskundige ohne weiteres wiederfindet. Der Nachbar sollte natürlich einverstanden sein und kein Schneckenkorn streuen, denn vergiftete Schnecken bekommen unserem stachligen Gesellen nicht.

Tagsüber versteckt er sich im Buschwerk, lockerem Laub oder in einem Reisighaufen und unternimmt nachts seine Raubzüge; Schnecken, Regenwürmer, Kleintiere, mitunter Kadaver und Fallobst, stehen auf seinem Speisezettel. Im September setzt dann die „Freßwelle" ein, wenn er sich den Speck für den Winterschlaf zulegt. Dann ist es auch Zeit, Kellerfenster, Licht- und Lüftungsschächte zu verschließen, da Igel jede Höhlung auf ihre Eignung als Winterschlafplatz untersuchen.

Jungtiere, von denen wir glauben, daß sie den Winter nicht überleben, sollten nicht vor November aufgenommen werden. Nur wenn sie weniger als 600 g wiegen, bedürfen sie unserer Fürsorge. Die Pflege ist nicht so einfach. Denn ehe wir sie auch im Haus zum Winterschlaf überreden können, müssen wir sie erst einmal bei einer Raumtemperatur von 20 °C hochpäppeln, von Flöhen und Zecken befreien, einen Auslauf von mindestens 2 m² und ein Schlafhäuschen einrichten und sie artgerecht füttern: auf keinen Fall Milch; aber Dosenfutter für Katzen und Hunde, harte Eier, gehacktes Rindfleisch, Hühnerklein und eine Schale mit stets frischem Wasser. Zum Nachtisch gönnen wir den Schleckermäulern ein Stück Banane und ungeschwefelte Rosinen. Wiegen sie mehr als 800 g, beginnt der Winterschlaf in einem mindestens 6 °C kalten Raum mit vorsorglich bereitgestelltem unverderblichen Trokkenfutter und Trinkwasser. Nach den Eisheiligen setzen wir sie wieder aus.

Spitzmäuse sind reine Insektenfresser und nicht mit den wesentlich größeren Mäusen verwandt. Mit regelmäßigen Pausen sind sie 24 Stunden am Tag aktiv. Infolge eines schnellen Stoffwechsels müssen sie täglich mehr als das eigene Körpergewicht (je nach Art 6–15 g) an Nahrung aufnehmen, die vornehmlich aus Erdinsekten und Würmern besteht. Dadurch gewinnen sie einen hohen Grad an Nützlichkeit. Mit 3–4 Würfen im Jahr mit bis zu 6 Jungen, die noch im selben Jahr geschlechtsreif werden, sind sie auch sehr fortpflanzungsaktiv.

Reptilien

Alle Reptilien lieben Sonne, Wärme und Trokkenheit. Die beste Unterkunft sind wärmespeichernde Steine, ein lockerer Steinhaufen also oder der Steingarten oder eine Trockenmauer mit entsprechender Bepflanzung können reichlich Unterschlupf bieten, wenn wir einige Fugen offen lassen.

Da sich, auch bei besten Lebensbedingungen, gewöhnlich nur wenige Exemplare im Garten einfinden, ist ihr Nutzen nicht so groß, aber sie tragen doch in jedem Fall zur Bereicherung und Vielfältigkeit unseres Gartenbiotops bei.

Eidechsen ernähren sich hauptsächlich von Insekten, Schnecken, Asseln, Raupen, Würmern und Spinnen, die sie tagsüber erjagen.

Blindschleichen sind keine Schlangen, wie man ihrer Gestalt nach annehmen könnte, sondern fußlose Echsen. Sie fressen vorwiegend Nacktschnecken, Ameisen, im Boden lebende Insektenlarven (z. B. Engerlinge), aber auch Regenwürmer. Gerne leben sie im Komposthaufen und natürlich in Steinhaufen, unter denen sie sich noch eine kleine Höhlung für das Winterquartier graben und in der sie auch im Sommer 5–20 winzige Junge gebären, die verhältnismäßig langsam wachsen und deshalb außerordentlich gefährdet sind.

Ringelnattern (erkennbar an dem gelben Halbmond hinter dem Ohr) im Garten zu haben, ist wohl das Höchste der Gefühle. Sie ernähren sich von kleinen Wirbeltieren, Insekten und vor allem von Mäusen. Gerne leben sie auch im Steinhaufen, lieben aber ebenso, besonders an heißen Tagen, das Wasser, wie übrigens gleichermaßen die Blindschleichen.

Raubinsekten

Sie verdienen unsere besondere Zuneigung, wenn es darum geht, vor allem die Blattläuse im Zaum zu halten. Wir kennen solche, die sich geradezu auf die fortpflanzungstollen Blattbewohner als Nahrungsquelle und als Brutstätten für ihre Nachkommenschaft spezialisiert haben und im, bis zu zwei Wochen dauernden, Larvenstadium täglich an die hundert Blattläusen den Garaus machen. Im Garten finden sie im Laub der Hecken, im morschen Holz und im Bereich der „Wildnis" Nistgelegenheiten und Winterquartiere.

Wir können ihre Lebensbedingungen fördern, indem wir ihnen geeignete Nistplätze anbieten und für Insekten, die sich von Blütenstaub und Nektar ernähren, Kräuter und Stauden mit einer reichen, nicht versiegenden Blütenfülle anpflanzen. Den unzähligen Hautflüglern, die auf hohle Stengel als Nistplatz angewiesen sind, können wir Bündel aus Stroh- oder Schilfhalmen, Holunder- oder Brombeerstengel, etwa 10–20 cm lang, an der Hauswand, an Zäunen, Bäumen oder Büschen aufhängen. Auch ein Nistblock von der Größe eines Ziegelsteines aus nichtquellendem Hartholz (Buche, Eiche) ist ideal, in den wir Gänge von 2–10 mm Durchmesser bohren und mit den Öffnungen nach Süden oder Südwesten, der Sonne zugewandt, aufhängen oder auf den Balkon stellen.

Für die in der Nacht jagenden Ohrwürmer eignen sich als Tagesschlafstätte und Nistplatz mit Stroh oder Heu gefüllte Blumentöpfe. Das Füllmaterial wird in eine Bindfadenschlinge gelegt und mit dem durch das Bodenloch geführten Faden in den Topf gezogen. Die Töpfe werden mit der Öffnung nach unten aufgehängt und am Ast oder Pfahl windgesichert festgebunden. So können auch die Insekten leichter die Behausung aufsuchen. Man kann sie auch, auf einen Stock gestülpt, zum Beispiel ins Bohnenbeet stellen.

Wenn wir einmal erlebt haben, wie ein blühender Petersilien-Busch aus mehreren zweijährigen Pflanzen mit einem Schleier von winzigen Insekten, hauptsächlich Schlupfwespen und Schwebfliegen, umgeben ist, werden wir das Angebot an blühenden Kräutern im Gemüsegarten erheblich zu erweitern suchen, zumal sie ja auch eine Nahrungsquelle für Wildbienen und Hummeln sein können. Im anschließenden Ziergarten sollten

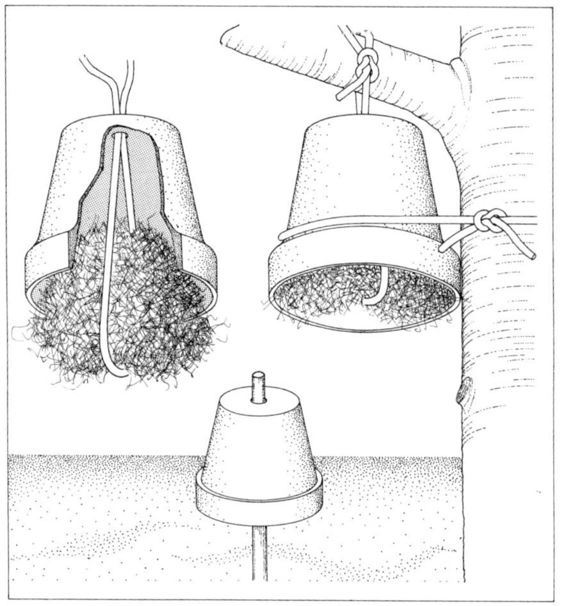

Künstliche Wohn- und Brutnester für Ohrwürmer sorgen für ein reichliches Vorkommen und eine erfreuliche Vermehrungsrate.

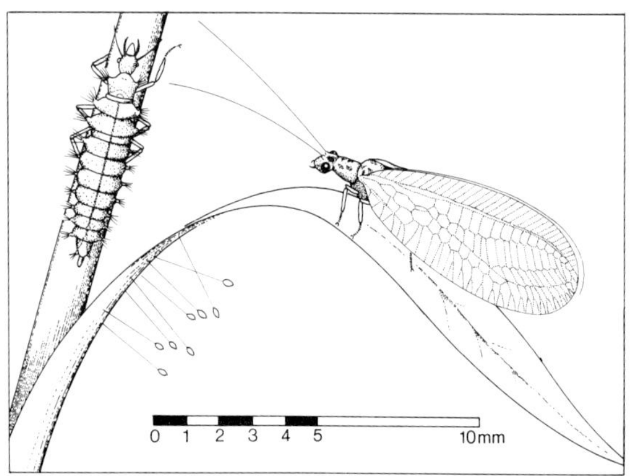

Die freßgierigen Larven der goldäugigen Florfliege verdienen den Beinamen „Blattlauslöwen" zu Recht, sie würden selbst die eigene schlüpfende Brut vernichten, wenn die Eier nicht an der für sie unerreichbaren Spitze eines erstarrten Spinnfadens befestigt wären.

wir möglichst auf Sorten mit gefüllten Blüten verzichten, da die meisten Insekten den Blütenboden nicht erreichen können. Von der großen Vielzahl der nützlichen Insekten seien nur die wichtigsten (in alphabetischer Reihenfolge) genannt:

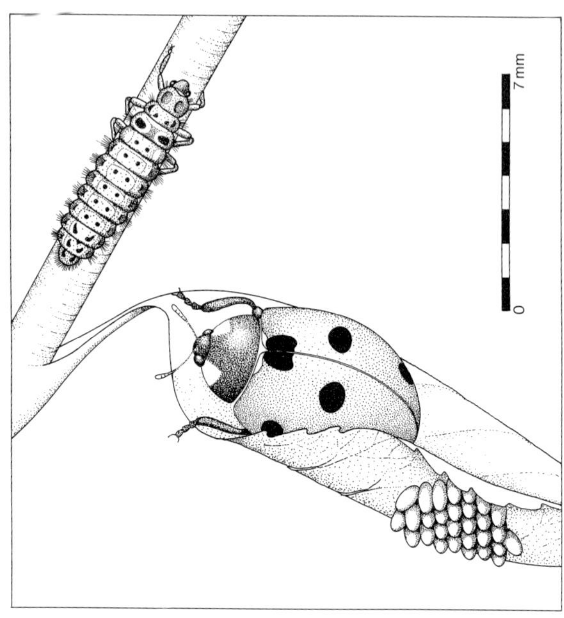

Das Gelege des Marienkäfers befindet sich immer an der Unterseite eines Blattes, wo es penibel „in Reih und Glied" angesetzt wird.

Florfliegen (Goldauge) sind zarte Insekten mit großen, grünlich-durchsichtigen Flügeln; während die erwachsenen Tiere vorweigend von Nektar und Blütenstaub leben, sind ihre Larven besonders aktive Blattlausräuber, die den Namen ‚Blattlauslöwen' zu Recht verdienen; bis zu 500 Läuse vertilgt ein Exemplar, ehe es sich nach etwa 18 Tagen verpuppt.

Gallmücken, räuberische, die unter den Blattläusen besonders gründlich aufräumen, kann man sogar kaufen; wenn sie genügend Nahrung vorfinden, bleiben sie dann jahrelang im Garten und vermehren sich desto üppiger, je mehr Läuse da sind.

Marienkäfer sind schon im zeitigen Frühjahr aktiv; die Larven verputzen zehnmal so viele Läuse wie ihre Eltern, etwa 600 während ihrer Entwicklung, die je nach Temperatur und Nahrungsangebot 30–60 Tage dauert; das Gelege mit dicht zusammenstehenden gelben Eiern ist auf der Blattunterseite in der Nähe von Triebspitzen, wo sich Blattlauskolonien ansiedeln.

Ohrwürmer fressen alles; sie verzehren zwar große Mengen Blattläuse, können aber auch an

Nutzpflanzen und Blumen Schaden anrichten, wenn sie in großer Zahl auftreten. Die Blumentöpfe können wir deshalb auch als Fallen benutzen.

Schlupfwespen sind artenreich, einige von ihnen gehören mit einer Größe von weniger als 1 mm zu den kleinsten Insekten überhaupt; sie legen ihre Eier mit einem Legestachel in lebende Blattläuse, die den schlüpfenden Larven als erste Nahrung dienen; eine einzige Schlupfwespe kann bis zu 1000 Läuse mit Eiern "impfen".

Schwebfliegen sehen wie kleine Wespen oder Bienen aus; die erwachsenen Tiere sind reine Blütenbesucher, als echte Flugkünstler können sie, ähnlich wie Libellen, blitzschnell die Richtung wechseln oder auch, ihrem Namen entsprechend, still über einer Blüte stehen; das Weibchen legt zwischen 500–1000 Eier, je nach dem Nahrungsangebot (weiße Doldenblütler) während des Reifefraßes; die Larven, in der Dämmerung und nachts aktiv, saugen während ihrer 8- bis 15tägigen Entwicklung täglich bis zu 100 Blattläuse aus; die kurze Entwicklungszeit ist auch ein Grund, weshalb wir bis zu 5 Generationen in einem Sommer antreffen können – fürwahr, ein gewaltiges Aufgebot an der Läusefront.

Vögel

Sie vertilgen letztlich auch Insekten, allerdings „ohne Ansehen der Person". Ob die Angaben stimmen, daß sie mehr Schädlinge als Nützlinge fressen? Wir haben jedenfalls noch nicht erlebt, daß Meisen eine Bohnenlauskolonie abgeräumt hätten. Dagegen sind wir es gewohnt, daß Amseln, deren munteren Gesang wir nicht missen mögen, auf der Jagd nach Regenwürmern und Erdraupen frisch eingesäte Beete umgraben oder den Mulch durch die Gegend fetzen. Wie auch immer, unsere Singvögel gehören zum Garten. Sie alle räumen, insbesondere zur Brut- und Herbstzeit, gehörig unter den Insekten auf. Dann sind auch die fetten, grünen Läuse auf den Rosen ihres Lebens nicht mehr sicher.

Die buntgefiederten Sänger, von denen einige, wie der Gartenrotschwanz, schon gefährdet sind, verdienen es, gefördert zu werden. So können

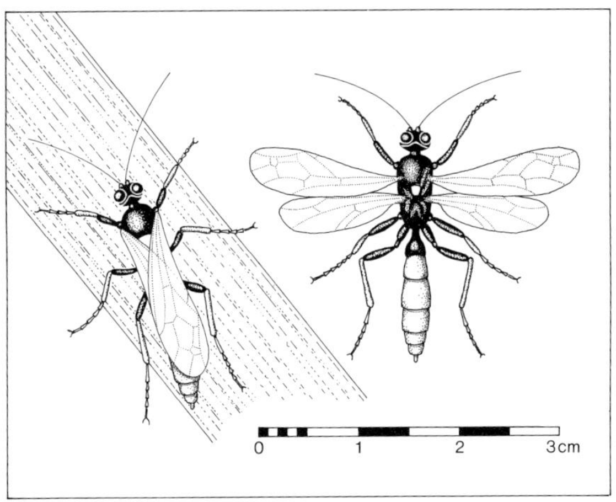

Neben den bis zu 3 cm großen Riesen zählen zur artenreichen Familie der Schlupfwespen auch Winzlinge, die wir kaum wahrnehmen.

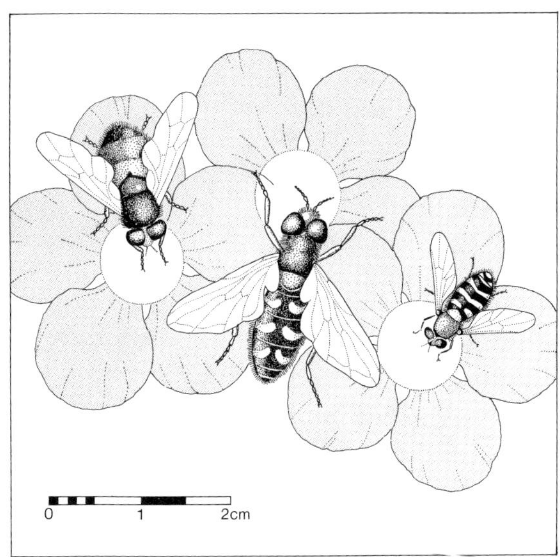

Auch in der „Großfamilie" der Schwebfliegen, die Bienen sehr ähnlich sehen, sind die größten 2 cm und die kleinsten nur 7 mm groß.

wir die Nistgelegenheiten durch das Aufhängen von Nistkästen oder das Schneiden von Nistquirlen in der Hecke ergänzen und für das Winterfutter Wildbeeren-Sträucher (Eberesche, Sanddorn, Holunder) anpflanzen und die Samenstände im Staudengarten nicht vor dem Frühjahr abschneiden.

145

Der Kräuter Duft durchzieht den Gartenraum

Im allgemeinen gönnt man Kräutern kaum den Platz, den sie zum Wachsen brauchen. In der schon sprichwörtlichen Kräuterecke, in möglichst kurzer Entfernung von der Küche, fristen die gewohnten Küchenkräuter Petersilie, Dill, Schnittlauch und Bohnenkraut ein kümmerliches Dasein, das sich Jahr für Jahr kaum verändert. Ein regelrechtes Kräuterbeet, auf dem auch Estragon, Basilikum, Kerbel, Majoran, Salbei und Zitronenmelisse zu finden sind, verrät schon den Feinschmecker. Wer aber Kräuter über eine verschwenderische Verwendung in der Küche hinaus auch noch als Tee- und Heilkräuter liebt, billigt ihnen womöglich ein richtiges kleines Gärtchen in seinem Garten zu.

Diejenigen, die um die vielfältigen Wirkungen der aromatisch duftenden, ätherische Öle enthaltenden Kräuter wissen, werden sie freilich, ehe sie ihnen selbst als Würze oder Tee zugute kommen, den Gemüsekulturen als wohltuende und gesundende Begleitkräuter zugesellen. Gerade sie sind besonders geeignet, die Gartenkultur der naturgemäßen Form des Fruchtwechsels anzupassen und Einseitigkeiten schon dadurch auszugleichen, daß sie einer anderen Pflanzenart angehören und von ihrer Herkunft noch wesentlich urwüchsiger sind als hochgezüchtete Gemüsearten. In der Lebensgemeinschaft mit den Gemüsen können sie über Duft- und Wurzelausscheidungen die Kulturen fördern und als sogenannte Repellent-(Abschreckungs-)Pflanzen Pilz- oder Schädlingsbefall abwehren.

Die meisten einjährigen Kräuter eignen sich zur Mitsaat in der Reihe oder zwischen den Reihen. Einige samen sich jedes Jahr wieder von alleine aus: der bienennährende Borretsch, die wohltuende Kamille und die nicht minder heilsame Ringelblume *(Calendula)*. Und dort, wo eventuell Wurzelälchen (Nematoden) Schaden anrichten könnten, pflanzen wir selbst angezogene Studentenblumen *(Tagetes)*. Auch ein paar Butterblumen würden wir ab und an tolerieren. Sie alle wachsen querbeet und verhelfen noch obendrein zu buntem Blütenflor. Gar nicht oft genug kann der unschätzbare Wert der Doldenblütler für die hilfreiche Insektenwelt betont werden. Vom Dill, neben dem die Möhren übrigens fast lückenlos keimen, gibt es auch Sorten, die niedriger bleiben und krautiger wachsen.

Stauden und Halbsträucher umsäumen den Gemüsebereich auf den Randrabatten in sonniger Lage, ihn gleichsam mit ihren aromatischen Düften umhüllend. Hier wäre auch der geeignete Platz für die Petersilie zu finden, die wir im zweiten Jahr zum Blühen stehen lassen, nachdem sie an anderer Stelle erneut ausgesät wurde. Liebstöckel und Estragon gedeihen auch im halbschattigen Heckenbereich. Lavendel, Salbei und Ysop mehren mit blauen Tönen die Farbenpracht. Von Zeit zu Zeit wechseln sie den Standort, wenn sie, geteilt und verjüngt, wieder ausgepflanzt werden. Außer der herbstlichen Kompostgabe sollte nicht zusätzlich gedüngt werden; das Aroma würde leiden. Dagegen können regelmäßige Hornkieselspritzungen (nach vorausgegangenen Hornmistgaben) die ätherischen Stoffe ungemein beleben.

Die Ernte der Kräuter

Die Ernte beschert uns ein Höchstmaß an Qualität, die so weit wie möglich bei der weiteren Bereitung bis zur Aufbewahrung erhalten bleiben sollte.

Für den Winterbedarf ernten wir zur Zeit des höchsten Wirkstoffgehaltes. Das ist im allgemeinen zum Blütenbeginn. Ganze Kräuter dürfen noch nicht verholzt sein. Grundsätzlich kann nur bei trockenem Wetter geerntet werden. Nasses Kraut trocknet schwer und wird leicht mißfarbig. Aber auch heiße Mittagsstunden sollten wir meiden, da der Gehalt an ätherischem Öl dann am niedrigsten ist. Die Körnerernte beginnen wir, sobald die Früchte sich bräunen. Vorteilhaft sind die frühen Morgenstunden oder trübes Wetter, da die Samen dann nicht so leicht ausfallen. Die abgeschnittenen Pflanzen lassen wir, zu kleinen Garben gebündelt und aufgehängt, nachreifen und dreschen sie dann aus.

Haltbarmachen

Das Haltbarmachen der Kräuter hat nicht nur den Sinn, sie während der Aufbewahrung vor schädlichen Einflüssen zu bewahren, sondern in erster Linie die Wirkstoffe so weit wie nur möglich zu erhalten. Für die Konservierung eignen sich das Trocknen, das Einsalzen und das Einlegen in Essig oder Öl. Welche Methode wir auch immer bevorzugen, sie sollte unmittelbar nach der Ernte eingeleitet werden.

Das Trocknen ist die älteste und einfachste Art der Haltbarmachung. Durch den Wasserentzug wird die Tätigkeit der Mikroorganismen unterbunden und damit verhindert, daß sich wichtige Wirkstoffe abbauen oder umwandeln und daß Pilze und Bakterien das Erntegut verderben. Unansehnliche Blätter (Vergilbung, Pilzbefall, Fäulnis) werden aussortiert, sie mindern schon in geringen Mengen Geschmack und Bekömmlichkeit.

Oft genügt eine natürliche Trocknung an einem luftigen, schattigen Platz unter Dach. In der Sonne verflüchtigt sich ein Teil der ätherischen Öle. Blätter werden möglichst dünn ausgelegt und öfter gewendet, langstielige Kräuter zu dünnen Sträußen gebunden und aufgehängt.

Ist vorauszusehen, daß das Erntegut nicht binnen dreier Tage rascheltrocken ist, sollte lieber die künstliche Trocknung vorgezogen werden. Feuchtes Wetter verdirbt die Ernte in kurzer Zeit. Wenn der Jahresbedarf nicht so groß ist, daß sich die Anschaffung eines Trockengerätes (für den Hausgebrauch) lohnen würde, reicht der Backofen (womöglich mit Luftumwälzung) allemal aus. Die Temperatur sollte 50 °C nicht übersteigen. Kräuter, die ätherische Öle enthalten, vertragen nur 35 °C. Wurzeln, wie Petersilie oder Sellerie, werden, dünn geschnitten und ausgelegt, bei höchstens 45 °C getrocknet. Beim Trockenvorgang muß die Tür des Backofens spaltweit geöffnet bleiben.

Das Kraut ist richtig trocken, wenn die Stiele wie Glas brechen und die Blätter raschelnd zerbröseln. Sie werden von den Stengeln abgestreift, je nach Verwendung als Tee oder Gewürz zerkleinert und trocken in gut schließenden Gefäßen aufbewahrt; braune Gläser verhindern eine Wertminderung, da viele Wirkstoffe lichtempfindlich sind. Auch sorgfältigst getrocknete und aufbewahrte Kräuter verlieren mit der Zeit ihr Aroma. Deshalb sollte ihr Vorrat jährlich erneuert werden.

Für die Zubereitung von Kräutersalz werden Porree, Selleriekraut und -knolle, Majoran, Basilikum, Knollenfenchel und Zwiebeln im Mörser zu Pulver zerstoßen und mit Meersalz zusammengemischt. Je nach Geschmack kann man die Würznote einzelner Kräuter betonen oder natürlich auch andere Mischungen komponieren.

Möglicherweise haben wir eine so reiche Knoblauchernte gehabt, daß der Vorrat noch kein Ende nimmt, wenn wir schon frische Knollen ernten können. Dann lohnt sich die Mühe, die übriggebliebenen Zehen zu zerkleinern, im Backofen rascheldürr zu trocknen und im Mörser oder in einer auf dem Flohmarkt erstandenen Handkaffeemühle zu mahlen. Gut verschlossen aufbewahrt, haben wir immer eine schnelle und vielseitig verwendbare Knoblauchwürze zur Hand.

Beim Einsalzen werden die frischen Kräuter gut gewaschen, nachgetrocknet, feingeschnitten und lagenweise mit Meersalz in Gläser oder Töpfe geschichtet. Man rechnet auf 1 Teil Salz 4 Teile Kraut. Früher wurde auf diese Weise auch Wurzelgemüse, geraspelt oder fein geschnitten, haltbar gemacht.

Zum Einlegen in Weinessig und Olivenöl eignet sich besonders Estragon. Die feingeschnittenen, in Gläser gefüllten Kräuter werden über einen Finger hoch mit Flüssigkeit bedeckt und kühl und dunkel aufbewahrt.

Küchen- und Würzkräuter

Aussaaten ins Frühbeet oder Anzuchtbeet und Pflanzungen an den jeweiligen Standort

Kräuterart	Höhe bis cm	Voran- zucht Monat	Aus- saat Monat	Ernte Beste Erntezeit	Verwendung zu ...	Bemerkungen	Bezugs- quelle
Anis* einjährig	60	–	3/4	Früchte, wenn sie bräunlich werden	Brot, Backwaren, Saucen, Gemüse	Doldenblütler	W B.
Basilikum* einjährig	40	3	5	junge Blätter und Triebe vor und nach der Blüte	Salate, Suppen, Fleischgerichte, Gemüse, Tomaten	gute Bienen- weide, frost- empfindlich	W H B:
Beifuß* Staude	200	–	4	Rispen mit geschlossenen Blütenknospen	Enten-, Gänse-, Hammel-, Schweinebraten	Schmetterlinge	W H B:
Bohnen- kraut einjährig	50	–	3/4	junge Blätter und Triebe vor der Hauptblüte	Bohnengemüse, Suppen, Ragout, Gurkensalat	Aussaat zwischen Stangenbohnen	W H B•
Boretsch* einjährig	60	–	3–7	junge Blätter und Trieb- spitzen	Salate, Saucen, Fleisch, Einlegen von Gurken	sehr gute Bienenweide	W H N B•
Dill* einjährig	120	–	4–6	junge Blätter und Trieb- spitzen, Blüten, Samen	Salate, Suppen, Gemüse, Fisch Einlegen von Gurken	Doldenblütler Beisaaten	W H B•
Dost* Staude	60	3	4	junge Blätter und Triebspitzen kurz vor der Blüte	Suppen, Saucen, Kalbshaxe, Wurstfüllungen	sehr gute Bienenweide Schmetterlinge	W N B:
Eberraute* Staude	80	–	–	Triebspitzen bis 20 cm	Braten, fettes Fleisch und Saucen	Vermehrung durch Stock- teilung oder Stecklinge	B.
Estragon* deutscher Staude	60	–	–	junge Blätter und Trieb- spitzen den ganzen Sommer	Salate, Saucen, Geflügel, Einle- gen von Gur- ken, Essig	Vermehrung durch Stock- teilung oder Stecklinge	B.
russischer	150	4	–	wie oben	wie oben		W H B•
Kerbel einjährig	60	–	3–6	vor der Blüte frisch ver- wenden	Suppen, Kräuter- Saucen, Salate, Tomaten	Doldenblütler Folgesaaten 2–4 Wochen	W H B•
Knob- lauch* einjährig	70	–	Zehen 4+9	Zwiebel wenn die Blätter vertrocknet sind	Salate, Fleisch, Gemüse, Wurst, Wild, Butterbrot	Brutzwiebeln: 2 Jahre bis zur Ernte	H B.
Koriander* einjährig	80	–	3/4	Früchte vor Eintritt der Vollreife	Lebkuchen, Brot, Fruchtkonser- vierung, Likör	Doldenblütler sehr gute Bienenweide	W N B•
Kümmel* zweijährig	100	3	4+9	Früchte vor Eintritt der Vollreife frisches Grün	Kohl, Brot, Fleischgerichte, Käse, Salate Quark	Doldenblütler Schmetterlinge	W B:
Lavendel* Halbstrauch	80	3	5	junge Blätter und Triebspitzen kurz vor der Blüte	Fleisch, Fisch- suppen, Duft- kissen	Keimt ungleich- mäßig, Dauer 3–4 Wochen	W N B:
Lieb- stöckel* Staude	160	–	3+8	junge Blätter 3 Schnitte	Suppen, Saucen, Fleischgerichte	Doldenblütler	W H N B:
Majoran* einjährig	50	3	5	junge Blätter und Triebe, Blüten vor dem Aufbrechen	Fleischgerichte, Salate, Saucen, Wurstfüllungen	gute Bienen- weide, Schmetterlinge	W H N B:
Petersilie* zweijährig	20	–	4+8	frische Blätter, Wurzeln	Gemüsegerichte, Salate, Saucen, Kräuterbutter	Doldenblütler Keimdauer 4 Wochen	W H B:
Pfeffer- minze*	60	–	–	junge Blätter kurz vor der Blüte, 3 Schnitte	Fleischgerichte, Suppen, Saucen, Gewürzessig	Vermehrung durch Wurzel- ausläufer	B.

Kräuterart	Höhe bis cm	Voran- zucht Monat	Aus- saat Monat	Ernte Beste Erntezeit	Verwendung zu ...	Bemerkungen	Bezugs- quelle
Rosmarin* Halbstrauch	50	3	–	junge Blätter und Trieb- spitzen	Braten, Fisch, Suppen, Saucen, Bohnensalat,	frostfrei überwintern	W N B:
Salbei* Halbstrauch	80	2/3	4/5	junge Blätter und Triebe kurz vor der Hauptblüte	Geflügel, Hammelbraten, Wild, Suppen, Essiggurken	gute Bienen- weide, Vermeh- rung durch Stockteilung	W N B:
Schnitt- knoblauch 1–2jährig	30	–	3–8	ständig frische Blätter und Blüten	ähnlich wie Schnitt- lauch mit milden Knoblauchgeschmack	feucht halten	W B•
Schnitt- lauch mehrjährig	30	–	3–8	ständig frische Blätter 3 Schnitte	Salate, Eier- speisen, Fisch Suppen, Quark	gut feucht halten	W H B:
Thymian* Halbstrauch	40	2/3	4	junge Blätter und Triebe kurz vor der Hauptblüte	Salate, Braten, Saucen, Suppen, Ragout, Pizza	gute Bienen- weide, Vermeh- rung durch Stockteilung	W H N B:
Trip- madam ausdauernd	5	3	4	junge Blätter und Trieb- spitzen (nur frisch)	Salate, Rind- fleisch, Saucen, Kräutersuppen	Vermehrung auch durch Stockteilung	B:
Wein- raute* Staude	100	3	4+8	junge Blätter und Trieb- spitzen kurz vor der Blüte	Salate, Fleisch- füllungen, Fisch, Saucen, Suppen, Quark		W B:
Ysop* Halbstrauch	45	2/3	5	frische Blätter und Triebe vor der Blüte	Salate, Fisch, Fleisch, Saucen, Suppen	sehr gute Bienenweide	W B:
Zitronen- melisse* Staude	80	3	4+8	junge Blätter und Trieb- spitzen kurz vor der Blüte	Salate Fleisch- speisen, Gemüse, Saucen	Samen wärme- bedürftig Blätter empfindlich	W H N B:

Salat-Kräuter

Sie werden als Würzkräuter verwendet oder als eigenständiger Salat zubereitet. Aussaaten für reichliche Salatern- ten (bei unkrautfreiem Boden) breitwürfig ins Frühbeet oder Freiland.

Kräuterart	Höhe bis cm	Voran- zucht Monat	Aus- saat Monat	Ernte Beste Erntezeit	Verwendung zu ...	Bemerkungen	Bezugs- quelle
Brunnen- kresse* einjährige Kultur	30	4	5	junge Triebe	Salate, Gemüse Salatzubereitung	Wasserkultur	W H B•
Garten- kresse* einjährig	40	1–12	–	gestielte Keim- blätter hand- hoher Schnitt	Salate, Suppen, Brotbelag, Salatzubereitung	14tägige Folge- saaten vitaminreich	W H N B•
Portulak einjährig	30	–	5–8	Schnitt 7 cm hohe Pflanzen 3–4 Ernten	Salate, Suppen – Salatzubereitung	4wöchige Folgesaaten vitaminreich	W B•
Salatrauke einjährig	10	3–9	3–9	laufend junge Blätter schneiden	Eier-, Wurst-, Kartoffelsalate Salatzubereitung	vitaminreich	W
Sauer- ampfer* mehrjährig	60	–	4+8	laufend junge Blätter pflücken	Salate, Suppen, Saucen Salatzubereitung	Herzblatt nicht verletzen	W B

Zeichenerklärung
* Arzneipflanze
Bezugsquelle: W = Wagner H = Hild N = Nungesser B = Blauetikett-Bornträger (B• = Samen B. = Pflanzen)

Wenn der Sommer sich neigt

Ist Regine warm und sonnig,
bleibt das Wetter lange wonnig
(7. September)

Hat der Sommer seinen Höhepunkt überschritten, strebt alles, was sich in unserer Gartenwelt im Überfluß entfaltet hat, zur Vollendung. Wir wünschen uns, obwohl die Nächte schon kühl werden, viele sonnige Tage, damit die Früchte, die uns nun zur Genüge in den Schoß fallen, voll ausreifen können. So werden sie sich einen langen Winter (ganz gleich, auf welche Weise) gut aufbewahren lassen und, sollten wir sie als Samen verwenden wollen, eine hohe Reproduktionskraft mit guter Keimfähigkeit gewinnen.

In den meisten Jahren haben wir einen schönen Nachsommer und womöglich auch einen „goldenen Oktober" zu erwarten. Dann schwelgt die Gartenflora noch einmal mit Chrysanthemen und Herbstastern in leuchtenden, satten Farben, ehe sich die ersten Nachtfröste einstellen. Die Äpfel bekommen rote Backen. Der Igel beginnt, sich seinen Winterspeck zuzulegen. Jetzt ist es an der Zeit, nach frühen Ernten Gründüngungen und Roggen für die nächstjährige Möhrenkultur einzusäen, und die Unentwegten säen außer den schnellen Radieschen auch noch Feldsalat, Spinat, Winterportulak, auf einen milden Winter hoffend. Hauptsächlich haben wir aber alle Hände voll zu tun, die kostbaren Schätze zu bergen, die sich dank unserer guten Pflege angesammelt haben, und so aufzubewahren, daß sie womöglich einen langen Winter über gut erhalten bleiben. Beiläufig können wir auch noch letzte Samen einbringen, wenn es uns gelungen sein sollte, von einigen Gemüsearten ein beständiges Saatgut heranzuziehen.

So manches Gemüse läßt uns auch Samen gewinnen

Dazumal wurde in den Bauerngärten zur Samengewinnung ein Platz für zweijährige Gemüsearten wie Kohlarten und Wurzelgemüse freigehalten. Durch den urwüchsigen Anbau landläufiger Sorten war das Saatgut so robust, daß es in der Regel, sich ständig erneuernd, reiche Erträge hervorbrachte.

Eine so einfache Vermehrung des Gemüses in eigener Regie, wie es mit vielen Blumen noch recht gut gelingt, ist heute kaum noch möglich, nachdem die Sorten so hochgezüchtet sind, daß sie beim Nachbau meist „kraftlos abschlaffen". Die Vermehrung hybridgezüchteter Sorten ist ohnehin nicht möglich. Entweder ist der Samen steril oder die Hybride zerfällt beim Nachbau wieder in die Eltern-Sorten. Dagegen haben altbewährte Stammsorten durchaus eine Chance, sich mit Hilfe unserer naturgemäßen Anbaumethoden einzubürgern.

Im allgemeinen werden wir freilich aus dem umfangreichen Sortenangebot jedes Jahr diejenigen erneut auswählen, die unserem Geschmack zusagen und den Anbauverhältnissen entsprechen. Neigen jedoch einige Gemüsearten dazu, in unserem Garten heimisch zu werden, können wir das, sozusagen beiläufig, unterstützen, ohne dabei gleich zum ehrgeizigen Samenzüchter zu werden. Hat so ein Gemüse einmal Fuß gefaßt, wird es uns erfahrungsgemäß, dank unserer intensiven Kompostwirtschaft und Pflege, über Jahre hinaus mit guten Erträgen treu bleiben.

Selbstaussaat

Selbstaussäende Arten vermehren sich im allgemeinen zu gut entwickelten Nachkömmlingen: z. B. die Petersilie. Im weiten Umfeld ihres zweijährigen Standortes finden wir, womöglich sogar im benachbarten Staudengarten, im Frühjahr die keimenden Pflänzchen, so daß wir uns den geeigneten neuen Platz (warum nicht auch zwischen den Blumen) aussuchen können. Während gesäte Petersilie unter Umständen ihre Probleme hat, strotzen die „Findlinge" vor Urwüchsigkeit und Gesundheit (wenn wir sie nicht verpflanzen) (siehe auch Seite 119).

Werden Feldsalat und Spinat über den Winter kultiviert, blühen sie sehr zeitig im Frühjahr. Tolerieren wir das bei wenigen Pflanzen, können wir später auf den angrenzenden Rabatten so manche Mahlzeit einheimsen. Wenn wir vorhaben, Samen zu gewinnen, sollten wir die zuerst blühenden Pflanzen herausnehmen, da anzunehmen ist, daß sie diese unvorteilhafte Eigenschaft bei der Vermehrung weitergeben. Die ausgewählten Samenträger müssen wegen des leichten Samenausfalls rechtzeitig geschnitten und kontrolliert nachgetrocknet werden.

Auch die einjährigen Kräuter, z. B. Dill, säen sich gerne selbst aus, wenn sie sich „zu Hause" fühlen. Mit der Zeit werden wir auch die keimenden Pflänzchen von den ebenfalls auflaufenden Unkrautarten zu unterscheiden wissen, um den Selbstaussäern mit ordnender Hand ihren Lebensbereich sichern zu können.

Samenauslese

Die Auslese geeigneter Samenpflanzen ist eine wichtige Voraussetzung, sobald wir uns vornehmen, gezielt Samen zu gewinnen. Wir wählen diejenigen Pflanzen zu Samenträgern aus, die ohne Makel, ebenmäßig, frei von Krankheiten oder Schädlingsbefall und mit gut ausgebildeten Früchten aufwachsen und markieren sie. Auch besondere Eigenschaften, die beim Nachbau zur Geltung kommen sollen, werden dabei berücksichtigt. So sollten wir bei den Fruchtgemüsen stets diejenigen als Samenpflanzen bevorzugen, die früh reifen, während sich dagegen beim Salat diejenigen besser für die Vermehrung eignen, die erst spät in die Blüte schießen.

Sicher und mit gutem Erfolg läßt sich Zwiebelsamen gewinnen (siehe Seite 105). Da sowohl die kugelige Blütendolde als auch der Samenstand recht hübsch anzusehen sind, können wir sie ebensogut in die Blumenrabatte setzen, wenn sie auf dem Beet stören sollten. Die lückenlos keimenden Pflanzen erfreuen sich auch dort eines munteren Wachstums, wo man sagt: „Gesäte Zwiebeln werden hier nicht".

Auch beim Knoblauch können wir erfolgreich statt der Zehen die kleinen Brutzwiebeln des Samenstandes stecken. Wir müssen zwar ein zweites Jahr abwarten, bis wir ernten können, haben dafür aber besonders große Knollen zu erwarten. Da eine zweijährige Kultur womöglich die Fruchtfolge auf dem „Normalbeet" blockieren könnte, wäre der Knoblauch besser zwischen den Erdbeeren aufgehoben, die er gleichzeitig vor Pilzerkrankungen zu schützen vermag.

Wenn wir die Möglichkeit haben, Frühkartoffeln bis zum März einwandfrei eventuell in einer Erdgrube zu lagern, lohnt sich der Nachbau schon insofern, als es immer schwieriger wird, gute Saatkartoffeln zur rechten Zeit zu erhalten (siehe auch Seite 103).

Alle Fruchtgemüse wären darüber hinaus einen Versuch wert. Wer Spaß daran hat und wem es auch um ungebeiztes und bodenständiges Saatgut geht, kann verhältnismäßig leicht herausbekommen, welche Sorte sich mit gutem Ertrag und ohne zu ermüden vermehren läßt. Dagegen lohnt sich die Mühe bei den Kreuzblütlern, Kohl- und Retticharten oder den Möhren kaum. Alles in allem ist die zweijährige Prozedur außerordentlich umständlich und riskant. Außerdem bastardieren diese Arten. Wenn auch nicht anzunehmen ist, daß ein Nachbar ebenfalls einen Kohlkopf blühen läßt, so ist es doch bei der Möhre nicht ausgeschlossen, daß sie ein Verhältnis mit einer, auch auf einer entfernteren Wiese wachsenden, Wilden eingeht.

Samenreife

Die Reife der Samen ist Voraussetzung für ein gutes Gelingen. Unreife Samen haben noch nicht genügend Nährstoffe eingelagert, um den Keimling später ausreichend versorgen zu können. Andererseits sollten wir ihn auch nicht so überreif werden lassen, daß er ausfällt oder womöglich zur Beute von Finken und Spatzen wird. Vom Fruchtmark der Gurken, Paprika, aller Kürbisarten und Melonen umgebene Samen werden ausgeschlämmt und getrocknet. In der Tomate verhindert eine keimhemmende Substanz, daß die reifen Samen schon in der Frucht aufgehen. Der Samen muß deshalb einige Tage im Fruchtfleisch gären, ehe er ausgewaschen und getrocknet wird.

Auch während der Keimruhe finden Lebensprozesse im Samen statt. Um sie möglichst gering zu halten, sollte das Saatgut trocken und kühl bis zur Aussaat aufbewahrt werden.

Mit eigenem Gemüse topfit durch den Winter

Eingelagertes Gemüse ist durchaus mit frisch geernteten Erzeugnissen zu vergleichen. Sie verändern sich nur unwesentlich in ihrer Substanz und ihrem Geschmack. Wir müssen aber alles daransetzen, um, abgesehen von der äußeren Beschaffenheit, die gewonnenen Wert- und Geschmacksstoffe so weit wie möglich über einen langen Winter zu erhalten, d. h. zuvörderst durch niedere Temperaturen die Zellatmung, bei der Zucker, aber auch Aromastoffe und Vitamine abgebaut werden, zu verlangsamen und Feuchtigkeitsverluste zu verhindern.

Welche Verfahren wir anwenden, hängt davon ab, welches Gemüse sich für die jeweilige Art der Lagerung oder Konservierung eignet und welche Methoden wir aus praktischen oder ernährungsbedingten Erwägungen bevorzugen:

- Aufbewahren im Freien;
- Lagern in der Erdgrube;
- Einlagern im Keller und
- Milchsäuregärung.

Voraussetzung für ein gutes Gelingen auf allen Ebenen ist die Verwendung einwandfreier, gesunder, unbeschädigter und ausgereifter Früchte, deren Laub grundsätzlich abgedreht wird.

Aufbewahren im Freien

Im Freien überwintern wir das Gemüse nur dann, wenn es an guten Lagerbedingungen oder ausreichenden Räumlichkeiten im Haus mangelt. Denn es ist nicht gar so günstig, wenn der Weg zur Küche weit ist oder die Früchte bei Eis und Schnee nicht hereingeholt werden können. Zwar gibt es von allen Wintergemüsen frostharte Sorten wie Porree, Grün- und Rosenkohl, die auf dem Beet stehen bleiben, und solche, wie Feldsalat, Endivien, Winterpostelein oder Zuckerhut, die zumindest bis Januar mit einem Frostschutz ausdauern können. Sie behindern aber die herbstliche Beetversorgung und können bei Frost nicht geerntet werden. Wenn zudem in lauen Wintern die Temperaturen häufig wechseln, neigt z. B. der Rosenkohl zur Fäulnis.

Pastinaken und Topinambur sollten immer im Freien überwintern, da sie im Keller sehr leicht schrumpeln. Beide Gemüsearten sind nicht nur frosthart, sondern gewinnen auch an (leicht süßem) Geschmack, wenn sie einmal durchfrieren. Ist kein Frühbeet für eine geeignete Lagerung vorhanden, gräbt man eine flache Mulde, legt sie mit einem Maschendraht gegen Mäusefraß so reichlich aus, daß man ihn auch über die auf eine Lage Stroh gelegen Früchte schlagen kann. Abgedeckt wird am besten mit dicht gelegtem Fichtenreisig, das genügend Luft hindurchläßt, um Fäulnis bei mildem Wetter zu verhindern.

Ein Frühbeet macht manche Nachteile der winterlichen Beetkultur wett. Es eignet sich besonders gut für den Einschlag aller Wurzelgemüse. Außerdem lassen sich gesäte Endivien, Postelein und Feldsalat vortrefflich durch aufgelegte Fenster vor Frost schützen und leichter ernten. Gelegentliches Lüften nicht vergessen!

Wenn wir kein Frühbeet haben, können wir Kopfkohlarten in Hausnähe in einem spatentiefen Graben mit dem Kopf nach unten einschlagen, mit einem kleinen Erdwall, aus dem die Strünke herausschauen, abdecken und eventuell bei stärkerem Frost noch mit einer Lage Stroh versorgen.

Lagern in der Erdgrube

Die Erdgrube liegt zwar auch noch im Freien, bietet aber schon die günstigen Lagerbedingungen eines alten Gewölbekellers. Das Lagergut erwärmt sich weniger schnell und die Grube hält besser den Frost ab als etwa eine Erdmiete, die ohnehin nur bei größeren Lagermengen in Frage kommt. Wie die Wurzeleinschläge kann sie in der Nähe des Hauses angelegt werden. Von der einfachen Kiste, von der der Boden entfernt

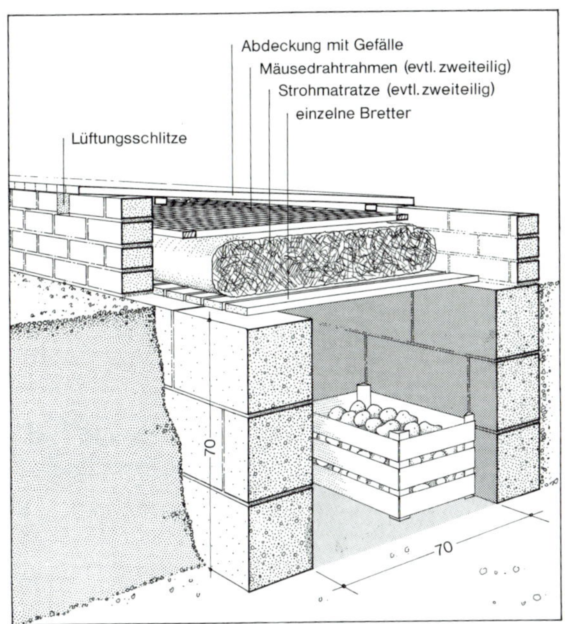

Erdgruben bieten optimale Lagerverhältnisse.

wird, über Ton- oder Steingutgefäße, Beton-rohre, einer ausgedienten Wäschetrommel bis hin zu einer komfortablen, 70 cm tiefen Erdkam-mer mit steinernen Wänden, gibt es die verschie-densten Möglichkeiten, einen Keller zu ersetzen oder zu ergänzen. Zumindest fänden die Saatkar-toffeln in einem passenden Behälter Gelegenheit, sich für das nächstjährige Vorkeimen gut in Form zu halten.

Welches Behältnis wir auch wählen, einige grundsätzliche Gesichtspunkte müssen wir be-achten, wenn das Gemüse einwandfrei und knackig den Winter überdauern soll:

- das Grundwasser sollte nicht zu hoch anste-hen; notfalls kann man eine Kunststofftonne eingraben und unter dem oberen Wulst (über dem Erdreich) Lüftungslöcher bohren, um Fäulnis zu vermeiden;
- in flachen Gruben erwärmt sich das Lagergut schneller: ein vorzeitiger Austrieb führt zu Wertverlusten;
- der Boden bleibt naturbelassen, damit die Gemüse eine Verbindung mit dem Erdboden haben und die Bodenkühle wirken kann; vor-sorglich bringt man noch eine etwa 10 cm

dicke Sandschicht auf, damit eventuell einge-drungenes Wasser versickert;

- der obere Rand der Behältnisse oder der Kam-mer liegt 20–25 cm über dem Erdniveau;
- zwischen dem Lagergut und der Abdeckung muß ein Luftraum von mindestens 20 cm ver-bleiben, ehe eine Isolierschicht aufgebracht wird;
- die Öffnungen müssen mit einem engmaschi-gen Drahtgeflecht gegen das Eindringen von Mäusen gesichert werden;
- schließlich sollte die Abdeckung wasserdicht sein und eine ausreichende Belüftung der Behältnisse zulassen.

Einlagern im Keller

Im Keller steht das Gemüse zu jeder Zeit küchen-nah zur Verfügung, wenn die Verhältnisse eine einwandfreie Lagerung zulassen. In den Kellern alter Gebäude, die, mit Feldsteinen gemauert, tief in der Erde liegen und deren Böden aus gestampftem Lehm bestehen, finden wir ideale Lagerverhältnisse: dunkel, kalt (0–4 °C), jedoch frostsicher, trocken, aber mit 70- bis 80%iger Luftfeuchtigkeit und lüftbar. In unseren moder-nen Häusern, deren Sockel oft weit über dem Erdniveau liegt, damit Räume im Untergeschoß durch unmittelbares Tageslicht bewohnbar sind, werden wir nur dann einigermaßen zuträgliche Lagerbedingungen erreichen, wenn

- der Lagerraum nach Norden liegt;
- durchlaufende Heizrohre bestens isoliert wer-den;
- keine Tiefkühltruhen oder Kühlschränke darin aufgestellt werden;
- wenigstens der Boden des Lagerbereichs mit Lehm gestampft oder Backsteinen ausgelegt ist und
- durch eine geeignete Lüftung Temperatur und Feuchte so geregelt werden können, daß zwar der Gasaustausch gewährleistet und die At-mungswärme ausgeglichen wird, aber nicht durch eine stärkere Luftbewegung Feuchtig-keitsverluste entstehen.

Wurzelgemüse – Möhren, Rote Bete, Pastina-ken, Petersilienwurzeln, Sellerie – wird in mäßig feuchten Sand so eingeschlagen, daß eine Durchlüftung noch möglich ist; nasser Sand würde zu Fäulnis führen. Der Sand muß jährlich erneuert werden, um das Einnisten von Fäulniserregern zu vermeiden. Kohl können wir nach Entfernen loser Deckblätter entweder mit den Strünken einschlagen oder ihn kopfüber aufhängen. Zwiebeln und Schalotten werden möglichst trocken und luftig in Horden oder Flachsteigen gelagert.

Die zum Verzehr bestimmten Kartoffeln liegen in der dunkelsten Ecke auf dem Boden oder in Horden. Während für alles Gemüse eine Lagertemperatur unter 4 °C im allgemeinen günstig ist, machen Kartoffeln eine Ausnahme. In der lagernden Knolle wird laufend eine gewisse Menge an Stärke in Zucker umgewandelt, der normalerweise durch die Atmung wieder verbraucht wird. Sinkt die Temperatur unter 4 °C, wird die Atmung so weit gehemmt, daß der Zucker nicht mehr zur Gänze abgebaut werden kann: die Kartoffel wird süß.

Kartoffeln und Äpfel vertragen sich nicht miteinander und sollten deshalb in getrennten Räumen gelagert werden. Äpfel scheiden während der Lagerung ein reiferförderndes Gas (Ethylen) aus, das den Abbau der Kartoffel beschleunigt und damit die Lagerzeit verkürzt. In feuchten Sand geschichtetes Gemüse wird erfahrungsgemäß weniger beeinträchtigt.

Milchsäuregärung

Die Milchsäuregärung ist wohl die älteste Art der Konservierung. Die durch die Gärung sich bildende Milchsäure macht das Gemüse nicht nur, unter Beibehaltung aller Nahrungswerte, in optimaler Weise haltbar, sondern steigert den Wert in vielerlei Hinsicht: es bilden sich Aroma und Geschmack, und wertgebende Inhaltsstoffe wie Vitamine und Mineralstoffe sind vermehrt aufzufinden.

Besonders geeignet sind Bohnen, Gurken, Kürbisse, Paprika, Rettiche, Rote Rüben, Sellerie, Perlzwiebeln und Weißkraut oder Mischungen.

Darüber hinaus sind Versuchen mit weiteren Gemüsearten keine Grenzen gesetzt. Mit Roten Rüben kann es Probleme geben. Der hohe Zuckergehalt setzt eine rasante Gärung in Gang, deren hoher Druck jeglichen Verschluß so weit hebt, daß das Umfeld mit einem wunderschönen Rot gesprenkelt wird. Vorsichtshalber sollte man die Roten Bete nicht allzu warm stellen und einen geeigneten Platz für einen folgenreichen Überdruck finden.

Voraussetzung für den Gärungsprozeß ist der Luftabschluß, der aber nicht druckfest sein darf. Die Gärungsgase müssen entweichen können. Beim Sauerkrautfaß liegt der Deckel lose in einer Rinne mit Wasser, Weckgläser werden mit Gummiring und Klammern und weithalsige Flaschen mit einem sogenannten Sicherheitsverschluß geschlossen.

Weiterhin brauchen wir für die Gärung Wärme um 20 °C und eine Prise Salz. Entweder wird das Gemüse geraspelt, leicht gesalzen und solange gestampft, bis der ausgetretene Saft übersteht, wie beim Sauerkraut, oder ganzes oder grob geschnittenes Gemüse wie Bohnen, kleine Gurken, Möhren, Rote Bete, wird in einer schwachen Salzlösung eingelegt. Das Salz, lediglich 1–2 Gewichtsprozent, hat die Aufgabe, die Entwicklung von Fäulnisbakterien solange zu verhindern, bis die Milchsäurebakterien die Oberhand gewonnen haben und sich die erwünschte Milchsäure bildet. Eine Impfung mit Molke oder Brottrunk, die reichlich milchsaure Bakterien enthalten, fördern die „Initialzündung". (Fachbücher, die genaue Anleitungen und Rezepte enthalten, sind im Literaturverzeichnis angegeben.)

Nach einigen Tagen werden die Behältnisse kalt gestellt, um fortschreitende Abbauprozesse, denen letztlich alle organischen Stoffe unterworfen sind, zu verlangsamen. In kühlen Räumen sind die Gärgemüse über den Winter gut haltbar, wenn sie nicht wegen ihres guten Geschmackes und der wohltätigen Wirkungen schon wesentlich eher verzehrt werden.

Empfehlenswerte Gemüsesorten

Gemüseart	Sorte (*pilztolerant)	Bemerkungen (Ziffer = Monat)
Blattgemüse		
Artischocken *Cynara scolymus*	Green Globe Große von Laon	frühe Sorte
Chicorée *Cichorium intybus* var. *foliosum*	Brüsseler Witloof Edelloof Tradivo Zoom (Hybride)	mit Deckerde mit Deckerde ohne Deckerde ohne Deckerde
Eissalat *Lactuca sativa* var. *capitata*	Capitol Great Lakes* Laibacher Eis* Sioux	Treibsorte Frühjahr–Herbst rötlicher Krachsalat rotblättrig, Frühjahr–Herbst
Endivien *Cichorium endivia*	Diva Bubikopf Grüner Eskariol Sally	hoher Wuchs, selbstbleichend, früh selbstbleichend, früh spät, frostunempfindlich Frisée-Endivie (feingekraust)
Feldsalat *Valerianella locusta*	Holländ. Breitblättriger Dunkelgrüner Vollherziger Verte de Cambrai Vit*	Frühe Herbstkultur besonders zarte Blätter raschwüchsig, winterhart raschwüchsig, ertragreich
Knollenfenchel *Foeniculum vulgare* var. *azoricum*	Zefa Fino Zefa Tardo Sirio	Frühkultur, schoßfest Herbstkultur, runde Knolle Herbstkultur, Spätkultur unter Glas
Kopfsalat *Lactuca sativa* var. *capitata*	Larissa* Maikönig Freiland Barbarossa* Kraganer Sommer Maiwunder	Treibsorte frühe Freilandsorte rotblättrig, Ernte 4–10 auch bei Hitze schoßfest Herbstkultur
Löwenzahn *Taraxacum officinalis*	Riesentreib Nouvelle	Spezialsorte zum Treiben im Winter Treib- und Freilandsorte
Neuseeländer Spinat *Tetragonia tetragonioides*	(keine Sortenzüchtung)	mehrmaliger Schnitt über den Sommer
Pflücksalat *Lactuca sativa* var. *longifolia*	Salad Bowl Red Salad Bowl Lollo Biondo Lollo Rosso	gelbgrüner Eichblattsalat roter Eichblattsalat, spätschießend gelbgrüner Blattbatavia roter Blattbatavia
Porrée (Lauch) *Allium porrum*	Titan Früher Sommer/Pancho Herbstriesen/Albana Blaugrüner Herbst/Ducal Blaugrüner Winter/Porino	frühe Sommerkultur, Ernte 6/7 Sommerkultur, Ernte 8–10 Sommer/Herbst-Kultur, Ernte 6–9 Herbst/Winter-Kultur, Ernte 10–12 Winter/Nachwinter-Kultur, Ernte 1–4
Radicchio *Chichorium intybus* var. *foliosum*	Palla Rossa Stamm Rubico Roter von Verona	verträgt leichte Fröste treibt im Frühjahr erneut aus (leichter Frostschutz)
Römischer Salat *Lactuca sativa* var. *romana*	Verde degli Ortolani Little Leprechaun Kasseler Strünkchen	dunkelgrüner Bindesalat rotblättrig, Frühjahr – Herbst selbstschließend, Stiele
Schnittsalat (Lattich) *Lactuca sativa* var. *crispa*	Gelber Runder Früher Gelber Krauser	raschwüchsig, zum Treiben geeignet schwarzsamig

Gemüseart	Sorte (*pilztolerant)	Bemerkungen (Ziffer = Monat)
Spinat *Spinacia oleracea*	Matador Monnopa* Medania* Mazurka (Hybride)	Frühjahr + Herbst, sehr ertragreich Frühjahr + Herbst/Winter, frosthart Frühjahr + Herbst/Winter, ertragreich Frühjahr bis Herbst
Winterportulak (Winterpostelein) *Montia perfoliata*	(keine Sortenzüchtung)	Anbau unter Glas oder Freiland 3–4 Schnitte im Winter möglich
Zuckerhut (Zichoriensalat) *Cichorium intybus* var. *foliosum*	Stamm Hilmar Stamm Vatter	verträgt leichten Frost

Blatt-Stiel- und Dauergemüse

Gemüseart	Sorte	Bemerkungen
Mangold *Beta vulgaris* var. *flavescens*	Glatter Silber Vulkan Walliser	Blatt- und Stielmangold rotstielig, Blatt- und Stielmangold Stielmangold
Rharbarber *Rheum rhabarbarum*	Holsteiner Blut Roter Prinz	blutrote ertragreiche Frühsorte rotstielig
Rübstiel (Stielmus) *Brassica rapa* var. *rapa*	Mairübstiel Namenia	Ernte nach 5 Wochen, auch unter Glas auch junge zarte Blätter
Stangensellerie (Bleich-S.) *Apium graveolens* var. *dulce*	Latham Stamm Elio Tall Utah	gesunder Wuchs, selbstbleichend fleischige und aromatische Rippen
Spargel *Asparagus officinalis*	Schwetzinger Meisterschuß Ruhm von Braunschweig Spaganiva Merrygreen	frühe Bleichspargel Bleichspargel, weißköpfig Grünspargel (siehe Bezugsquellen) Grünspargel

Kohlgemüse

Gemüseart	Sorte	Bemerkungen
Blumenkohl *Brassica oleracea* var. *botrytis*	Alpha/Prekasa Hormade Neckarperle Minaret Rosalind	Treib- + frühe Freild.sorte Ernte 5–7 mittelfrüh – mittelspät, Ernte 6–10 Frühsommer – Herbst, schwere Blumen grüner Romanesco, Ernte 9–11 violett, kocht dkl.grün, Ernte 9–11
Brokkoli *Brassica oleracea* var. *italica*	Futura (Hybride) Atlantic Emperor (Hybride)	sehr frühe Reife mit sehr großer Blume mittelfrüh, viele Seitentriebe Frühjahr + Herbst
Butterkohl	Goldgelber	selbstschließend
Chinakohl *Brassica pekinensis*	Early Jade Pagoda Hongkong Resist Blues (Hybride)	frühe Reife gute Krankheitsresistenz Früh- + Spätkultur, schoßfest
Grünkohl *Brassica oleracea* var. *sabellica*	Halbhoher grüner krauser Fribor (Hybride) Winterbor (Hybride)	mooskraus, sehr ertragreich Herbst/Winterkultur Erntezeit November bis April
Kohlrabi *Brassica oleracea* var. *gongylodes*	Azur Star (blau) Blusta (blau) Blauer Speck Express-Forcer (Hybride) Lanro (weiß) Noriko (weiß) Superschmelz (weiß)	Treib- und frühe Freilandsorte Frühjahr bis Herbst-Kultur Sommer- und Herbstanbau weiße Treib- und frühe Freilandsorte frühe Freilandsorte, frostbeständig ganzjähriger Freilandanbau butterzarte Riesen (4 kg), langsam
Rosenkohl *Brassica oleracea* var. *gemmifera*	Trimmer (Hybride) Content (Hybride) Estate (Hybride)	früh + ertragreich, Ernte 8–10 mittlere Reife, Ernte 10–1 sehr spät + frosthart, Ernte 1–3
Radies *Raphanus sativus* var. *sativus*	Hilmar Neckarperle Carnita Parat Eiszapfen	Treib- frühe + späte Freilandsorte Treib- + Freilandsorte: früh + spät Frühjahr/Sommer-Kultur Sommer-Radies Frühj. + Herbst-Kultur, raschwüchsig

Gemüseart	Sorte (*pilztolerant)	Bemerkungen (Ziffer = Monat)
Rotkohl _Brassica oleracea_ var. _capitata_	Marner (Frührotkohl)	sehr ertragreich, Ernte 6–8
	Ruby Perfection (Hybride)	schwere Köpfe, platzfest, Ernte 9/10
	Marner Lagerrot	Ernte 10/11, bis Februar lagerfähig
	Langendijker Dauer Dorota	hohe Lagerfähigkeit
Weißkohl _Brassica oleracea_ var. _capitata_	Erstling	frühester Spitzkohl, Ernte 5/6
	Minicole (Hybride)	lange platzfest, Ernte 7–10
	Hidena (Hybride)	später Dauerkohl, Ernte 9–11
	Bison (Hybride)	Ernte 10/11, lagerfähig bis Mai
	Filderkraut	später Spitzkohl zum Einschneiden
Wirsing _Brassica oleracea_ var. _sabauda_	Vorbote	Frühkultur, Ernte 6/7
	Marner Grünkopf	Sommerwirsing, Ernte 7/8
	Savoy Star (Hybride)	ertragreich, Ernte 8–11
	Wirosa (Hybride)	Ernte 10–4, hohe Lagerfähigkeit

Wurzelgemüse

Gemüseart	Sorte (*pilztolerant)	Bemerkungen (Ziffer = Monat)
Frühkartoffeln _Solanum tuberosum_	Hela	sehr früh, mehlig-festkochend
	Atika	sehr früh, festkochend
	Gloria	sehr früh, sehr festkochend
	Ilona	früh, mehlig
	Sieglinde	früh, festkochend
Frühlingszwiebeln _Allium cepa_	Weiße Frühlingszwiebeln	flachrund, frühe Reife, Ernte 5/6
	Express Yellow (Hybride)	flachrunde japanische Sorte, Ernte 6
	Elody	rund, Ernte 4, Schlotten 7, Bundzwiebel
Karotten _Daucus carota_ ssp. _sativus_	Pariser Markt	kurze runde Treibkarotte
Knollensellerie _Apium graveolens_ var. _rapaceum_	Ibis	für den Frühanbau geeignet, schoßfest
	Bergers weiße Kugel*	große schwere kugelige Knolle
	Monarch	halbkugelförmig, weißkochend
Mairüben _Brassica rapa_ var. _rapa_	Tokyo Cross (Hybride)	weiß, sehr früh, Ernte nach 30 Tagen
	Goldball	goldgelb
Möhren _Daucus carota_ ssp. _sativus_	Gonsenheimer	Treib- + frühe Freilandsorte
	Juwarot	„Gesundheitsmöhre", mittlere Reife
	Nantaise	Sommer/Herbst + Lagermöhre
	Lange rote stumpfe o. Herz	Herbst/Winter + Lagermöhre
Pastinaken _Pastinaka sativa_	Halblange weiße	ertragreich, geringe Schoßneigung
	White Diamond	
Rettiche _Raphanus sativus_ var. _niger_	Ostergruß rosa	Treib- + Freilandsorte, Aussaat 3–8
	Hilds roter Neckarruhm	Treib- + Freilandsorte, Aussaat 3–8
	Rave d'Amiens (rot)	Mini-Rettich (10 cm), Aussaat 3–8
	April Cross (Hybride) (weiß)	Superrettich (ca. 40 cm), Aussaat 4/5
	Halblanger weißer Sommer	zart + würzig, Aussaat 5–8
	Münchner Bier (weiß)	Sommer/Herbst-Rettich, Aussaat 5–8
	Langer schwarzer Winter	lange lagerfähig, Aussaat ab 6
	Runder schwarzer Winter	fest + fleischig, Aussaat ab 6
Rote Rüben _Beta vulgaris_ var. _conditiva_	Rote Kugel	ertragreich, gute Lagerfähigkeit
	Forono	halblang, walzenförmig
Schalotten _Allium cepa_ var. _cepa_	Deutsche gelbe Schalotte	Steckzwiebel, fein im Geschmack
	Russische Schalotte	Steckzwiebeln, größer; geschmacklich gröber
Schwarzwurzeln _Scorzonera hispanica_	Einjährig	zeitige Aussaat (3) erforderlich
	Hoffmanns Schwarze Pfahl	
Topinambur _Helianthus tuberosus_	Bianka	
	Küppers Rote	
Zwiebeln _Allium cepa_ var. _cepa_	Alisa Craig	Sommer-Gemüse-Riesen-Zwiebel (S. 105)
	Golden Bear (Hybride)	Ernte 7/8, Lagerung bis 12
	Zittauer Gelbe	groß + ertragreich, gut lagerfähig
	Stuttgarter Riesen	auch zur Anzucht von Steckzwiebeln
	Iroska	dunkelblutrot, Lagerung bis Frühjahr

Gemüseart	Sorte (*pilztolerant)	Bemerkungen (Ziffer = Monat)
Fruchtgemüse		
Auberginen	Black King (Hybride)	früher Fruchtansatz, bis 550 g schwer
Solanum melongena		
Gurken	Corona* (Hybride)	Treibgurke (niedr. Temp.), rein weiblich
Cucumis savitus	Heike (Hybride)	Kasten + Freiland (ca. 35 cm), bitterfrei
	Vorgebirgstrauben	bewährte + ertragreiche Einlegegurke
	Delikateß	mittellang (25 cm) Einlege-Salatgurke
	Tanja	bitterfreie Salatgurke
	Riesen Schäl	sehr groß + walzenförmig
	Cucurbita ficifolia	(Kürbis) Veredlungsunterlage
Melonen	Ogen verbesserte* (Hybride)	Haus + Kasten, frühe Zuckermelone
Cucumis melo	Sweetheart	kurzrankende Zucker-Buschmelone
	Crimson Sweet	frühe + ertragreiche Wassermelone
Paprika	Golden Hit*	dunkelgrün → goldgelb, sehr früh
Capsicum annuum	Pusztagold	hellgelb → rot, früh reifend
	Bell Boy* (Hybride)	dunkelgrün → rot, mittelfrüh
	De Cayenne	scharfer Pfefferoni, grün → rot
Kürbisse	Riesenmelonen	Speisekürbis, vorzügl. Einmachsorte
Cucurbita pepo und *C. maxima*	Gelber Zentner	gelbfleischig, lange haltbar
	Vegetable Spaghetti	Spaghetti-Kürbis (4 m lange Ranken)
	Early Butter Nut (Hybride)	Melonenquash, gelb + glockenförmig
	Tondo di Nizza Rondini	Melonen-Speisekürbis
	Sperling's Ufo	Patisonkürbis, weiß + scheibenförmig
Tomaten	Hildares (Hybride)	Treib- + Freiland-Sorte, platzfest
Lycopersicon lycopersicum	Estrella* (Hybride)	mittelfrüh, fest + schwer
	Amfora* (Hybride)	Fleischtomate, Treib- + Freild. Sorte
L. pimpinellifolium	Sweet 100 (Hybride)	Cocktail-Kirschtomate (2–2,5 cm)
	Balkonstar	Buschtomate für Container, früh
Zucchini	Diamant (Hybride)	mittelgrün, früh + ertragreich
Cucurbita pepo var. *girontiina*	Gold Rush (Hybride)	goldgelb, früh–mittelfrüh
Zuckermais	Aztec (Hybride)	früh, halbhoch, ertragreich
Zea mays convar. *saccharata*	Golden Supersweet (Hybride)	extra süß, früh, mittelhoch
Hülsenfrüchte		
Buschbohnen	Maja (grün)	Hochbusch, rundoval, früh
Phaseolus vulgaris var. *nanus*	Primel* (grün)	frühreife Brechbohne, rund
	Cropper Teepee* (grün)	Gluckentyp, rund, früh–mittelfrüh
	Delinel* (grün)	franz. Filetbohne, rund, mittelfrüh
	Hildora (gelb)	Wachsbohne, vollrund, mittelfrüh
	Gabrielle* (gelb)	Wachs-, Hochbusch, rund, mittelspät
	Purple Teepee (violett)	Gluckentyp, rund, mittelspät
Schal-, Pal- oder Brockelerbsen	Allfrüheste Mai	Wuchs mittelhoch, mittellg. Hülsen
Pisum sativum convar. *sativum*	Kleine Rheinländerin	Wuchs niedrig, früh + volltragend
Markterbsen	Kelvex	Wuchs ca. 70 cm, z. Einfrieren geeignet
Pisum sativum convar. *medullare*	Progress Nr. 9	Wuchs gestaucht, zum Tiefgefrieren gegeignet
Zuckererbsen	Denise	Knackerbse, Wuchs ca. 60 cm, sehr früh
Pisum sativum convar. *axiphium* sehr früh	Zuga	Wuchs ca. 60 cm, besonders süß + zart,
Puffbohnen	Con Amore	weißkernig, sehr früh
Vicia faba	Hangdown	grünkernig
Prunkbohnen	Preisgewinner	Wuchs sehr hoch, sehr ertragreich
Phaseolus coccineus	*(rotblühend)*	
	Desirée (weißblühend)	fadenlos, zart, sehr ertragreich
Stangenbohnen	Neckarkönigin (grün)	Hülse sehr lang + rund, Konservierung
Phaseolus vulgaris var. *vulgaris*	Markant (grün)	Hülse rundoval, ertragreich
	Hiltrud (grün)	Hülse lang flachoval + mittelbreit
	Neckargold (gelb)	lange runde Wachsbohne, fadenlos
	Blauhilde (blau)	Hülse lang + rund, grünkochend

Bezugsquellen

Biologisch-dynamische Präparate
Örtliche Berater des Forschungsringes für
Biologisch-Dynamische Wirtschaftsweise,
Baumschulenweg 11, 6100 Darmstadt

Saatgut- bzw. Pflanzenlieferanten
Blauetikett-Bornträger, Arznei- und Gewürz-
pflanzen, Postfach 118, 6521 Offstein
Nungesser KG, Bismarckstr. 59, 6100 Darmstadt
(Erdkleesorte 'Nuba')
Hild Samen GmbH, Pf. 11 61, 7142 Marbach
Saatgut-Werkstatt der Lebensgemeinschaft Bin-
genheim, 6363 Echzell 2 (Demeter-Saatgut
aus biologisch-dynamischen Anbau)
Helmut Steiner, Grünspargelzucht, Römer-
str. 817, 4130 Moers
Julius Wagner, Pf. 10 58 80, 6900 Heidelberg

Organische Düngemittel
Bezug über den Fachhandel
Algenkalk: Algomin;
Tonmehl: Bentonit
Steinmehle: Basaltmehl, Lavamehl
Mischdünger: Oscorna, Hornoska, Manna

Pflanzenschutz- und Pflegemittel
Im örtlichen Fachhandel nicht erhältliche Mittel
können bezogen werden von der Firma Biofa,
Stuttgarter Str. 45/1, 7430 Metzingen
Pflanzenstärkung: Algifert, Algan, Polymaris
(Algenextrakte)
Pilzvorbeuge: Bio-S, Equisan, NAB-Plus,
Schachtelhalmpulver
Insektenschutz: Dipel (Bac.thuringiensis), Neu-
dasan, Spruzit
Steinmehlpräparate: SilKaBen Mineralpulver
Snoek GmbH, Postfach 10, 8996 Opfenbach
Florfliegen + Schlupfwespen: Sautter + Stepper,
Rosenstr. 19, 7403 Ammerbuch 5

Bodenuntersuchungen
Dr. Fritz Balzer, Labor für Bodenuntersuchun-
gen, Oberer Ellerberg 5, 3551 Amönau
Institut für Biologisch-Dynamische Forschung,
Brandschneise 5, 6100 Darmstadt

Literatur

Boettner, Johannes: Gartenbuch für Anfänger.
M. & H. Schaper Gartenbau-Verlag, Hannover
1952, 27. Auflage.
Boros, Georges: Unsere Küchen- und Gewürz-
kräuter. Verlag Eugen Ulmer, Stuttgart 1981,
4. Auflage.
Caspari, Fritz: Fruchtbarer Garten. Wirtschafts-
verlag M. Klug, München-Pasing 1964.
Francé, Raoul H.: Das Leben im Boden. Volks-
wirtschaftlicher Verlag, München o.J.
Fritzsche, Helga: Heil- und Gewürzkräuter aus
dem eigenen Garten. Verlag Eugen Ulmer,
Stuttgart 1990.
Gartenrundbrief, Verlag: Arbeitsgemeinschaft
für Biologisch-Dynamische Wirtschaftsweise,
Mathystr. 34, 7530 Pforzheim (2monatl.).
Heynitz, Krafft von und Georg Merckens: Das
biologische Gartenbuch. Verlag Eugen Ulmer,
Stuttgart 1987, 5. Auflage.
Heynitz, Krafft von: Kompost im Garten. Verlag
Eugen Ulmer, Stuttgart 1992, 4. Auflage.
Koehler, Horst: Das praktische Gartenbuch.
C. Bertelsmann Verlag, Gütersloh 1967.
Malberg, Horst: Bauernregeln. Ihre Deutung
aus meteorologischer Sicht. Springer-Verlag
Berlin, Heidelberg 1989.
Nieschlag, F.: Der fruchtbare Boden. DLG-Ver-
lag, Frankfurt 1969.
Pfeiffer, E. und E. Riese: Der erfreuliche Pflanz-
garten. Rudolf Geering-Verlag, Dornach 1962,
5. Auflage.
Schmid, Otto und Silvia Henggeler: Biologischer
Pflanzenschutz im Garten. Verlag Eugen
Ulmer, Stuttgart 1990, 8. Auflage.
Snoek, Helmut: Nützlinge in Garten und Ge-
wächshaus. Südwest Verlag, München 1983.
Schöneck, Annelies: Milchsäuregärung zu Hause.
Verlag G. E. Harsch, Karlsruhe 1984, 3. Aufl.
Steiner, Hans: Nützlinge im Garten. Verlag
Eugen Ulmer, Stuttgart 1985.
Steiner, Rudolf: Geisteswissenschaftliche
Grundlagen zum Gedeihen der Landwirt-
schaft. Verlag der Rudolf Steiner-Nachlaßver-
waltung, Dornach 1963.
Studer, Arnold, Hans-U. Daepp und Edith Suter:
Vorratshaltung von Obst und Gemüse: Verlag
Eugen Ulmer, Stuttgart 1990, 2. Auflage.

Register

Fettgedruckte Zahlen verweisen auf ausführliche Beschreibungen,
* hinter der Seitenzahl auf eine Zeichnung.

Algenextrakte 65, 103, 107
Algenkalk 57, 64, 102 f., 108, 136
Anbaufläche 8, 15*, 98
Anbau, naturgemäß 9, 13, 89, 132
Anis 41
Artischocken 18
Assimilation 55, 117, 122
Atmung 55, 58, 62
Auberginen 36, 112

Baldrian-Präparat 10, 71, 85, 102, 112, 130
Basilikum 41
Bauernregeln 12, 55
Bacillus thuringiensis 137
Bentonit 56 f., 65, 69
Beifuß 42
Biologische Aktivität 10, 57, 60, 62 f.
Biologisch-dynamische Präparate 10 f., 64, 76, 130*
Blähton 75*, 76 f.
Blumenkohl 26, 119
Boden-Arten 56
– Bearbeitungsgeräte 81, 81*, 122
– Bedeckung 9, 73, 112, 122
– Feuchtigkeit 56, 78, 125
– Fruchtbarkeit 10, 60
– Gare 64, 72, 82
– Lebewesen 60, 60*, 62, 65, 80, 121 f.
– Lockerung 72, 80, 121 f.
– Struktur 63, 63*, 69, 72
– Untersuchung 66
– Wärme 55, 71, 76, 80, 86, 114
Bohnen 40, 114, 119
Bohnenkraut 42
Borretsch 42
Brennesseln 129, 141
Broccoli 26, 119
Brunnenkresse 51
Buschbohnen 39, 114
Butterkohl 27

Chicorée 18, 98 f., 99*
Chinakohl 27, 119

Dill 43
Dost 43
Duftstoffe 58, 59, 139
Düngemittel, organische 63 f., 65
– mineralische 9, 64
– tierische 73

Eberraute 43
Eissalat 19
Eiweißstoffe 55, 66
Endivien 19, 119
Erbsen 39, 115, 119
Erdraupen 137, 137*
Estragon 44

Feldsalat 19, 119
Feuerbohnen 114
Florfliegen 144, 144*
Folien 78, 85 ff., 102

– Hauben 87, 87*
– Tunnel 87, 88*
Franzosenkraut 127*
Fruchtfolge 89, 90 f.
– dynamische 92, 93*
Frühbeet 74 ff., 75*, 77*
– Nutzung 79
– Packung 76
Frühkartoffeln 30, 93, 102 f., 151
Frühlingszwiebeln 30, 106

Gartenkresse 51
Gründüngung 65, 69 ff., 94
Grünkohl 27, 119
Grünspargel 24, 117, 117*
Gurken 36, 94, 107
– Veredlung auf Kürbis 108, 109*

Hecken 140
Holzasche 65, 102, 104, 112 f., 136
Hornmist-Präparat 10, 71, 85, 117
Hornkiesel-Präparat 10, 117, 146
Humus 60, 62, 64, 122

Kalk 57, 64, 68
Karotten 31
Keimtemperatur 55
Keimprobe 82
Kerbel 44
Kleinklima 77, 113, 139 f.
Knöllchenbakterien 58, 61*, 62, 70, 94
Knoblauch 44, 92, 151
Knollenfenchel 20
Knollensellerie 31, 94, 119
Kohlenhydrate 55, 62
Kohlensäure 55, 58, 62 f., 122 f.
Kohlhernie 69, 90, 132
Kohlrabi 28, 119
Komfrey 131
Kompost 14, 54, 64, 72, 104, 123
– Drill- 76, 82
– Erde 76, 108
Kopfsalat 20, 77, 119
Koriander 45
Kräuter 14, 41 ff., 59, 123, 146 ff.
– haltbarmachen 147
– Jauchen 64, 108, 129 ff., 131, 133
Kreuzblütler 69 f., 90, 92
Kürbisse 37, 108, 109
Kümmel 45

Lagerung 152, 153*
Leguminosen 58, 69, 78, 90, 113
Liebstöckel 46
Löwenzahn 20, 119

Mais 113
Majoran 46
Mangold 24, 119
Marienkäfer 144, 144*

Meerrettich 32, 118, 118*
Mehltau 119, 132
Melonen 37, 109
Milchsäuregärung 154
Mineralstoffe 64 f., 66 ff., 70
Mischkultur 89 ff., 94
Möhren 32, 72, 94, 119
Mondrhythmen 12
Mulch 9, 73, 81, 112, 122, 124, 128

NAB-Spritzung 103, 134
Nährstoffe 56 f., 63 ff., 66 ff., 69, 90, 92, 117, 122
Neuseeländer Spinat 21, 119
Nitrat 13, 67, 74, 95, 120
Nützlinge 141 ff.

Ohrwürmer 144, 144*

Paprika 37
Pastinaken 33, 119
Perserklee 71, 93, 123
Petersilie 46, 119, 146, 150
Pfefferminze 47
Pflanzenjauchen 64, 129 ff.
– Brennessel 108, 110, 112, 130
– Komfrey 108, 131
– Schachtelhalm 111, 133
Pflanzenschutz, biologischer 133 f.
Pflücksalat 21
Phacelia 71, 123
pH-Wert 68
Pikieren 83*, 84
Pilze 60 f., 78, 131 ff., 133
– Abwehr 132
– Krankheiten 108, 111, 128, 132
Porree 21, 99, 99*, 120
Portulak 52
Propolis-Spritzbrühe 135
Prunkbohnen 40
Puffbohnen 40, 114, 120
Pyrethrum 135 f.

Radicchio 22
Radies 33, 94, 120
Regenwürmer 61*, 73, 111
Rettiche 33, 94, 120
Rhabarber 25
Römischer Salat 22
Rosenkohl 28, 120
Rosmarin 47
Rote Rüben 34, 94, 120
Rotkohl 29

Saat-Bäder 85
– dichte 83
– temperatur 80
– tiefe 82 f., 114
Salate 18 f., 94, 120
Salatrauke 52
Salbei 47
Samen 59, 85, 150 f.
– Gewinnung 150
– Keimprobe 82
Sandboden 57, 73
Sauerampfer 52
Schädlinge 135 ff.

Schachtelhalm 127, 133, 133*
– Jauche 84, 108, 111, 133
Schalotten 34, 106
Schlupfwespen 145, 145*
Schnittknoblauch 48
Schnittlauch 48
Schnittsalat 22
Schwachzehrer 90, 104
„Schwalbenschwanzhaken" 81, 81*, 122
Schwarzwurzeln 34, 120, 120*
Schwebfliegen 145, 145*
Schwefelpräparate 134
Setzlinge 84
– Anzucht 74, 83 f.
– Auspflanzen 84
Sonnenhüte 88, 88*, 108
Sonnenwärme 55, 56, 76
Spargel 115 f., 116*, 117*
Spinat 23, 120
Springschwänze 60*
Spurenelemente 65, 69
Stangenbohnen 40, 114, 114*
Stangensellerie 25
Stangenspargel 25, 115, 116*
Starkzehrer 90
Steinklee 71
Steinmehl 57, 65, 69, 73, 102, 134
Stickstoff 62, 64, 66 f., 124
Stroh 73, 124

Taubildung 56, 122, 140
Teich 140, 141*
Thymian 49
Tomaten 38, 111, 111*
– Hauben 87*
Tonminerale 56, 65
Ton-Humus-Komplex 61, 63, 73
Topinambur 35
Torf 65
Tripmadam 49
Trittwege 80, 80*

Unkraut 127 f.

Wachstum 55, 60, 64
– Stau 55, 108, 125
Wasser 56 f., 63, 125
Wässern 78, 125 f.
Weinraute 49
Weißkohl 29, 120
Winterportulak 23, 55, 70, 94
Winterroggen 70 f.
Wirsing 29
Witterung 12, 54, 55, 80, 121
„Wundertonne" 108, 112, 131
Wurzelgemüse 30 f., 92 f., 122
Wurzelpetersilie 35

Ysop 50

Zitronenmelisse 50
Zucchini 38, 110
Zuckerhut 23
Zuckermais 38
Zwiebeln 35, 103 ff., 151